"十三五"普通高等教育本科部委级规划教材

服装企业督导管理

MANAGEMENT OF GARMENT
ENTERPRISE (3rd EDITION)

（第3版）

刘小红 ｜ 编著

中国纺织出版社有限公司

国家一级出版社
全国百佳图书出版单位

内 容 提 要

本书结合服装企业督导管理实践，阐述了服装企业一线管理者应具备的督导管理基础知识与实践技能。主要内容包括服装企业管理基础、管理思想与管理理论、服装企业的组织、员工的招聘与培训、领导、激励、沟通、服装企业的管理控制、员工思想管理等。

本书可作为高等服装院校毕业生就职适应性训练教材，也是服装设计与工程专业自考指定教材。对服装企业的一线管理者或有志成为一线管理者的人员，具有理论与实践指导价值。

图书在版编目（CIP）数据

服装企业督导管理/刘小红编著．--3版．--北京：中国纺织出版社有限公司，2019.10

"十三五"普通高等教育本科部委级规划教材

ISBN 978-7-5180-6434-2

Ⅰ.①服… Ⅱ.①刘… Ⅲ.①服装工业—工业企业管理—高等学校—教材 Ⅳ.①F407.866

中国版本图书馆CIP数据核字（2019）第153607号

策划编辑：李春奕　责任编辑：苗　苗　责任校对：王蕙莹
责任设计：何　建　责任印制：王艳丽

中国纺织出版社有限公司出版发行
地址：北京市朝阳区百子湾东里A407号楼　邮政编码：100124
销售电话：010—67004422　传真：010—87155801
http://www.c-textilep.com
E-mail:faxing@c-textilep.com
中国纺织出版社天猫旗舰店
官方微博 http://weibo.com/2119887771
北京玺诚印务有限公司印刷　各地新华书店经销
2000年6月第1版　2009年9月第2版
2019年10月第3版第1次印刷
开本：787×1092　1/16　印张：11.75
字数：250千字　定价：39.80元（附数字资源）

凡购本书，如有缺页、倒页、脱页，由本社图书营销中心调换

第 3 版前言

在我国经济改革开放与发展过程中，服装产业不仅扮演着实现人民对美好生活向往和提升人文素质的角色，更解决了我国在发展过程中面临的三农问题、就业问题、外汇储备问题，成为较有优势的传统行业。服装作为人类最重要的需求之一，具有广阔的市场前景和庞大的产业链。根据服装协会分析报告，2018 年我国服装出口 1576 亿美元，国内服装零售总额 3 万亿元，在电商所有品类销售中占比最高，达到 22%，服装网购规模超过万亿元。服装产业是典型的时尚创意产业，在我国一线城市的发展规划中都被列为都市绿色创意产业。《纺织工业"十三五"发展规划》明确提出以自主创新、品牌建设和"两化融合"推动纺织服装产业结构调整升级，促进服装产业从劳动密集向技术密集与资本密集转型，以实现可持续发展服装产业。

在信息技术与网络科技的支撑下，虚拟经济快速发展，加上房地产与金融泡沫扩张，劳动力成本上升，实体经济受到严峻挑战，劳动密集型服装制造业也不例外。中美贸易摩擦给处于产业链低端的服装制造业带来更大冲击，大量服装生产企业谋求向东南亚、非洲等海外地区迁移，开辟新的发展空间，一场服装产业空心化浪潮正在形成。然而，中国作为一个泱泱大国，服装产业战略地位尤为突出，服装产业无论从市场需求，还是从产业政策，都将是一个具有可持续发展潜力的产业。创新是提升服装产业活力与竞争力的重要路径。如果市场创新和技术创新是外力驱动，那么管理创新则为内生动力。加强服装企业管理理论与实践教育，提升服装企业从业人员的整体管理素质和水平，才能与高速发展的服装智能技术和服装新消费需求匹配。

经济全球一体化使企业员工的地缘结构更加多元化，来自不同国家、不同地区、不同种族的文化碰撞，形成了海纳百川的企业文化。IT 技术在现代工业中的广泛应用，颠覆了不用明言的、经验的传统管理模式，理性、透明、数字化的管理，使督导管理者从烦琐的事务性管理中解放出来，构建了规范、高效、科学的企业资源管理平台。工业自动化大大改善了工作环境，将劳动者从体力劳动中解放出来，以人为本的管理思想成为知识经济时代的核心理念。企业不再以短期的效率与利润为目标，而是追求整体价值最大化与可持续发展。员工不再是简单的劳动者，而是企业的人力资源。督导管理者不再是传统的监督者，而是综合应用员工潜能与创新能力开发、长期激励与情感激励、愿景管理、员工自我管理、流程改造等手段开展团队建设的企业教练。

《服装企业督导管理（第3版）》以提升服装企业一线管理者的管理素养为宗旨，内容涵盖了一线管理者的角色与工作内容、服装企业管理基础知识、管理思想与管理理论，以及围绕服装企业一线管理者的基本管理职能展开的组织、培训、领导、激励、沟通、控制、思想管理等理论知识与实践案例，有助于学习者了解服装企业一线管理者的工作背景、一线管理中面临的问题及解决的技巧，提升工作效率。

本教材第3版主要作了以下修订：对每章案例或新增案例由原来采用开放式问题讨论修订为限项封闭式讨论；第一章对管理效益的决定因素、管理者角色及服装企业督导管理者的工作作了修订；第二章对服装企业的经营要素、服装企业的经营形式作了修订；第三章对法家管理思想、泰勒的科学管理实验研究作了修订；第四章对企业组织设计的内容、服装企业的组织结构、组织变革的阻力作了修订；第五章增加了服装生产企业员工计划，修订了岗位分析、面试的部分内容；第六章对领导理论作了修订；第七章对强化理论作了修订。第八章对沟通的目的、过程与手段作了修订；第十章删除了第三节，增加了企业成长与管理者适应性。除此以外，章节修订后，其文后的思考题和案例也有一些变化，但全书主要内容、观点和结构体系没有改变。

本书由惠州学院旭日广东服装学院刘小红编著，列入了广东省教育厅科研项目（2017WTSCX111）、广东省新工科研究与实践项目（粤教高函〔2017〕170号）、广东省本科高校示范性产业学院建设项目中国纺织工业联合会高等教育教学改革（2017年）、惠州学院重点项目（hzux1201629）等项目计划。另外，本教材于2008年被指定为服装设计与工程专业自考教材，通过本次修订，能更好地适应自考人员自主学习的需要。

本书在编写与修订过程中，参考了国内外不少论著，听取了使用本教材的教师及学生的意见，并得到香港旭日集团真维斯广东口岸的支持，在此一并表示感谢。由于时间仓促，水平有限，如有不足或疏漏之处，敬请指正。

刘小红
2019年3月1日于惠州学院

第 2 版前言

从 2001 年我国加入世贸组织到 2005 年全球实现纺织品贸易自由化，我国纺织服装产业得到了快速发展。与 2001 年相比，2008 年纺织服装出口增长了近 3 倍，达到 1851 亿美元。纺织服装产业直接就业人口 2100 万，间接就业人口达 1 亿，因此尽管纺织服装产业已经不是我国国民经济发展的支柱产业，但其发展却是关系到我国国计民生的大事。随着我国纺织服装产业结构的不断升级，我国纺织服装产业结构发生了重大变化，主要表现在以下四个方面：

一是服装产业成为纺织服装产业的龙头。2008 年服装出口达到 1198 亿美元，占纺织服装出口比例的 2/3。

二是一般贸易占主导地位，边境小额贸易出口快速增长。2008 年我国纺织服装出口中一般贸易占比达到 69.1%。

三是私营企业快速增长。2008 年私营企业纺织服装出口占比达到 4 成以上，其规模已超过外商投资企业。

四是处于服装产业低端的服装生产加工企业加速向镇域经济转移，成为许多镇域经济的支柱产业。

可以看出，我国服装生产企业仍然以乡镇企业、三资企业、民营企业为主，中小服装生产企业居多。服装产业庞大的就业人群与服装国际、国内市场的快速增长，形成了对服装专业人才的巨大需求，而服装企业的经营模式及生产特点，决定了服装企业所需要的专业人才是既懂服装生产工艺技术，又懂服装生产经营管理，能到一线基层工作的经营管理人才。

《服装企业督导管理（第 2 版）》既包括了对传统管理理论的研究，也涉及服装企业管理实践中的案例研究，这些案例将有助于学习者了解服装企业一线管理者的工作背景、一线管理中面临的问题及解决的技巧。督导管理既是技术的管理，也是团队的管理，要求督导管理者学会与员工一起开展工作，通过对员工的组织、培训、指挥，应用激励、沟通、控制及思想管理等督导技术，达到出色的工作效率。

作为本书的作者，本人曾经在旭日集团广东真维斯服饰有限公司带薪挂职，参加了惠州大进制衣有限公司、广东真维斯服饰有限公司、武汉长进制衣有限公司、河北集大制衣有限公司、江苏江大制衣有限公司、福建七匹狼集团、广东潮阳雅蕾服饰有限公司、香港（深圳）启桓服饰有限公司、佛山安东尼服饰有限公司、惠州富绅服饰有限公司等企业一线管理人员的培训工作，本书中关于服装企业一线管理的实践知识及案例，均是对这些培训工作成果的总结，因此要对这些服装企业表示真诚的感谢。

《服装企业督导管理》于 2000 年出版，本次再版主要作了以下修订：每章均增加了内容简介、教学时间、学习目的及教学要求；每章均增加了思考题及案例分析；第一章对督导管理概念作了修订；第二章第二节与第三节顺序及部分内容作了调整，删除了第四节的内容；第三章增加了韦伯组织理论；第四章对矩阵组织结构内容作了修订；第五章对雇佣合同作了修订；第七章对成就需要理论作了修订；第八章对会议沟通作了修订；第九章对工作绩效评价方法作了修订；第十章增加了员工满意度管理。除此以外，全书主要内容、观点和结构体系没有改变。

本书出版以来，得到读者群体的认可，特别是一些服装企业将本教材作为内部培训教材，在此，深表感谢。另外，本教材于 2008 年被指定为服装设计与工程专业自考教材，通过本次修订，能更好地适应自考人员自主学习的需要。

本书在编写与修订过程中，参考了国内外不少论著，本次修订的内容，听取了使用本教材的教师及学生的意见，在此一并表示感谢。由于时间仓促，水平有限，如有不足或疏漏之处，敬请指正。

刘小红
2009 年 7 月 17 日于惠州学院

第 2 版序

　　纺织服装工业是我国历史悠久的传统产业，在解决我国"三农"问题、城镇职工就业、增加资金积累、带动第三产业发展以及促进民营企业发展等方面都发挥了重大作用。经过"十五"时期的快速发展，我国纺织服装工业现已形成拥有纤维、纺织、织造、染整、服装等上、中、下游衔接配套的完整产业体系，产能不断扩大，产品结构日趋多样。可以看出，在纺织服装出口贸易中，服装出口处于主导地位。在纺织服装出口总额中，尽管加工贸易出口仍占较高比重，但一般贸易出口呈现出快速增长势头，纺织服装产业的创汇能力与附加值正在提升，这些都推动了我国纺织服装产业结构的升级。

　　"十一五"期间，我国纺织服装工业进入后配额时代，尽管目前欧盟、美国对我国纺织服装产品出口增长过快采取了设限措施，导致我国纺织服装产品出口存在一些不确定因素，但国际纺织服装产品市场进一步开放与国内纺织服装产品市场进一步增长是必然的趋势，我国纺织服装工业将面临新的机遇和挑战。目前，我国服装企业多数为中小型企业，而且以乡镇集体企业、民营企业或三资企业为主，因此，在未来的市场竞争中，我国纺织服装企业要提升核心竞争力与可持续发展能力，一方面，需要加快经营规模的扩张与经营创新，开展二次创业；另一方面，需要培养或储备大量既懂服装生产工艺，又懂服装生产技术与管理的实用型、经营型、技术型、管理型人才。

　　"服装实用技术教材"系列丛书，正是针对服装行业发展的形势及服装企业对人才需求的特点编写而成的，具有实用性和可操作性。该套丛书自2000年出版以来，深受服装企业及服装职业技术教育院校的欢迎。目前该套丛书结合服装行业发展实际需求，进行了较大的修订，增加了新的形式与内容，可以作为服装专业的配套教材或在职服装企业经营管理人员及有志于服装企业经营管理人员的参考丛书，该套丛书也被正式指定为广东省服装设计与工程专业自考教材。

　　本套丛书由中国纺织出版社组织惠州学院服装系（又称西纺广东服装学院）一批多年从事服装教学工作的教师编写。西纺广东服装学院与中国香港旭日集团合作办学二十多年，培养了大量服装企业第一线实用型经营管理人才，深受服装企业的欢迎与好评，其新颖的办学模式在珠江三角洲地区产生了广泛的影响，享有较高的声誉，并得到了中国纺织工业联合会全国纺织服装教育学会的肯定。我们编写这套丛书，旨在总结西纺广东服装学院合作办学的成果，并通过这套丛书与从事服装教育的广大工作者及从事服装企业经营管理的同仁进行广泛交流，共同促进我国服装行业的发展。

本套丛书包括《成衣基础工艺》《成衣生产工艺》《服装纸样设计（第2版）》《实用服装立体裁剪》《成衣纸样电脑放码》《服装设计学》《服装品质管理（第2版）》《实用服装专业英语》《服装企业督导管理（第2版）》《服装零售实务（第2版)》等十余册，由惠州学院服装系吴铭、刘小红担任编委会主任，参加编写的人员包括刘小红、刘东、杨雪梅、范强、李秀英、陶均、张小良、万志琴、严燕连、冯麟、陈霞、王秀梅、陈学军、宋惠景、罗琴、徐丽丽、李郁纯等。希望本套教材能得到广大读者的欢迎，不足之处恳请读者批评指正。

丛书编委会

2009 年 7 月

目录

第一章　绪论 ... 1
　　一、何谓督导管理 ... 2
　　二、管理效益的决定因素 ... 2
　　三、管理者角色 ... 5
　　四、服装企业督导管理者的工作 ... 6
　　思考题 ... 7
　　案例分析 ... 7

第二章　服装企业管理基础 ... 10
第一节　服装企业的组织形式 ... 11
　　一、服装企业的经营要素 ... 11
　　二、服装企业的产权形式 ... 13
　　三、服装企业所有制形式 ... 14
　　四、服装企业经营形式 ... 15
第二节　服装企业管理的职能与内容 ... 17
　　一、服装企业管理的职能 ... 17
　　二、服装企业管理的内容与作用 ... 19
　　三、服装企业管理的基础工作 ... 20
　　四、服装企业管理的一般特点 ... 20
第三节　服装企业的经营素质与能力 ... 21
　　一、服装企业的经营素质 ... 21
　　二、服装企业经营素质的构成 ... 22
　　三、服装企业的经营能力 ... 23
　　四、服装企业经营效益指标分析 ... 24
　　思考题 ... 25
　　案例分析 ... 25

第三章　管理思想与管理理论 …… 27
第一节　我国古代管理思想 …… 28
　　一、《孙子兵法》的管理思想 …… 28
　　二、儒家管理思想 …… 29
　　三、道家管理思想 …… 30
　　四、法家管理思想 …… 30
第二节　科学管理理论 …… 31
　　一、科学管理的先驱 …… 31
　　二、泰勒的科学管理实验研究 …… 32
　　三、《科学管理原理》的主要内容 …… 33
　　四、科学管理的进一步发展 …… 34
第三节　组织理论 …… 34
　　一、法约尔的组织原理 …… 34
　　二、欧威克的管理要素理论 …… 36
　　三、韦伯的组织理论 …… 36
　　四、巴纳德的组织原理 …… 38
第四节　人际关系学 …… 38
　　一、工业心理学的产生 …… 38
　　二、人际关系学的产生 …… 39
　　三、霍桑试验及其结论 …… 39
　　四、人际关系学的进一步发展 …… 40
　　思考题 …… 40
　　案例分析 …… 40

第四章　服装企业的组织 …… 44
第一节　企业组织的设计 …… 45
　　一、企业组织的要素 …… 45

二、企业组织设计的原则 ……………………………………………… 46
　　三、企业组织设计的内容 ……………………………………………… 46
第二节　服装企业的组织结构 ……………………………………………… 50
　　一、直线组织 …………………………………………………………… 50
　　二、直线职能组织 ……………………………………………………… 50
　　三、委员会组织 ………………………………………………………… 51
　　四、事业部组织 ………………………………………………………… 52
　　五、矩阵组织 …………………………………………………………… 52
第三节　个体、群体及组织的相互影响 …………………………………… 53
　　一、个体行为对组织的影响 …………………………………………… 53
　　二、群体行为对组织的影响 …………………………………………… 55
　　三、组织对员工的影响 ………………………………………………… 56
第四节　服装企业的组织变革 ……………………………………………… 56
　　一、服装企业组织变革的原因 ………………………………………… 56
　　二、服装企业组织变革的症状 ………………………………………… 57
　　三、服装企业组织变革的程序 ………………………………………… 58
　　四、组织变革的阻力 …………………………………………………… 59
　　思考题 …………………………………………………………………… 59
　　案例分析 ………………………………………………………………… 60

第五章　员工的招聘与培训　64
第一节　员工需求计划 ……………………………………………………… 65
　　一、员工流动分析 ……………………………………………………… 65
　　二、员工需求估计 ……………………………………………………… 66
　　三、员工来源分析 ……………………………………………………… 67
　　四、服装生产企业员工计划 …………………………………………… 67
第二节　员工招聘 …………………………………………………………… 69

一、招聘程序 69
　　二、岗位分析 69
　　三、面试 71
　　四、劳动合同 73
第三节　新员工导入 76
　　一、职前教育的作用 77
　　二、职前教育的内容 77
　　三、职前教育的过程 78
第四节　员工培训 78
　　一、员工培训的地位与作用 78
　　二、员工培训计划 79
　　三、员工培训方法 80
　　四、员工培训注意事项 81
　　思考题 82
　　案例分析 82

第六章　领导 84
第一节　领导的性质 85
　　一、领导的含义 85
　　二、领导素质 86
　　三、领导工作的特点 86
第二节　领导理论 87
　　一、个性理论 87
　　二、领导作风和行为理论 88
　　三、应变理论 90
第三节　有效的领导 91
　　一、代表和支持下属 91

二、开展协作 ·· 92
三、明智地劝说 ·· 92
四、有效地使用权力 ·· 92
五、合理安排时间 ·· 93
六、正确面对工作压力 ·· 94
思考题 ·· 94
案例分析 ·· 94

第七章 激励 ·· 96

第一节 激励概述 ·· 97
一、激励的含义 ·· 97
二、激励的作用 ·· 97
三、个体行为的一般模式 ·· 98

第二节 强化理论 ·· 101
一、强化理论综述 ·· 101
二、强化理论在员工激励中的应用 ·································· 102
三、自我强化理论 ·· 104

第三节 内容型激励理论 ·· 104
一、需要层次理论 ·· 104
二、双因素理论 ·· 106
三、成就需要理论 ·· 107

第四节 过程型激励理论 ·· 108
一、目标设置理论 ·· 108
二、期望理论 ·· 109
三、公平理论 ·· 110

第五节 激励的形式与运用 ·· 111
一、物质激励 ·· 111

二、精神激励 ··· 113
　　三、建立有效激励系统的原则 ··· 113
　　思考题 ·· 113
　　案例分析 ·· 113

第八章　沟通 ·· 116
第一节　沟通的目的、过程与手段 ·· 117
　　一、沟通的概念 ·· 117
　　二、沟通类型 ·· 118
　　三、沟通手段 ·· 119
第二节　沟通的形式 ·· 120
　　一、沟通形式与组织结构之间的关系 ··· 120
　　二、沟通网络的类型 ·· 120
　　三、正式沟通与非正式沟通 ·· 121
　　四、会议沟通 ·· 122
第三节　沟通的技巧 ·· 124
　　一、有效沟通的原则 ·· 124
　　二、沟通中的障碍 ·· 125
　　三、沟通的改进 ·· 126
　　四、人格特征与沟通方式的选择 ·· 127
　　思考题 ·· 128
　　案例分析 ·· 128

第九章　服装企业的管理控制 ·· 129
第一节　服装企业管理控制概述 ·· 130
　　一、管理控制的含义 ·· 130
　　二、管理控制的类别 ·· 130

三、管理控制的一般过程 ………………………………………… 132
第二节　服装企业目标管理与控制 …………………………………… 133
　　一、目标管理的概念及作用 ……………………………………… 133
　　二、目标分类 ……………………………………………………… 134
　　三、目标管理的实施过程 ………………………………………… 136
　　四、目标设置技术 ………………………………………………… 138
　　五、实施目标管理的难点 ………………………………………… 139
第三节　工作绩效的评价与控制 ……………………………………… 141
　　一、工作绩效评价的作用 ………………………………………… 141
　　二、工作绩效的评价过程 ………………………………………… 142
　　三、工作绩效的评价标准 ………………………………………… 142
　　四、工作绩效的评价方法 ………………………………………… 143
　　五、工作绩效评价人的选择 ……………………………………… 145
　　六、工作绩效评价注意事项 ……………………………………… 146
　　思考题 ……………………………………………………………… 146
　　案例分析 …………………………………………………………… 147

第十章　员工思想管理 …………………………………………………… 148
第一节　态度与管理 …………………………………………………… 149
　　一、态度的定义及三要素 ………………………………………… 149
　　二、态度对个人行为的影响 ……………………………………… 149
　　三、工作态度的形成 ……………………………………………… 150
　　四、基本的工作态度 ……………………………………………… 151
　　五、转变工作态度的方法 ………………………………………… 151
第二节　挫折与管理 …………………………………………………… 152
　　一、挫折的含义 …………………………………………………… 153
　　二、挫折的反应与管理 …………………………………………… 153

三、问题员工的管理 ·· 154
　　四、员工满意度管理 ·· 155
　第三节　企业成长与管理者适应性 ······························ 157
　　一、服装企业的成长模式 ···································· 157
　　二、服装企业文化建设 ······································ 160
　　三、学习型服装企业建设 ···································· 161
　　四、服装企业的变革 ·· 163
　思考题 ·· 165
　案例分析 ·· 166

参考文献 ·· 168
案例分析参考答案 ·· 169

第一章 绪论

> **本章内容：** 1. 何谓督导管理
> 2. 管理效益的决定因素
> 3. 管理者角色
> 4. 服装企业督导管理者的工作
>
> **教学时间：** 4学时
>
> **学习目的：** 让学生正确认识督导管理者在服装企业中的地位、扮演的角色及其主要的工作内容，树立为服装企业一线服务的意识。
>
> **教学要求：** 掌握督导管理的含义，了解影响管理效益的因素，理解督导管理者在服装企业中扮演的角色及其主要的工作内容，学会利用以上知识点观察、分析、改进服装企业督导管理工作。

在金字塔式的组织结构中，督导管理者位于中高层管理者与员工之间，属于企业的执行层或一线管理者。在组织结构扁平化的过程中，督导管理者的工作范围和工作职责不断扩大，面临的问题变得更加复杂化和富有挑战性。正确认识督导管理的地位和作用，提升督导管理者的执行力，成为提高服装企业管理水平与管理效益的核心问题。

一、何谓督导管理

督导（supervising）原为监视之意，反映了一线管理工作的一个层面，是早期一线管理的核心工作。在现代服装企业一线管理工作中，督导管理具有更加丰富的含义。

首先，督导管理是技术管理。作为督导管理者，其大多的工作时间必须与员工在一起，是与员工接触最多、最频繁的管理者。他们都是技术专家，通过帮助员工提升工作效率、协助员工发现并解决生产中的技术问题来取得自己的领导威信与工作成就。在服装企业管理实践中，具体表现为工作计划、生产任务分派、生产调度、生产技术指导、会议沟通等。

其次，督导管理是团队管理。作为现代服装企业的督导管理者，以使用绝对权威这种传统的领导方式来指挥下属开展工作已经不再有效，必须以教练的身份，以人为本，使用团队建设的领导方式来督促指导下属开展工作，建设和谐工作团队是完成工作目标的关键。在服装企业管理实践中，具体表现为与同级各个部门之间的沟通、上司的沟通、客户的沟通等，以建立有利的外部工作环境；协调团队的内部利益、员工培训、工作评价、人际沟通等，以激励士气，建立和谐的内部关系。

因此，在服装企业督导管理实践中，一线管理者面临着两个基本问题：一是技术管理中的效率问题，即如何使团队的产出最高，这是企业对督导管理者要求的最高目标，也是考核督导管理者工作业绩的重要指标；二是团队管理中的公平问题，即如何协调内部利益关系，这是取得下属支持与合作的重要保证。显然效率与公平是对立统一的，前者是技术性的，体现了督导管理的合理性；后者是人本性的，体现了督导管理的合情性，两者可以相互补偿或替代，关键是找到一个均衡点，这正是督导管理的实质所在。

综上所述，督导管理是建立在技术管理基础上、对员工的行为进行引导和控制的团队管理，所追求的是既合情又合理的管理目标。显然，督导管理对以生产技术管理为主的、以效果为中心的、传统的一线管理行为进行了修正。因此，在团队建设中，既需要强调效果维系，也需要重视情感维系，对一线管理者的素质提出了另一个方面的要求，即一线管理者应富有情理方面的感召力，能够激发士气，构建团队精神。

二、管理效益的决定因素

管理出效益，这是每一个管理人员都应该清楚和履行的使命。什么是效益呢？简单地讲，效益就是投入与产出的比，用公式可表达为：

$$效益 = 产出/投入$$

要提高管理效益，就必须从产出和投入两个方面分析，下面列出了五种可能提高效益的产出与投入的组合：

（1）产出增加，投入减少。在毛利率较高的服装市场，企业可以在粗放式管理中得到快速增长，但高毛利率必然带来更大的竞争，从而导致毛利率下降，企业既需要高速扩张来维持市场竞争力，也需要精益式管理，减少资源浪费，从而为提升管理者价值提供了平台。

（2）产出增加，投入不变。当服装企业进入平台发展期，规模效益不再明显，需要内涵式发展，管理者必须通过内部潜力挖掘，不断提升生产效率，才能提升管理效益。

（3）产出增加，投入增加较少。服装企业跨过瓶颈发展期，找到了新的增长点，就会增加投资规模，再次进入增长期，形成更高的生产效率，为提升管理者价值创造了新的机会。

（4）产出不变，投入减少。在服装市场不景气，或者企业战略转型前期，企业会以市场维持为目标，逐渐收缩投资规模，管理者将面临退出企业的风险或转型的压力。

（5）产出减少，投入减少更多。当服装企业进入产业转型期，就会采取循序渐进的撤退策略，这时，管理者将面临转型压力，需要适应新的行业环境。

从以上分析可以看出，管理者要提高效益，有两条基本路径：一是在企业资源一定的条件下，通过优化资源配置，使产出最大化；二是在企业产出一定的条件下，通过有效利用资源，使投入最小化。无论采用哪一条路径，提高管理效益的关键因素是人，下面从产出与投入的角度，分析人在提升管理效益中的决定性作用。

1. 产出分析

服装生产企业是典型的劳动密集型行业，人机配合要求高，决定产出的因素主要是人和设备，产出的计算公式可简化为：

$$OUTPUT = T \times Kt \times M \times P \times Km$$

式中：（1）员工的工作时间 T。工作时间有人的工作时间和机器工作时间，人的工作时间是有法律限制的，在我国，制度工作时间通常是每天 8 小时，每周 5 天，每年有 7 个法定假日，这一时间在一些发达国家还有进一步缩短的趋势。对服装企业来讲，员工的制度工作时间只能通过增加员工数量、减少迟到、旷工及病假来保证。机器工作时间则是没有限制的，但需要人的配合，增加机器工作时间，只能采用轮班或适当加班的形式。在机器工作时间一定的情况下，人力资源的调配就更为重要。

（2）员工的工时利用率 Kt。与工作时间相关的一个概念是工时利用率，工时利用率是指员工的定额生产时间即有效工作时间与制度工作时间的比值。工时利用率越高，生产效率也越高。影响工时利用率高低的因素主要有两方面：一是员工的技术操作水平。这是客观因素，要求企业在员工入厂前进行严格挑选，在员工入厂后进行精心的培训，并对员工的操作技术水平进行考核，分等分级，差别激励；二是员工的责任心和积极性。这是主观因素，要求管理人员在安排工作时，能人尽其才，提高员工的工作兴趣和压力，尊重员工，创造良好的组织气氛，减少员工磨洋工的现象。

（3）设备数量 M。设备数量是由高层管理人员根据市场需求和企业的经济技术能力设定的，它决定了企业最大可用的机器工作时间（台时），从而决定了企业最大可能的生产能力。对于一线管理者来讲，设备数量不是可以控制的参数，最重要的是通过制订和实施有效的生产计划，确保生产现场有序、连续，从而实现高效生产的目标。

（4）设备效率 P。设备效率高低反映了设备的先进程度，在进行设备投资决策时，采购成本往往不是最重要的，对于一些关键的工业生产设备，最重要的是可持续生产，故障率低且售后服务快速，生产效率高。

（5）设备利用率 Km。设备的工作状态对设备的工作台时有较大影响，对于技术水平比较先进的设备，往往生产效率高，机器运转率（开工率）也较高，设备的日常维护费用较低，产品的质量也比较稳定，这些因素往往能弥补先进设备成本偏高的不足。但是机器的操作使用情况及维修保养情况对设备运转率也会产生较大影响，要提高现有设备的运转率，一方面要加强员工操作规范化培训，加强员工对设备日常保养的考核与管理；另一方面要建立完善的设备维修制度，加强设备维修人员工作质量的考核。

2. 投入分析

对于服装企业，投入的生产要素主要包括以下几个方面：

（1）面料与辅料成本。服装产品面料与辅料成本一般占服装生产成本的 60%～70%，对面料与辅料成本进行有效控制，产生的管理效益将会很高。面辅料利用率，会因服装款式、服装质量要求不同而有不同。如对于 T 恤生产企业，通过裁床合理排料，面料利用率可达到 95%，如果生产过程中次品率控制在 5% 以内，考虑两项因素的影响，面料利用率可达到 90% 左右。如果对面料利用率控制不严，面料损耗比例有可能上升；如果对面料利用率控制严格，面料损耗比例还会有一定的下调空间。影响原材料的利用率高低的因素主要有两个方面，一是工艺设计水平；二是员工的操作水平及思想素质。

（2）加工费用。加工费用通常占服装生产成本的 10%～20%。随着我国经济发展水平提升，工资成本不断上升，人口红利现象消失，给服装加工企业带来严重挑战：一方面，工资上升速度快于生产效率提升速度，企业盈利能力下降；另一方面，员工招聘难，培训成本高。提升加工费用的效率，一方面，需要选择与企业人力资源需要相适应的员工数量与质量，减少富余人员；另一方面，通过提升生产效率来化解人工成本的上升，生产效率提升包括生产数量与质量两个方面。通过提升质量来提高产品附加值，也是提升生产效率的重要形式。

（3）辅助生产费用。如水电、通信、运输、维修、低值易耗品等费用，通常占服装生产成本的 5%～10%。这些费用所占比重不高，实施全面成本控制并不经济，但也不能忽视，要树立"勿以善小而不为，勿以恶小而为之"的思想，并将其内化为行为上的良好习惯，而不依赖于成本控制制度。否则大手大脚、铺张浪费的现象会在企业蔓延，影响企业其他员工的行为和企业整体形象。为了对辅助生产费用实施有效的控制，同时又不会影响企业的基本生产过程，许多企业制定了费用开支制度及费用承包制度，将费用开支落实到人，明确责任，形成了以预算为基础的费用开支自我约束机制，节约了费用开支，提高了管理效益。

（4）管理费用。管理费用一般包括管理人员的工资、办公费用、信息化管理费用等，通常占服装生产成本的 5%～10%。这些费用所占比重不高，但对提升管理水平很重要。许多服装企业在推行管理科学化、现代化的过程中，这一费用有增加的趋势，但是通过提升规模以及提高企业整体管理人员的素质与管理水平，会大大提高人力资源的生产效率，从而提高企业的经济效益和竞争实力。

三、管理者角色

1. 明茨伯格的经理角色理论

20世纪70年代，经理角色学派创始人明茨伯格在《经理工作的性质》一书中指出："角色是一套属于有一定职责或者地位的有条理的行为"，他认为经理在以下三个方面扮演了十种角色：

（1）人际关系方面。这是由经理正式权力所产生的一种履行礼仪性和象征性义务的角色，包括挂名首脑、领导者、联络者三种角色。

（2）信息联系方面。这是管理者为了让所有成员顺利完成工作而履行信息上传下达的角色，包括信息接收者、信息传播者、发言人三种角色。

（3）决策方面。这是管理者指挥下属及配置资源以保证计划实施的角色，包括企业家、故障排除者、资源分配者、谈判者四种角色。

实际上，经理人在组织中的等级层次不同，十种角色的侧重点也不相同，对于高层者来讲，挂名首脑、信息传播者、谈判者更为重要。

2. 服装企业督导管理者的角色

服装企业督导管理者处在高层管理者和员工之间的夹缝中，既要贯彻高层管理者的意图，又要代表员工向高层管理者传达员工的呼声，最容易受到来自两边的挤压。督导管理者除了要扮演家庭成员角色、社会成员角色外，在实际管理工作中，他们主要扮演以下三种角色：

（1）生产第一线的领导者。他必须将下属有效地组织起来开展工作，对下属工作中的问题提供指导、帮助或支持，从而达成上级下达的部门工作目标，并对本部门的生产任务负全面责任。他们的职位通常是组长、线长、车间主任、生产部长等，他们的下属通常是承担某类工作的员工。

（2）高层管理者的下级。他们的工作以执行上司分配的工作任务为主，同时还必须经常性地为上级提供在线服务。由于督导管理者的部分工作时间是属于上司的，当上司随机发出工作指令时，往往会给督导管理者带来额外的工作压力。

（3）对外联络负责人。他们往往需要代表下属，将员工的各种意见反馈给上司，当员工利益与企业利益发生冲突时，督导管理者将承受来自上司与下属双边的压力。为了解决生产问题、员工的利益问题、员工的个人问题等，督导管理者必须周旋于各个部门和上级主管之间，力求取得上级和相关部门的支持和协作。

由于督导管理者在实际工作中扮演了多重角色，他们必须善于根据自己的能力、意愿、工作环境确认与转换自己所扮演的角色，尽量避免角色混淆（指不明确自己的工作任务与职责）、角色冲突（指同时担任两个矛盾的角色或两项平行的工作）、角色过荷（指所承担的工作任务超过了自己的能力范围）、角色越位（指超越了自己的工作职责范围）等情况发生。

3. 服装企业督导管理者的管理技能

面对复杂多变的经营管理环境，督导管理者要胜任以上三种角色，必须具备以下三个方面的管理技能：

（1）技术技能。指使用专业的工作程序、技术和知识完成组织目标的能力。作为服装企业的督导管理者，应该是服装生产内行，能帮助下属解决生产中的各种技术性的问题，在下属面前取得发言权，从而树立自己的威信，有效地领导下属。由于对督导管理者的技术技能要求较高，服装企业的多数督导管理者都是从企业内部优秀员工中提升的或由企业人力资源管理部门从兄弟部门中调配，外部招聘的督导管理人员通常需要具有服装企业督导管理经历、并有较丰富的督导管理经验。

（2）人际技能。指与处理人际关系相关的技能。督导管理者应该善于与公司员工共事，建立良好的人际关系，引导下属团结合作，激发员工的工作热情，培养员工的团队精神，从而取得员工的认同与支持，达成高效的工作目标。有人称督导管理者为人际关系专家，反映了人际关系技能对督导管理者的重要性。

（3）统筹技能。指管理者在复杂的管理环境中综观全局、洞察问题本质、形成综合解决问题方案的能力。督导管理者的工作比较繁杂，而且经常有一些新的问题出现，而自己的工作时间和职权有限，如果不能统筹各项日常事务，就会陷入烦琐的工作中而成为工作的奴隶。

四、服装企业督导管理者的工作

1. 工作准备

管理者的工作准备包括两个方面，一是胜任工作岗位的能力准备，包括所需要的工作技能、专业知识、岗位资历的积累。技能、知识、资历的积累是一个厚积薄发的过程。一个善于学习和积累的员工，其个人的价值才会在工作中随着企业不断提升。二是生产任务开始前的工作准备，包括工艺技术准备、生产要素的准备等。

2. 工作计划

管理者的工作计划通常是日程工作计划，是对每天工作的归类与安排。工作计划是督导管理者每天工作的起点，好的开头是成功的一半。

3. 日常工作

（1）分配工作任务，开展生产调度，确保生产过程的连续性与稳定性。

（2）检查生产过程中的半成品或成品的品质、数量，根据订单货期，调控生产进度，确保订单数量、质量、货期满足客户要求。

（3）维持生产场地秩序，保持生产现场整洁，保证生产过程的安全，完成成本控制目标。

（4）组织或参加生产会议，反映工作问题或员工个人问题，提出合理建议。

（5）加强与下属、协作部门、上级之间的联络，帮助员工解决生产问题，激励员工士气，提高员工的责任感和生产效率，构建和谐团队。

4. 培训与发展员工

许多一线管理者并不重视培训与发展员工，而是一味地要求员工提高产量，对员工工作技能或工作能力透支的结果就是生产品质的降低与生产资源的浪费。产生这种现象的原因有以下两个方面：

（1）没有认识到培训发展员工的重要性。实际上，通过培训，使员工的个人技能得以提高，不仅会提高一线管理者的管理效率，减少处理许多重复性生产问题的时间和精力，腾挪出更多的时间和精力轻松地做一些重要的工作，而且会使员工对一线管理者更加信服，并给予一线管理者更多的支持与合作。

（2）担心员工超越自己，从而对自己的工作岗位构成威胁。实际上，一个管理者是否优秀的重要标准就是看其下属是否优秀，俗话说，兵强一个，将强一窝，强将手下无弱兵，优秀的管理者，一定能培养出优秀的团队。因此督导管理者要树立正确的管理观念，将培养和发展员工作为核心工作。

5. 管理与利用信息

随着信息与智能技术在服装企业的广泛应用，数据驱动正在成为一种常态化的管理模式。企业通过分层授权，建立信息内部传递规则，利用信息驱动各个部门或岗位的工作。作为一线管理者，为了更好地管理和控制生产过程，需要加强生产过程中信息的管理与利用。

（1）既要及时收集、规范记录、准确传递本部门生产过程中产生的信息，又要善于及时获取上级、协作部门的信息，指导或协调本部门的生产。

（2）要严格按照信息分层授权机制，做好信息的分类与整理，及时为员工、上级或协作部门提供必要的信息服务。

（3）要正确认识各种信息对生产管理的不同作用，充分发挥信息在管理控制中的价值。如有些信息是指导生产的、有些信息是用于协作与沟通的、有些信息是分清工作责任的、有些信息是用于问题追踪的，等等。督导管理者常用的生产信息包括生产数量记录、生产控制记录、品质检查记录、员工表现与考勤记录、生产进度表、生产技术资料、生产问题反映及部门之间的协调记录等。

思考题

1. 什么是督导管理？
2. 从投入和产出的角度分析影响管理效益的因素。
3. 分析督导管理者扮演的角色。
4. 分析督导管理者应具备的工作技能。
5. 分析督导管理者的基本工作内容与要求。

案例分析

案例 A：王先生是一家服装企业的生产车间主任，他从事服装企业管理十多年了，尽管在服装企业工作比较辛苦，但他还没有换其他工作的想法。由于近一段时间是生产旺季，订单的生产期紧张，经常需要加班。今天是本月第三个星期六，王先生对加班已习以为常。他习惯提前 15 分钟上班，利用这一段时间清理办公室，总结一下昨天生产进度及问题，并对当天需要完成的工作内容做初步的计划和安排。

在昨天的生产会议上，总经理又给他的车间安排了四个订单的生产任务，要求下周四全部开款生产。他想今天必须将这些生产任务分配给他的四个生产小组，让他们事先对各个订单的生产技术要求及特点有所了解，做好开款的准备。

王先生安排生产任务很少采用直接指令的方法，通常是先权衡生产任务、各个小组的生产能力及利益，形成一个初步的想法，然后让各个小组组长讨论，尽量使其能公平地、自愿地接受生产任务。要做到这一点并不容易，他经常会遇到这样的情况：当生产任务少的时候，各个小组都争着要订单，而生产任务重的时候，都不愿意接受批量小、款式复杂的订单。王先生很理解组长的这种心情，因为组长也代表了小组的利益，如果组长不尽力争取本组的利益，就很难在其下属面前树立自己的威信，组织生产的难度就会加大。王先生对此并不担心，因为他一直都在做这方面的平衡工作，每个小组长也都十分清楚，王先生在安排生产任务时，对每个小组是十分公平的。

9：30，各个生产小组的生产任务已经安排妥当，王先生要他的助手通知组长到车间办公室开会。会议很民主，他希望通过生产会议的形式培养他的下属相互协作的精神，促使他们在会议中相互学习与提高。每次生产会议他通常只扮演主持人的角色，更多的是鼓励下属发表意见，不管下属的意见是否正确、合理，他都会给一个反馈意见。因此，他的下属对他是很信任的，各个组长都能开诚布公地反映自己的意见或想法。今天的会议，王先生首先分析了现在的生产形势并介绍了下周要开款的四个订单，然后由各个组长发表意见。

A组长首先谈了自己的看法。他想接受甲订单的生产任务，因为他的小组下周二可做完手中的订单，而且甲订单的款式以前做过几次，员工的表现也不错。王先生知道，甲单批量大、款式简单，对管理人员及员工都是有利的，是一个肥单，A组长想尽量为本小组争取利益。B组长主动接受了单小、款式复杂的丙单，不过他要求生产期延长2天，因为该款以前没做过。王先生接受了B组长的要求。C组长坚持接甲单，因为这一段时间，他的小组已经生产了几个批量小、难度大的订单，应该换一换，他也好与员工进行沟通。D组长主动接受了乙单。

王先生让B组长和D组长回车间督导小组的生产工作，留下A组长和C组长继续讨论任务分配。王先生知道让A组长接受甲单效率会更高，但王先生仍然想说服A组长接受丁单，待完工后帮助C组完成甲单，这样做完全是为了平衡C组。最后，A组长接受了王先生分配的任务。王先生最满意的是他的这些下属，一旦生产安排出了问题或者需要他们理解与支持时，他们都会主动与他配合。

根据以上案例，围绕问题的答案选项开展讨论，给出讨论结果及理由。

1. 服装生产企业经常加班的原因是什么？
A. 管理水平低　　B. 计划性不强　　C. 产品季节性强　　D. 加班工资高

2. 王先生为什么提前15分钟上班？
A. 做领导以身作则　　　　　　B. 工作习惯
C. 做好工作计划与准备　　　　D. 提高执行力

3. 王先生在分派生产任务之前做了些什么准备工作？
A. 了解订单情况　　　　　　　B. 了解生产情况
C. 做好开款准备　　　　　　　D. 做好初步方案

4. 如何看待分派生产任务挑肥拣瘦的下属？
A. 本位主义　　B. 不利团结　　C. 提升个人威信　　D. 制止这种现象

5. 生产会议可以产生哪些作用？
A. 培养下属　　　　　　　　　B. 激励下属

C. 协调解决生产问题 D. 建立良好关系
E. 分配任务 F. 知会公司重要政策
G. 做出决策

6. 王先生的哪些行为可以看出其"以人为本"的管理思想?

A. 民主分配工作 B. 协调小组利益
C. 合理安排会议时间 D. 积极培养下属
E. 正确处理分歧 F. 为下属创造工作条件
G. 重视和尊重员工

第二章　服装企业管理基础

本章内容：1. 服装企业的组织形式
　　　　　　2. 服装企业管理的职能与内容
　　　　　　3. 服装企业的经营素质与能力

教学时间：4 学时

学习目的：让学生了解服装企业的组织形式，正确认识企业管理的职能及特点，并能综合分析服装企业的经营素质与经营能力。

教学要求：掌握服装企业的组织形式、经营素质与经营能力，了解服装企业管理职能、内容及特点，理解服装企业经营效益的分析指标。

服装企业的组织形式、经营情况、发展规划等因素对督导管理者的工作内容、特点及管理风格都会产生直接的影响，因此督导管理者要能在自己的工作岗位上顺利地开展工作，取得一定的管理成绩，首先要对企业有一个全面的了解。实际上，许多管理者只关注自己的工作职责权限，很少从整体上了解所在的企业，因此对管理过程中遇到的许多问题，他们往往不能从企业整体的角度去分析，从而使他们对问题的认识带有很大的片面性或局限性，妨碍了他们的管理工作，也制约了他们管理素质与管理能力的提高。

第一节　服装企业的组织形式

一、服装企业的经营要素

1. 设立企业的条件

企业是社会经济组织的基本形式，在以法治经济为特征的市场经济条件下，企业应具备以下几个条件：

（1）企业是一个法人经济组织，它必须依照法定程序取得法人资格，并且能够以自己的财产或经费独立承担民事责任。

（2）企业必须具有合法的、科学的法人治理机构及公司章程，法人代表能独立行使企业的经营管理权，企业在以独立的法人主体参与市场经济活动过程中，享有平等的民事权利。

（3）企业能够将土地、劳动、资本等生产要素结合起来，谋求产出最大化或利润最大化，企业的经营成果实行独立核算，自负盈亏。

根据我国《公司法》及《公司登记管理条例》，到工商局注册一家新的企业，通常需要准备以下材料：公司设立登记申请书、企业名称预先核准通知书、经营场所证明、银行账户及验资证明、公司章程、股东及法人代表的身份证明、管理层身份证明等。公司注册成功后，获得企业组织机构代码证，即可办理税务登记、在银行开基本账户、申请领购发票、刻印章（包括私章、公章、财务章等）。企业经营必须依法进行，与企业经营相关的法律包括：合同法、物权法、土管法、房地产管理法、保险法、票据法、证券法、继承法、担保法、知识产权法、税法、劳动法、会计法、破产法等。

2. 服装企业

服装企业是指从事服装经营、具有法人资格、实行独立经济核算、自负盈亏的经济组织。服装经营范围，包括服装、服饰、服装面料及辅料、服装机械等。按照服装企业经营的主要服装品种类别差异，服装企业可以分为以下不同类型：

（1）休闲服装企业。休闲服装通常包括以下男女各类服装：T恤、休闲衬衫、休闲西服、夹克、针织衫、马甲或背心、吊带衫（女）、卫衣或绒衫、风衣或大衣、羽绒服、皮衣、毛衣、牛仔裤、休闲裤、连衣裙或中裙（女）。真维斯、搜于特、海澜之家、拉夏贝尔、美特斯邦威服饰、日播时尚、森马服饰等属于典型的休闲服装企业。

（2）商务服装企业。与休闲服相比，商务服定位更加高端，适合于正式的职业或商务场合，通常包括以下男女各类服装：T恤、衬衫、西装、马甲或背心、夹克、西裤等。阿玛尼、九牧王、七匹狼、劲霸、雅戈尔、富绅等属于典型的商务服装企业。

（3）运动服装企业。运动服装通常包括以下男女各类服装：泳装、球服、户外运动服、室内健身服、中式武术服、跆拳道及柔道服等，阿迪达斯、安踏、耐克、特步、李宁、361°等属于典型的运动服装企业。

（4）服装高级定制企业。主要为政府、企事业单位或个人提供职业装、校服、晚礼服、旗袍、婚纱等各类服装定制的企业，香奈儿、红领集团、诺之股份、杉杉服饰、恒龙有为集团等属于典型的服装高级定制企业。

（5）内衣企业。内衣通常包括以下男女各类服装：内衣、内裤、浴衣、睡衣、家居服、文胸或肚兜（女）等，黛安芬、爱慕、曼妮芬、都市丽人、欧迪芬、南极人、三枪等属于典型的内衣服装企业。

（6）服饰企业。包括鞋、帽、袜等产品领域，星期六、奥康国际、浪莎等属于典型的服饰企业。

（7）箱包企业。包括一般的购物袋、手提包、手拿包、钱包、背包、单肩包、挎包、腰包和多种拉杆箱等。开润股份、达派、爱华仕、广州玩包包、爱马仕、路易威登、新秀丽等属于典型的箱包企业。

（8）服装面料及辅料企业。服装面料企业包括生产针织、梭织等各类天然、化纤、混纺传统或新型面料的企业。服装辅料企业包括生产吊粒、吊牌、花边、肩垫、洗涤标、商标、烫图、烫钻、烫画、拉链、纽扣、衬料、模特、衣架等各类辅料的企业。华孚时尚、凤竹纺织、浔兴股份、鲁泰、如意集团、百隆东方、美欣达等属于这类典型企业。

3. 服装企业经营要素构成

根据经济学原理，企业的生产要素包括土地、劳动、资本、企业家四大要素，其价格分别对应租金、工资、利息、利润。服装企业要正常开展经营，需要建立在四大生产要素基础之上，具体表现为以下几个方面：

（1）土地。服装企业可以购买土地使用权，兴建厂房，也可以直接租赁厂房。企业在选择厂址时，要全面分析当地的投资环境，如交通、通信、能源、社会治安等市政建设情况以及投资优惠政策等因素。

（2）员工。企业的员工包括生产管理人员、生产技术人员及生产工人。员工是企业最活跃的生产要素，是企业利润的直接创造者。

（3）资本。资本是企业赖以生存的血液，尤其是企业的流动资金，将直接影响企业经营的灵活性。

（4）技术。主要是指产品生产的工艺技术。技术的高低往往会影响产品生产过程中各种生产要素的消耗水平及产品的质量，从而影响企业产品的市场竞争力。

（5）市场。市场是企业进行能量交换的场所，生产要素市场与产品市场是企业经营的输入与输出窗口，缺一不可。

（6）信息。信息是企业管理的重要资源，有些学者甚至认为信息将是知识经济时代的第四产业。在现代社会，信息管理将是企业经营要素的一个重要组成部分。

（7）经营环境。经营环境包括社会文化、政治、经济、法律、竞争等方面，如社会文化环境对劳动者素质会产生较大的影响，而竞争环境往往会影响劳动力市场的供给情况。

图2-1揭示了服装企业经营所必须具备的基本要素及其相互关系。从图中不难看出，服装企业以法人的身份将来自市场的各种生产要素有机地组织起来，转化为市场需要的产品。服装企业与每一种生产要素之间以一定的契约形式结合起来，各个环节相互联系、相互制约，构成了一个可以增值的服装企业经营系统，缺少任何一个环节，服装企业经营系统的运作都会中断而萎缩。由于服装企业与各个生产要素之间的结合具有双向选择性，并非是永久的关系，这种结合的相对稳定性决定了服装企业中各种生产要素具有流动性，并因此蕴涵着经营责任和经营风险。化解服装企业经营责任和经营风险的基本手段是与生产要素市场之间进行信息交流，服装企业与市场之间的信息交流程度将对经营责任与经营风险水平产生重要影响。

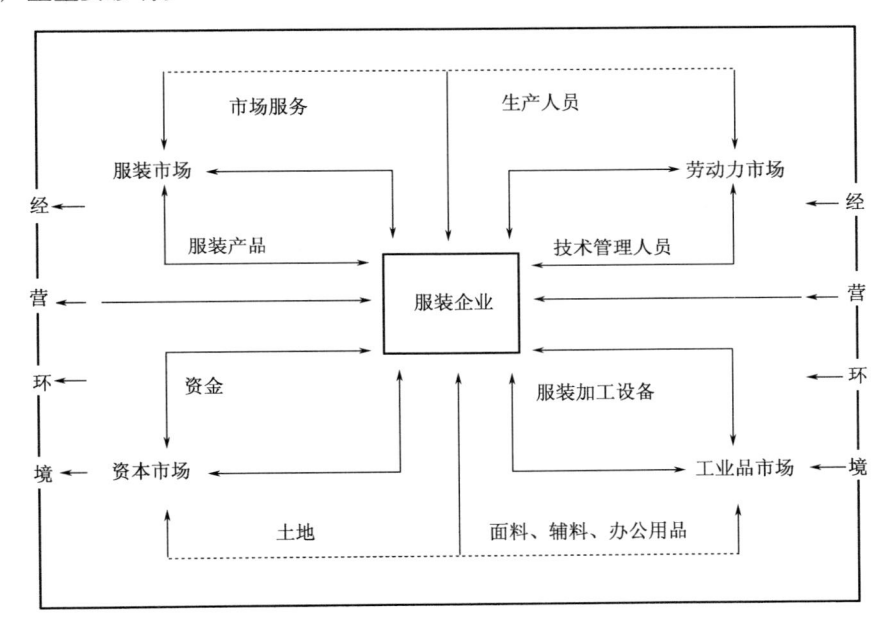

图中实线表示人流、物流、资金流；虚线表示信息流。

图2-1 服装企业经营的基本要素及其相互关系

二、服装企业的产权形式

企业产权是指企业财产所有人对企业财产所拥有的占有、使用、收益、处分的权利。服装企业与生产要素之间的结合形式不同，企业的产权结构也就不同，与此相对应，服装企业的性质及组织形式也有差异，法定的企业组织形式有以下几类。

1. **业主制服装企业**

业主制服装企业又称个人独资服装企业，是指由一个出资者出资兴办的服装企业，该企业产权由业主所有，企业产权只有一个所有者。这种企业不具有法人资格，在法律上为自然人企业，业主以其个人所有的全部财产承担企业在经营过程中所发生的各种民事责任。通常该企业由业主直接经营管理。

由于业主制企业的产权由一个业主所有，业主拥有了企业的经营决策权、经营管理权、经营监督权及企业收益的所有权，员工与企业之间只是一种简单的劳动雇佣关系，在市场竞争与利益驱动下，业主制企业内部容易形成自我发展、自我约束的企业运行机制。由于业主制企业规模小，企业的发展取决于业主个人的素质，因此这类企业发展速度慢，风险大，易起易落。

在我国服装行业中，业主制服装企业是一种十分普遍的形式。许多中小型的私营服装企业或外商独资的服装企业属于此类。这类服装企业往往规模较小，在激烈的服装市场竞争中，起落频繁，这也体现了中小服装企业易进易出的特点。

2. 合伙制服装企业

合伙制服装企业是指由两个或两个以上的出资者共同投资、共同管理、共同监督、共同分享企业盈亏的一种企业制度。该企业产权分属几个业主，这些业主通过协议，将个人财产集中起来进行经营管理。这类企业的法律地位与业主制企业相似，通常业主对企业的负债负完全责任，也就是说业主的责任是无限的，业主的经营风险较大。

合伙制服装企业的激励机制与监督机制是通过利润分配的契约形成的，当合伙人数量太多时，就会削弱这种机制，从而降低合伙经营的效率。因此，合伙经营在实际经济生活中，运用较少。由于服装生产企业的工业化生产过程分工较细，一条服装生产线通常需要30~60人，对于资本实力较小的业主，通过这种联合的形式组建服装企业往往可以取得一定的规模效益。

3. 公司制服装企业

公司制服装企业是服装企业制度发展的高级形式，它是由两个以上股东出资兴办的法人经济组织，以法人名义行使民事权利，承担民事责任。在我国，一些大中型的国有独资企业、国有控股企业、集体企业、股份制公司、有限责任公司都属于这一类。公司制企业具有以下几个方面的特征：

（1）公司是法人企业，以企业的全部资产承担民事责任，因此股东的责任是有限的。

（2）公司股东对财产的所有权只表现为收益权与表决权，企业财产的经营权通常由企业的股东大会或董事会委托给职业经理，从而有利于提高企业的经营管理水平。

（3）公司财产具有整体性、稳定性、连续性，股东的出资不能收回，只能转让，有利于企业管理人员树立长期经营的思想。

（4）公司具有健全的监督约束机制，这种监督约束力一方面来自公司内部健全的组织机构及监事会，另一方面来自个人的利益驱动与外部的市场竞争。

我国服装行业在改革开放以后，得到了快速的发展，已经形成了许多实力雄厚的大型服装集团企业。在我国市场经济体制改革的过程中，这些服装集团企业一般都采用了规范化的公司制形式，其主要特点是企业产权明晰、权责明确、政企分开、管理科学。

三、服装企业所有制形式

我国在推行市场经济体制改革的过程中，形成了以公有制为主体，多种所有制成分并存的所有制结构。目前，我国所有制性质不同的企业主要有以下几类。

1. 公有制企业

由国有企业和集体企业组成，企业的产权归属国家或集体。尽管许多公有制企业由于历史遗留问题及内部结构等原因，在市场经济改革中，竞争能力受到较大影响，但它们仍然是我国经济发展的主力军，在创造就业机会、创造国民财富、稳定社会环境等方面起着主要的作用。

公有制企业通过股份制改造，建立起了以国有产权为主体、产权结构多元化的股份制企业，国有企业或集体企业也由过去单一的所有制形式逐渐转变为混合所有制形式。

在公有制企业产权结构调整的过程中，公有制企业的内部关系也发生了深刻的变化，主要表现在以下三个方面：

（1）医疗、住房、养老等福利项目社会化，改变了过去公有制企业对其员工统包终身的做法。

（2）出现了以按资分配、按劳分配、按技术分配等多元化的分配形式，拉大了收入差距，权力分配的现象逐渐减少。

（3）形成了相互依存、相互协作的新型劳资关系，但是在技术、资本、劳动力竞争的过程中，由于技术比资本更富有扩张性，资本比劳动力更容易置换，劳资关系的矛盾仍然是一个十分敏感的问题。这些变化总的来看有助于公有制企业减轻负担，提高竞争力，但与其他新起的成长性企业相比，仍然需要加大改革力度。

2. 民营企业

从广义角度来看，所有的非公有制企业均被统称为民营企业。从狭义的角度来看，民营企业仅指私营企业和以私营企业为主体的联营企业，其产权归属个人所有。由于民营服装企业规模相对较小，市场中的竞争力较弱，许多地方政府为了鼓励和扶持民营服装企业的发展，通过制定优惠政策、提高政府服务能力，建立区域性的服装产业集群或服装专业乡镇，形成产业集群规模效应，从而为民营服装企业快速发展创造良好的外部经营环境。

目前，我国民营企业的比重不断加大，成为我国经济发展的重要补充形式，吸纳了大量国有企业下岗人员，产生了一定的社会效益。随着公有制企业福利项目社会化进程的加快，民营企业对各种人才的吸引力将会增强，并将形成社会就业的一个新的热点。

3. 混合所有制企业

混合所有制企业是指国有、集体等公有制经济与个体、私营、外资等非公有制经济通过股份制形式建立的大型集团企业。混合所有制企业形成过程有以下四种情况：一是公有制企业吸收民营资本、外资参与持股；二是民营企业吸收国有资本、外资参与持股；三是外资企业吸收国有资本、民营资本参与持股；四是公有制企业通过员工持股改制。混合所有制企业是我国经济体制改革不断深入的结果，是完善现代企业制度的重要企业形式，有助于国有资本应用控股、参股等形式，与其他性质的资本融合，改善国有企业的产权结构，推动产权流动、重组及多元化，建立规范的现代企业制度和市场化的运作机制，放大公有资本对其他资本的辐射功能，提高国有经济的控制力、影响力和带动力。

四、服装企业经营形式

按照服装企业经营起点的不同，服装企业可分为以下四种不同类型。

1. 代工生产企业 OEM（Original Equipment Manufacturing）

此类企业以提供产品生产能力为主，依照客户订单需求，生产客户所需产品，产品使用客户品牌商标，并由客户自行销售，企业本身并不具备产品研发、市场营销、品牌管理能力。其核心竞争力是以尽可能低的制造成本，实现客户可接受的产品品质。对于这类生产型服装企业，按照生产方式、生产流程、生产管理、生产控制的差异分为梭织面料服装生产企业、毛衣服装生产企业、针织服装生产企业等。

（1）梭织面料服装企业。以梭织面料为主要生产原料，加工各种男装、女装。主要生产设备为工业缝纫机及相应的特种衣车，自动化程度较低。主要的生产车间有裁床车间、缝制车间、包装车间。生产工序划分较细，采用流水线组织生产，专业化程度较高，生产协作难度较大。生产流程控制的重点是各个工序半成品数量与质量控制、各工序之间生产能力平衡控制、员工生产技术指导、生产品种切换控制等。

（2）毛衣服装企业。以毛线为主要生产原料，加工各种男女毛衣。传统毛衣企业以手动或半自动针织横机及套口机（缝盘）为主要生产设备，自动化程度较低。加工的服装品种局限于各种毛衣，为了控制色差，生产工序划分较粗，在织片及缝盘两道主要工序上，基本上采用单件式生产，专业化程度低，生产协作较少，管理成本较低，但生产工人要求高。生产流程控制的重点是投料进度控制、半成品收发控制、工艺参数控制、原料品质控制等。目前许多大型的毛衣企业已经淘汰了上述落后的毛衣生产设备，改用电脑横机，一次成型，花色多，速度快，大大减轻了劳动强度，提高了毛衣品质与市场竞争力。

（3）针织服装企业。以纱线为原料，加工各种男女针织服装。主要生产设备为针织圆机、横机、工业缝纫机等。针织服装企业的核心加工能力主要是针织面料的织造能力。将针织面料加工成 T 恤或其他服装的生产流程，类似于梭织面料服装企业的生产流程，但针织服装工艺比较简单，生产流程较短，过程控制相对容易。

2. 提供设计的代工生产企业 ODM（Original Design Manufacturing）

此类企业不仅有优秀的加工能力，还具备产品研发能力，其产品研发包括根据客户概念开发产品和直接开发产品由客户选择。与 OEM 企业相比，一方面，由于企业提供了产品研发服务，订单的附加值会增加，同时由于研发由自己完成，可以使生产变得更加主动而降低生产准备成本。另一方面，与市场更加贴近，为今后转型为品牌经营企业奠定了基础。

3. 品牌经营企业 OBM（Original Brand Manufacturing）

服装行业的再生产过程可划分为供、产、销三个环节，但在实际运作的过程中经常出现供与产脱节、产与销脱节、销（分销的产品）与消（消费者需要）脱节的现象。服装品牌经营企业就是通过品牌开发与运作，将以上三个环节的资源进行整合，合理分割行业利润，规范行业竞争，实现营销资讯共享，使三者有机结合起来，更好地满足市场需求。这种经营模式被称为虚拟经营的形式，其核心竞争力是品牌经营者的品牌商誉、市场开发、销售渠道、产品开发、生产技术管理、品质控制、人力资源、信息控制八大方面优势。通过这些优势资源形成强大的附着力，将供应、生产、销售等环节的外部资源纳入本企业资源的运作范围，从而使品牌经营者的市场扩张能力及竞争实力迅速提高。

4. 服装贸易公司 TC（Trade Company）

服装贸易公司是指专营服装商品买卖的公司，它可以通过批量购进和批量转售服装商品套取进销差价，也可通过向客户提供服装采购代理服务获取佣金。对于职能比较全面的服装贸易公司，通常拥有自己的服装品牌，可以进行服装市场需求预测，提供产品设计、材料采购、服装样板制作等服务。对于实力较小的服装贸易公司，往往只提供有限的商品批发服务或接受客户设计，提供服装商品采购的代理服务。

第二节　服装企业管理的职能与内容

一、服装企业管理的职能

管理是人们在社会生活中使用相当广泛的一个概念，它的原意是对人的看管和约束、对物的保管和料理、负责某项工作顺利进行等。事实上，管理的对象已不仅仅限于人、物、工作，国家、部门、组织、企业等都属于管理的对象，由于管理对象的不同，形成了以国家为管理对象的宏观管理和以社会组织为管理对象的微观管理，它们的管理内容、特点、方法都有很大的差异。

企业管理属于微观管理的范畴，指通过合理配置企业的各种生产要素，组织和协调企业的生产、技术、销售、财务、人事、后勤等经营活动，实现企业经营目标的过程。对企业管理概念的理解有两种不同的角度：一是强调运用管理的职能，有效配置企业的资源以实现企业的经营目标；二是强调企业作为一个完整的经营管理系统，管理的作用就是协调各个子系统，使各个子系统相互协调、相互配合实现企业的经营目标。

企业管理是社会化大生产的必然产物，在企业管理实践中，人们对企业管理的职能不断总结，概括出了管理的六大职能。

1. 决策

有人认为决策是管理的核心职能，因为决策是企业经营管理活动的起点，也是企业经营活动成败的关键，如企业的经营方向、投资方向、生产规模、产品与市场开发、设备的更新改造、技术引进等。正确的决策依赖于科学的决策程序，通常，一个科学的决策程序应该包括听取专家意见、市场调查、多个方案的比较分析、技术经济可行性的分析论证等环节。

不难看出，决策是一种高层管理行为。但督导管理者在每天的管理工作中，也会遇到一些需要对其正确与错误进行决断的问题，因此，对中、低层管理者而言也需要有一定的工作决策能力。

2. 计划

计划是指将企业的战略规划或经营目标转化为可以操作执行的行动方案，并将行动方案以书面文件的形式表达出来，它是企业经营活动的纲领或指导性文件。

企业的战略规划是指企业根据自己内部资源的优势，结合企业外部环境的特点所形成的经营理念。企业的经营目标是指企业未来一定时间要达到的结果，企业的基本目标包括经济效益、组织机构改进、社会效益等，但所有的基本目标都是围绕谋求企业的生存和发展这一终极目标展开的。根据经营目标的期限，计划可分为长期计划、中期计划和短期计划。

行动方案有以下三种形式：一是为实现企业的某种经营目标而制定的政策、管理制度、工作程序；二是为完成某项工作或任务而制订的时间进度表、资源配置预算表（如生产计划、材料计划、产品计划、技术计划、劳动计划、成本计划、销售计划、财务计划等）和以不同周期编写的工作计划（如日、周、月、季、年度计划）等；三是为特殊事件而制订的应急计划。

3. 组织

组织是指将生产要素有机结合起来以达成企业经营目标的过程。其方法是通过科学地划分职责，建立一个有效的管理组织机构，通过对生产资源进行有效的配置和布局，建立一个既有分工，又有协作的生产组织。此外，还可建立旨在确保劳动者权益的职工劳动组织。

4. 指挥

指挥是指通过组织机构，有效地传达指令、信息，将企业的决策、计划转变成企业职工的行动，使全体职工能在企业目标的引导下，协同完成本职工作。

5. 控制

企业各部门在执行原定的决策、计划、各种定额标准时，由于经营环境的变化，员工个人的局限性，可能会产生背离或差异，控制就是通过信息反馈系统，定期检查、发现问题、分析原因、采取措施、加以纠正的过程。

控制的程序包括三个阶段：一要制订标准，如产量质量指标、成本定额、利润指标、费用定额及一些定性的指标；二是工作绩效的评价，它是对员工工作行为或成果进行的测量；三是偏差矫正措施。

6. 协调

协调是使企业与外部环境之间、企业内部各部门之间、生产各环节之间、员工与企业之间建立良好的支持与合作关系。其目的是避免发生矛盾和脱节，提高工作质量，减少重复和内耗，创造和谐环境和团队精神，增强企业的凝聚力，提高企业的整体工作效率。协调是现代企业管理的一个重要职能，现代企业管理不再是通过强制，而是通过对目标的协调来谋求行动上的一致。协调的内容包括以下两方面：

（1）企业内部关系协调：包括个人利益与企业利益的协调，同事之间、上下级之间人际关系的协调，部门之间的利益、生产能力、服务关系的协调，不同文化环境的员工之间的观念协调等。内部关系协调的基础包括四个方面：一是个人利益依存于组织利益，组织利益代表着个人的长远利益；二是企业内部的分工与协作是相互依存的，相互协调将会使双方受益；三是通过塑造企业文化，在员工中形成统一的语言与行为规范，使员工对企业经营过程中出现的各种问题的认识达成共识；四是在处理各种协调问题时，坚持对事不对人的工作作风，将问题摆在桌面上讨论，增加处理问题的透明度，避免背后说三道四，影响内部团结。

企业内部关系的协调要注意方法的选用。对于不活跃的生产小组或部门，可以采用劳动竞赛，制造竞争环境和一定的工作压力，达到相互鼓励的目的。部门之间的协作存在较大的冲突时，可以设置协作奖。在协调员工之间的关系时，要善于运用目标分解法，通过将个人的目标进行分解，寻找组织目标、个人目标之间的共同点，以取得求同存异的效果。

（2）企业外部关系协调：主要是企业发展目标与社会发展目标之间的协调。一方面，企业要为社会提供适销对路的产品，努力开拓市场，满足顾客需要，这是企业赖以生存的事业目标。企业在追求事业目标的同时，必须取得合理的目标利润，留存一定的发展资金，这是关系到企业发展的存续目标。为了实现企业的目标，企业必须面向未来，不断地进行管理、技术、市场、产品等方面的创新，拓展企业的生存空间。另一方面，企业要结合自身的事业目标与企业的经济实力，主动地、有选择性地承担部分社会责任，回馈社会，如从事或赞助公益事业、进行员工培训、保护生态环境等，促进社会的进步与发展，从而树立企业为社会服务的形象，减少企业与社会之间的摩擦，取得外部环境的支持与合作。

二、服装企业管理的内容与作用

服装企业管理的内容不是一成不变的，由于企业的规模、经营模式不同，其管理的内容也会有所不同。以生产为中心的服装企业和以经营为中心的服装企业其管理内容存在着很大的差异。前者属于以执行行为为主的生产型管理，其内容包括计划管理、生产管理、技术管理、质量管理、劳动管理、设备管理、物资管理、财务管理八大管理模块，其管理的重点是生产能力、生产进度、生产质量、生产成本；后者则是以经营决策为主的经营型管理，其特点是以市场为经营的起点和终点，在生产型管理的基础上，加强市场的调查与预测，做好销售预测和经营决策，以销定产，同时还必须加强销售管理，做好产品的促销与推广工作，通过销售促进生产。图2-2反映了以上两种管理类型的管理内容及相互关系。

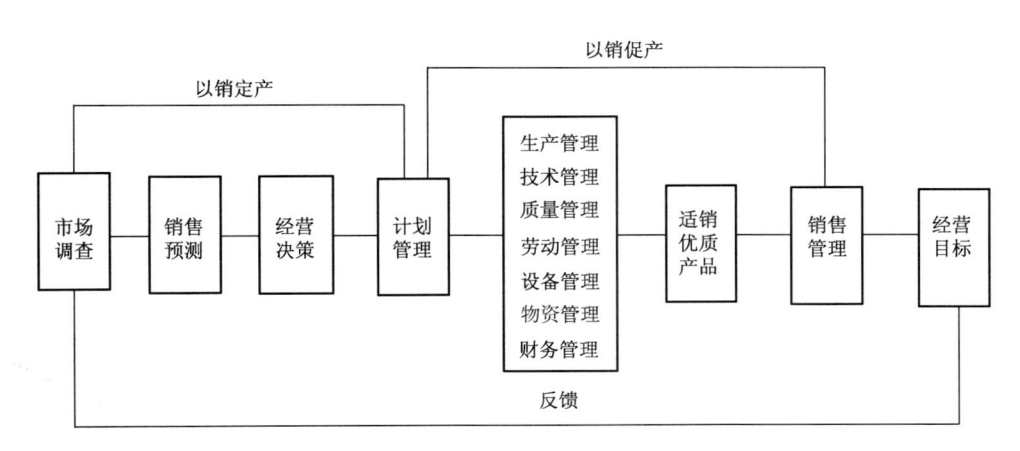

图2-2 生产、经营管理系统

服装企业管理的作用表现在以下四个方面：
（1）正确决策，使服装企业的产品符合市场需要，避免产品积压导致经济损失。
（2）合理组织劳动力、劳动资料、劳动对象等生产要素，建立正常的生产秩序，保证生产的顺利进行，提高产品质量，避免废品损失和生产事故。
（3）创造良好的工作环境和气氛，提高员工的工作热情，从而提高劳动生产率。

(4) 对设备、工艺、操作进行有效管理，提高设备的运转率和完好率、产品质量合格品率，降低产品成本，保证生产正常运行。

三、服装企业管理的基础工作

服装企业管理的基础工作包括以下五个方面。

1. 标准化工作

标准化工作指对服装企业技术标准和管理标准的制订、执行和管理工作。

技术标准包括产品标准、工艺规程、操作规程、设备维护规程、生产安全规程等。产品标准是对产品质量、规格、包装、检验方法等方面的技术要求；工艺规程是指对生产加工方法及工艺顺序等方面的要求；操作规程是指对生产设备及测试仪器操作方法及注意事项的规定；设备维护规程是指对设备维护对象、维护计划、维护工作流程、维护责任等方面的规定；生产安全规程是指企业制订的、与职业安全防护相关的安全规章制度，如对员工上岗培训的规定，对安全使用生产工具的规定，对现场安全防护措施及容易引起安全隐患的员工行为的禁止规定等。

管理标准是对企业的管理工作的内容、程序、方法等的规定。通过标准化工作，不仅能使企业的各项工作规范化、制度化，而且也可使生产效率提高。

2. 定额工作

定额工作指服装企业对人、财、物资源的消耗、利用和占用限额进行的规定，并对其执行情况进行管理和考核。服装企业的定额有产量定额、工时定额、物资消耗定额、设备利用定额、流动资金定额、管理费用定额等。定额是服装企业进行计划管理的基础，也是服装企业管理人员对生产过程进行管理的依据，此外，定额管理还有利于企业挖掘潜力，提高经济效益。

3. 统计工作

统计工作指对服装企业供、产、销各个环节产生的信息进行记录、整理、分析与利用，建立相应的信息档案。做好统计工作，提供准确、及时、有用的信息，不仅有利于服装企业经营过程的控制，也有利于正确考核和评价各个部门及个人的工作业绩。

4. 成本责任制

成本责任制指对服装企业各个成本中心确定成本控制范围及降低成本的目标，并将责任落实到各个成本中心的负责人，以此作为考评其业绩的重要依据。推行成本责任制是加强企业内部经济核算，增产节资，提高效益的重要方法。

5. 员工的教育与培训

员工的教育与培训是企业一项具有超前性的工作，对企业管理将起到促进作用。通过教育与培训，不仅可以提高员工的文化素质、思想素质、业务技能，促进管理人员与员工之间的沟通，也可以提高员工的工作质量和效率，从而提高企业的整体技术水平和管理水平。

四、服装企业管理的一般特点

1. 从服装企业产品成本构成来看

原材料、辅料所占比重较大，通常占生产成本的 60%~70%，对生产成本的管理和控制要特别重视原材料、辅料的选择、质量、用料定额与损耗管理等方面。

2. 从服装企业生产设备操作来看

工人操作的比重大，由于专业化程度较高，操作较简单，但人机配合要求高，属于劳动密集型产业，人工成本所占比重一般在10%~20%。

3. 从服装企业工艺技术参数来看

由于生产品种及规格较多，工艺参数变化快，因此对工艺设计、工艺操作规程、工艺测试要求比较高。

4. 从机器设备的配置来看

每道工序都配置有比例固定的、大量的同种类型的机器设备，车间设备配置相对稳定。管理人员必须针对生产品种的变化，对员工进行合理配置，影响生产效率的关键因素是生产线的均衡性。

5. 从客户的要求来看

对产品的内在质量、外观质量要求高，对产品的交货期要求十分严格。许多服装企业在对其产品质量进行控制时，通常采用车间品质控制、厂部品质控制、客户品质控制三条品质控制线。由于服装市场季节性强、品种变化快，客户的交货期往往较短，为了满足客户交货期的要求，服装企业的生产能力必须具有很强的弹性，一方面，生产的不均衡性，对服装企业的管理人员及生产员工提出了较高的要求；另一方面，生产交货期太短，服装企业生产加班十分普遍。

服装企业的督导管理者应做好本职工作，对服装企业管理的特点有所认识。一位从事服装企业管理二十多年的总经理在总结自己的管理经验时认为，服装企业的工艺技术含量并不高，管理也不复杂，但是很繁琐，要做好服装企业的督导管理工作，必须做到以下三点：

（1）督导管理者要细心，管理工作要力求精细，要有小中见大的思想。因为在服装企业管理的实践中，很多看似不起眼的问题恰恰是客户所要求的。如某企业曾经为一外商加工订单，因成分标签上一个英文字母不清晰，而导致拆包返工，可见服装企业管理的精细程度。

（2）督导管理者要有耐心，要能够静下心来指导问题员工及处理员工提出的一些琐碎问题。由于服装企业生产的款式经常发生变化，新款的生产质量开始总是不稳定，但随着问题的解决，质量就会越来越好。

（3）督导管理者不要怕麻烦，对生产中的问题，只要发现了，就一定要解决，对于一些小的质量问题抱着侥幸的心理，往往会使问题越来越多、越来越严重。

第三节　服装企业的经营素质与能力

一、服装企业的经营素质

服装企业的经营素质是指构成服装企业经营活动能力的诸多要素的综合，它集中反映了服装企业的市场竞争实力、适应市场变化的能力、抵抗经营风险的能力。服装企业的经营素质代表了服装企业的实力、信誉、形象、发展潜质，其好坏将会对客户、投资者、管理人员及员工的信心产生重要的影响，从而影响企业的实际经营业绩。作为服装企业的管理者，既要善于向自己的客户、投资者、员工展示企业的素质实力，取得企业重要公众的支持与合作，又要善于分析和诊断企业经营素质的变化，改善和提高企业的经营素质。

二、服装企业经营素质的构成

服装企业的经营素质由以下五个方面构成。

1. 市场

在市场经济条件下，市场对企业的经营行为及经营方向起着基础性的调节作用。服装市场具有季节性强、变化快、消费者要求差异大等特点，服装企业的经营管理要适应服装市场的特点，把握服装市场的商机，就必须建立与之相适应的市场快速反应系统。这一系统应包括供应、生产、销售三个环节，尤其是供应系统与销售系统更能反映出服装企业的竞争实力。服装企业与服装市场之间的关系是双向选择的关系，这种关系表现在以下两个方面。

（1）服装市场对服装企业的吸引力：这是服装市场本身所具有的一种特性，它取决于服装目标市场容量或空间的大小、服装目标市场产品的盈利水平、服装目标市场对服装消费者的感召力三个方面。服装目标市场的空间越大，取得市场份额的可能性越大，产品的盈利水平越高，生产盈亏平衡点越低，经营风险相对会减少。目标市场对消费者的感召力越强，市场的销售越稳定，生产效率也就会相应提高。市场吸引力越大，市场竞争力也将会越大。对于经营素质良好的服装企业，市场竞争将是它们发展的动力和机会。

（2）服装企业的经营实力：它反映了服装企业对其目标市场所具有的适应能力或操作能力，服装企业的经营实力从目标市场占有率、生产能力、销售能力几个方面反映出来。现在许多服装企业的经营模式出现了两极分化的现象，一些大型服装集团将其资源向服装贸易或销售倾斜，通过建立强大的服装销售网络，形成新的利润增长点，同时以贸易优势、技术优势、产品开发优势、人才优势、信息优势等对中小服装生产企业的生产行为进行引导或控制；中小服装企业往往也愿意依靠大型服装集团，以接单生产为主，当然也有一些中小服装企业瞄准较小的服装目标市场进行自我生产、自我开发、自我销售。

服装企业的经营行为起于市场，止于市场，服装企业与服装目标市场之间的这种协调适应关系是反映服装企业经营素质的重要因素之一。

2. 经营资金

服装企业的经营资金有固定资金、流动资金、专项基金三种表现形式，其中流动资金是保证服装企业正常运作的血液。服装企业所控制的资金总量反映了服装企业的经营规模和实力，资金利用效果反映了服装企业经营情况的好坏，服装企业应该善于调度和使用企业的经营资金，将企业的经营素质转化为经营能力与经营成果。

3. 生产装备

技术先进的设备是服装企业竞争实力的后盾，提高服装企业的装备素质，可以从两个方面考虑：一是加强设备的日常维护与管理，保持生产设备最佳的生产状态；二是重视设备的技术改造和更新，它不仅能提高企业的生产效率和生产品质，增强服装企业生产系统的柔性，提高服装企业的市场快速反应能力，也能降低材料消耗、能源的消耗，从而达到降低生产成本，提高经济效益的目标。

4. 员工

员工作为企业经营管理的主体，是企业各种资源的支配者，员工素质的高低决定了企业各种资源的利用程度，因此员工素质是服装企业的根本素质。员工素质可从接受的教育程度、技术等级、专业技术及管理人员的结构、劳动生产率、思想素质等方面综合反映。提高员工素质可以从两个方面考虑：一是根据企业对人才编制与素质的要求，采用科学、严格的招聘方法，招贤纳才，建立一支高素质的员工队伍；二是建立长期的员工培训计划。员工培训不仅能提高员工的业务与思想素质，保证员工与企业共同进步，减轻企业在转型时期员工安置的负担，也能为员工提供个人发展机会，培养员工对企业的归属感和工作责任心，对员工产生较强的激励作用。现在越来越多的企业开始重视员工培训计划，将员工长期培训工作纳入到企业管理决策之中。

5. 信息管理

现代企业的竞争焦点已经出现了分化，以技术、产品、规模等为手段的竞争开始转向以计算机网络信息管理为手段的竞争。服装市场需求的不稳定性和竞争的激烈性，要求服装企业能快速、准确地捕捉服装市场信息，并将服装市场信息以最快的速度转化为生产信息，从而减少生产与库存的浪费，服装企业的柔性生产系统也只有建立在高效快速的信息系统基础上才会更有价值。许多服装企业已经注意以电子计算机为基础的信息管理的重要性，并将信息管理计算机化、网络化作为提高企业经营素质的首选目标，这一转变将对管理人员提出更大的挑战。

三、服装企业的经营能力

服装企业的经营能力是服装企业在实际运作过程中经营素质所释放的能量，是企业经营素质的外部表现，企业经营素质的最佳组合将形成企业最大的经营能力。服装企业的经营能力主要表现在以下几个方面。

1. 履行合约的能力

履行合约的能力指服装企业能否按照客户的品种、规格、数量、质量、包装、交货期等要求，及时履行合约。为了保证履行合约，服装企业在接单时，必须认真分析自己的经营能力，不要见单就接，到时不能履约，将会出现严重的后果。对一些管理不善的服装企业，经常会发生担保交货、空运交货、拆包费用甚至退货索赔，这将大大提高企业的经营风险、经营成本，影响企业的信誉。

2. 自我发展能力

服装企业要在服装市场竞争中立于不败之地，不仅要有稳健的经营作风，把握住现有的经营优势，而且还要有发展的观念，建立企业的长远发展规划。这就要求服装企业能建立自我监督、自我约束、自我发展的内部机制，确保企业的资产保值增值。目前我国许多服装企业，由于以加工型经营为主，缺乏市场开发能力，自我发展的能力也较差，经营行为的短期性较普遍。

3. 改革创新能力

新型工业是改革创新的结果，传统工业也需要改革创新以补充新的能量。服装企业的改革创新包括新市场、新产品的开发，新技术、新工艺、新设备、新原料的应用，管理方法的改进和组织形式的变革等。

4. 适应外界环境变化的能力

企业的外界环境包括宏观和微观两个方面。宏观环境包括社会、政治、经济、法律、技术等环境，对宏观环境的适应能力表现在企业能否充分利用区域性的政策优势，避免区域性的政治经济风险。微观环境包括生产要素的供应环境和产品销售环境，对微观环境的适应能力表现在企业对生产要素市场变化的适应程度和对销售市场变化的适应程度。

5. 竞争能力

竞争是市场经济的基本特点，也是企业发展的原动力。企业要在市场中生存与发展，就必须不断地提高市场竞争能力。

企业的竞争能力表现在价格竞争和非价格竞争两个方面。价格竞争是指企业通过制订较低的价格或降价等手段来占领市场，价格竞争通常会招致竞争对手的强烈抵抗。非价格竞争是指企业通过产品开发、提高质量、加强售前售后服务、增加广告宣传等手段来提高市场份额，在服装市场竞争中非价格竞争比价格竞争更为重要，因为对需求差异较大的服装消费者，价格已经不是唯一重要的选购因素。

四、服装企业经营效益指标分析

服装企业的经营素质和经营能力可以通过一些财务指标反映出来，这些指标主要有以下四大类。

1. 偿债能力

偿债能力反映了企业负债水平、举债潜力、经营风险及企业债权人的权利保障程度。反映企业偿债能力的指标有以下两方面：

（1）流动比率或速动比率：指企业的流动资产或速动资产与流动负债的比率，反映企业短期负债情况及债权的保障程度。该比率越高，说明企业资产变现能力越强，短期偿债能力越强，但比率太高，企业持有的现金或存货太多，反而说明企业理财能力差，资金利用效率不高。通常流动比率在2∶1以上，速动比率在1∶1以上，才足以表明企业财务状况比较稳定可靠，短期之内有足够的偿债能力。

（2）资产负债率：指企业负债总额与资产总额之比，反映企业长期负债情况及长期债权的保障程度，从而反映企业长期偿债能力及将来举债的潜力。比率越低，说明企业长期偿债能力越强，融资能力也越强。通常资产负债率在1∶2左右。

2. 营运能力

营运能力反映了企业对资产经营的能力，通常从应收账款与存货两个方面来考查企业的营运能力。

（1）应收账款周转率：指企业赊销净额与平均应收账款余额的比率。它反映了企业应收账款占用资金情况，周转率越高，应收账款风险越低。

(2) 存货周转率：指企业产品销售成本与平均存货成本的比率。它既可评价企业存货管理水平，也可衡量企业变现能力。

3. 获利能力

获利能力是企业经营能力的综合反映，也是企业产权所有者最关心的问题，对企业获利能力的考查包括以下几个方面：

(1) 产品销售利润率：指企业利润总额与产品销售净额的比率。
(2) 总资产报酬率：指税前利润总额与平均资产总额的比率。
(3) 资本收益率：指企业的利润净额与实收资本的比率。
(4) 资本保值增值率：指企业期末所有者权益总额与期初所有者权益总额的比率。

产品销售利润率、总资产报酬率、资本收益率、资本保值增值率四项共同反映了企业获利能力。

4. 社会效益

社会效益是衡量企业对社会贡献程度的指标，企业对社会的贡献可以从以下两个方面反映：

(1) 社会贡献率：指企业对社会贡献总额与平均资产总额的比率，社会贡献总额指企业在生产过程中新创造价值的总额。
(2) 社会积累率：指企业上交财政收入总额与社会贡献总额的比率。

社会贡献率、社会积累率两项反映了企业对社会贡献的能力与企业的社会效益。

思考题

1. 服装企业基本的经营要素有哪些？
2. 服装企业有哪几种产权形式？
3. 服装企业有哪几种所有制形式？
4. 服装企业有哪几种经营形式？
5. 服装企业管理的职能、内容及特点有哪些？
6. 从哪些方面分析诊断服装企业的经营素质与经营能力？

案例分析

案例 A：某乡镇与纺织公司及外商三方合资兴建了一家服装厂，经过五年的发展，该厂已拥有一千多名员工，每月平均生产能力超过一万打，生产技术及品质也比较稳定，该项目实际投资回收期为三年。由于兴办服装厂的效益可观，该乡镇的领导决定再兴建一家规模相当的服装厂，厂址选在原合资厂附近，由于自有资金不足，大部分的投入资金是通过银行贷款筹集的。经过一年时间的筹备，新厂房正式投入使用。他们通过较好的福利条件吸引了一批优秀的一线管理者和技术熟练工。开工不久，便遇到了一个严重的问题：生产订单不足。由于生产任务不足，生产过程时断时续，对员工士气产生了极大的影响，生产技术与生产品质也难以稳定，许多熟练的车工及管理人员也相继离开。工厂开工几个月，已经出现了巨额亏损，乡镇领导非常着急，通过各方关系寻找应急对策。

根据以上案例，围绕问题的答案选项开展讨论，给出讨论结果及理由。

1. 三资企业经营过程中有哪些优势？
   A. 市场、资金及技术　　　　　B. 生产场地
   C. 外贸业务　　　　　　　　　D. 员工
   E. 经营环境

2. 如何留住优秀员工？
   A. 工资待遇　　B. 团队情感　　C. 事业愿景　　D. 个人提升

案例B：某外商在中国开放地区独资办服装厂已有五年多，培养了一批优秀的生产技术管理人才，并且获得了较好的投资收益。由于所在地区的劳动力成本上升较快，该外商欲在内地寻找新的发展机会，扩大生产规模。通过调查发现某地劳动力成本较低，于是决定在该地办分厂，并抽调部分优秀管理人员协助分厂的生产业务。在两年多的经营过程中，分厂遇到了许多始料不及的难题，严重影响了企业的经营管理。其中，最令企业管理层头痛的问题有以下几个方面：一是该地通信条件较差，生产中遇到问题与客户沟通太慢，很多问题得不到客户及时的指导，导致企业加工的许多订单在交货时都需要品质担保，大大影响了企业的生产信誉，也提高了企业的生产成本与经营风险；二是本地毛衣厂很少，很难找到高素质的员工，给员工培训工作带来了很大的困难，特别是当一些熟练员工流失时，给企业生产经营组织带来的影响很大，从而增加了员工的管理难度；三是经营环境不好，当地的一些政府职能机构不能为企业提供完善的服务，有时还会给企业施加压力，外界因素对企业生产经营的影响较大。由于种种因素的影响，该企业在此地投资不仅不能如期收回，还出现了严重亏损，最后该企业不得不将此地生产设备及管理人员撤回。

根据以上案例，围绕问题的答案选项开展讨论，给出讨论结果及理由。

1. 企业首次在国内投资成功的原因是什么？
   A. 经营模式复制　　B. 优秀员工　　C. 市场景气　　D. 劳动力成本低

2. 企业第二次扩张失败的原因是什么？
   A. 经营环境不好　　B. 员工培训难　　C. 资讯条件差　　D. 劳动力流失大

第三章　管理思想与管理理论

本章内容： 1. 我国古代管理思想
　　　　　　2. 科学管理理论
　　　　　　3. 组织理论
　　　　　　4. 人际关系学
教学时间： 4 学时
学习目的： 让学生了解我国古代管理思想及西方典型的管理理论，正确认识管理理论的渊源及发展，树立科学的管理观。
教学要求： 了解我国古代管理思想，理解泰勒制、法约尔一般管理理论、人际关系学等西方管理理论的基本内容，学会利用以上知识点观察、分析、解决服装企业管理中的一些共性问题。

管理科学是人类社会发展的必然产物，早在远古时期的人类社会活动中，人们就已经开始了治理环境、治理社会、治理国家的管理实践活动，并积累了丰富的管理思想，但是对企业管理理论和原理进行系统研究并形成一门独立学科，却是在资本主义生产方式出现以后。就管理科学而言，得到公认的第一部著作是 1911 年由泰勒（F. W. Taylor）所著的《科学管理原理》。第二次世界大战以来，这门科学得到迅速的发展，先后出现了行为科学理论、战略管理理论、企业重组理论、学习型组织理论等种种管理理论流派，这个情况既反映了企业迫切需要有效的管理，也说明了管理理论对企业管理实践所具有的推动作用。在管理科学的发展过程中，管理科学的研究领域逐渐拓宽，它广泛吸收了工程学、社会学、经济学、心理学、法律、会计、哲学等学科领域的最新成就，同时管理学的研究成果已经使许多企业、企业家、管理人员在管理实践活动中受益。

第一节　我国古代管理思想

我国是世界文明的发源地之一，在其漫长的历史长河中，经历了大自然的考验和人类战争的洗礼，从大禹治水到四大发明，从万里长城到贯穿南北的大运河，从《孙子兵法》到百家争鸣，无一不闪耀着华夏子孙在与大自然的奋争中，在治理国家、治理军队、治理社会过程中的伟大智慧与成就。在这些令世人瞩目的文化遗产中，蕴涵着许多朴素而又实用的管理思想。

一、《孙子兵法》的管理思想

《孙子兵法》是世界上最早的一部完整系统的古典军事理论著作，被人誉称为兵学圣典，由春秋末期孙子所著。在这部军事著作中，孙子提出了许多著名的军事思想与方法，对现代企业经营管理具有极其实用的参考价值。以下从四个方面介绍《孙子兵法》中所包含的管理思想及其在企业管理实践中的具体体现。

1. 系统分析的管理思想

在《孙子兵法》的开局篇《计篇》中，孙子提出了决定胜负的"五事七计"。所谓"五事"是指了解和分析以下五件事：

（1）道义：孙子在书中强调了伐兵有道的重要性。而企业经营管理之道，则在于企业的经营理念，企业的精神，企业对员工、对社区、对环境、对消费者、对社会承担的责任等。

（2）天时：指影响胜负的气候条件。由于服装产品的时令性较强，对服装企业而言，生产计划、营销计划很容易受到天时影响，气象信息资源将是服装企业营销成败的一个关键因素。

（3）地利：指决定胜负的地理条件。对于企业而言，地利涉及厂址及市场区域的选择等，因地制宜是企业成功经营的关键。许多跨国集团为了充分发挥地利优势，往往采取本地化经营策略。

（4）将才：孙子提出了将才的五个条件，一是要有运筹帷幄的智谋；二是要言而有信、赏罚分明；三是要爱护士卒；四是要勇敢果断、沉着应战；五是要纪律严明、铁面无私，即所谓的"智、信、仁、勇、严"。这五个条件也可以作为企业管理者的基本标准。

（5）法治：这里说的法是指军队的编制、将帅的职责、物资供应等管理制度。在我国企业进行转轨建制的改革中，推崇的就是对企业的科学管理，其核心思想是以法治企业。

所谓"七计"是指从七个方面与敌方进行实力对比分析，即"主孰有道，将孰有能，天地孰得，法令孰行，兵众孰强，士卒孰练，赏罚孰明"。现代企业在市场竞争中，也要经常性地与竞争对手进行实力的比较与分析，以便充分发挥自己的优势，采取避实就虚的竞争策略。

"五事七计"体现了系统分析与经营谋划的管理思想，是《孙子兵法》的思想精髓。在现代市场经济中，企业是市场竞争的主体，市场如战场，企业的经营管理与经营决策关系到生死存亡，企业要在市场竞争中立于不败之地，就必须重视和研究"五事七计"，认真分析企业的经营素质与企业的经营环境，制订符合市场规律与企业实情的经营战略。

2. 量力而行的管理思想

在《孙子兵法》的《作战篇》中，孙子指出任何一场战争，都需要对所需要的各种资源进行预算，只有战争所需要的资源准备充分之后，方可开战。此外，还要善于"取敌之利"，达到"胜敌而益强"的目的。

在现代企业的经营管理活动中，不仅要善于对企业自身的资源进行科学的预算与合理的配置，而且要利用市场来吸纳企业的外部资源，弥补自身资源的缺陷或不足，加速企业经营规模的扩张，提高企业的经营效率，同时还要善于利用竞争对手的营销缺陷或影响，进行市场扩张。

3. 信息管理的思想

在《孙子兵法》的《谋攻篇》中，孙子提出了"不战而屈人之兵"的用兵法则，要做到这一点，就必须善于用计谋战胜敌人，而成功的谋略建立在全面了解自己与敌方实力的基础上，因此孙子又提出了"知己知彼，百战不殆"的科学论断，强调信息的管理与利用在战争中的重要性。在现代企业管理中，信息作为企业经营的一个要素，其重要性及地位在不断提高，随着知识经济时代的到来，信息资源已成为最基本的生产要素，信息资源管理将成为企业经营管理的核心工作之一。

4. 选人用人的管理思想

在《孙子兵法》的《势篇》中，孙子提出了"择人而任势"的用人思想，意思是说，人才选拔与人才使用相辅相成，不可偏废。在《行军篇》中，他提出对士兵要用道义进行教育，用法纪来统一步调，恩威并济，才能让士兵心悦诚服，听从指挥。在《九地篇》中，他提出了"投之亡地然后存，陷之死地然后生"的危机管理思想，意思是说只有让士兵产生危机感之后，才能提高士兵的士气，从而提高士兵的战斗力。这些思想对现代企业人事管理都具有重要的指导价值。

二、儒家管理思想

儒家思想是在春秋时期的"百家争鸣"中形成的，以后发展成为我国封建统治者管理国家和社会的基本指导思想。其代表人物有孔子、孟子和荀子。

1. 孔子及其管理思想

孔子是先秦儒家学派的创始人，是我国历史上著名的思想家与教育家，其言论与行事被其门人整理为《论语》，古有"半部《论语》治天下"之说，可见孔子思想言行对社会的影响力之大。孔子思想的核心是"礼治"。他主张"为国以礼"，"礼"就是通常所说的社会行为规范与道德规范，意思是说要治理好国家，首先要教诲人们学会相互谦让，用中庸的态度处理问题，和睦相处，重视情谊，讲究仁义。可见孔子已经具有了运用教育手段进行管理的思想，而这种管理思想已经被许多现代企业集团应用于人力资源管理与人力资源开发。

2. 孟子及其管理思想

孟子是儒家学派的得力传人，其思想体系主要源于孔子，并以《孟子》一书留颂于世。孟子思想的核心是"布施仁政"，并创立了"性善说"。他认为人天生就有恻隐之心、羞恶之心、辞让之心、是非之心，即所谓的"仁、义、礼、智"。因此治理国家，君主首先要布施仁政，推行富民政策，感化民众；其次是要加强对民众的教化，挖掘人们善良的本性，形成"老吾老以及人之老，幼吾幼以及人之幼"的社会风气，即可达到"天下可运于掌"的结果。可见孟子已经使用了人性的观念来探索治理国家的方法，这种管理思想与现代行为管理学派的理论不谋而合，但其出现的时间却比后者要早得多。

3. 荀子及其管理思想

荀子是战国后期的儒家大师，他尊奉孔子，但批评孟子，并创立了与孟子相对立的"性恶说"，著有《荀子》一书。他认为人的天性是恶的，每个人在生理上、生活上都有无限的欲求，这是人的本能，世事纷争是人的本能自由放任的结果。因此，他认为要治理好国家，就必须用后天圣人或贤人所创造的善道来改造人先天的恶性，形成尚贤从道的社会风气，同时要采取爱民富民的政策。尽管荀子的思想体系中有较重的"人治"成分，但他提出用社会榜样来塑造人性的方法，已经成为许多企业进行员工思想教育的一种行之有效的方法。

三、道家管理思想

老子是春秋时期道家学派创始人，著有《老子》，又称《道德经》，其核心思想是"无为而治"，无为是指顺应自然规律。

他认为"道"乃"夫莫之命而常自然"，因而"人法地，地法天，天法道，道法自然"。"道"为客观自然规律，具有"独立不改，周行而不殆"的永恒意义。"道常无为而无不为，侯王若能守之，万物将自化"。不难发现老子所宣扬的无为而治的思想。

老子无为而治的思想包含大量朴素辩证法观点，涉及管理原则、管理方法、管理策略及管理者修养等方面，如他提出的"圣人常无心，以百姓之心为心""治大国，若烹小鲜""知人者智，自知者明"等，从管理角度看，就是要求企业以人为本，按规律办事，要知人善任。

四、法家管理思想

法家起源于春秋时期的管仲（齐）、子产（郑），其核心思想是"法治"。后经战国时期的李悝（魏）、商鞅（秦）、申不害（韩）、慎到（赵）等人发展，形成了法家三派：商鞅"法"派，申不害"术"派，慎到"势"派。战国末期韩非（韩）将法家各派统一起来，创立法家学说，著《韩非子》，将法、术、势相结合起来，成为先秦法家理论最高成就者，为秦统一六国，建立中央集权制国家提供了思想理论基础。

1. 以法治国

韩非认为"明法者强，慢法者弱"，主张"为治者，不务德而务法"，意思是说要只有明确法治，国家才会强大，治理好国家，必须重视制度而不是人情，强调尊奉法治的重要性。为了"明法"，他提出将法令制度"编著之图籍，设之于官府，而布之于百姓者也。"实行"一法"，要"刑过不避大臣，赏善不遗匹夫"。韩非法治思想，在现代企业管理中仍然具有积极意义。

2. 以术治吏

"术"指课能之术、禁奸之术、自神之术，分别用来考核和检验群臣、观察和防止奸臣、防止小人行奸。韩非认为"术者，因任而授官，循名而责实，操杀生之柄，课群臣之能者也。此人主之所执也。"，他提出选人用人要"程能而授事""官贤者量其能"，反对"私门之请"。对官吏考核要"听其言必责其用，观其行必求其功""听其言而求其当，任其身而求其功"，反对"自文以为辩""自饰以为高"，即根据臣下所作的保证和诺言，君主授予相应官位，然后按其官位考核，识别其品格优劣和才能大小，决不能依据臣下自评。对官吏监督要"听言督其用，课其功，功课而赏罚生焉""明主赏不加于无功，罚不加于无罪"。韩非在人事选用、考核、监督方面的思想，在现代社会管理中仍然值得借鉴。

3. 任势而治

"势"指权威、权势、地位。韩非认为"势者君之舆，威者君之策，臣者君之马，民者君之轮。"君主如果要实行法治，就必须重视权势。现代组织行为学认为，权威来自权力（职位、地位）、非权力（能力、品德）两个因素，领导除了权力之外，需要赢得下属的尊敬和拥戴，才能提升执行力。

第二节　科学管理理论

一、科学管理的先驱

18世纪末期，以英、法为代表的西方国家开始出现资本主义工厂制度，经过一百多年的发展，机器大生产逐渐取代了手工业生产，企业生产组织形式发生了深刻的变化，刺激了企业对科学管理的需要，推动了企业管理的创新和发展。与资本主义发展阶段相适应的早期管理思想和管理理论主要是解决生产管理、工资管理、成本管理的问题，并对劳动分工及管理职能进行了探索，但没有形成系统的科学管理理论，下面介绍几位西方早期科学管理的先驱。

（1）亚当·斯密（A. Smith）：英国古典政治经济学家，1776年著《国富论》一书，阐明了劳动分工的原理，指出劳动分工有助于提高工人的工作技能、工作熟练程度及节省劳动时间，能缩短培训时间和费用，提高企业生产效率和经济效益。此外，他还提出了经济人观点，指出经济原则是组织经济活动的前提。

（2）罗伯特·欧文（R. Owen）：在1800～1828年，他经营苏格兰境内一些纺织厂，实践了他的空想社会主义。其主要做法是改善工厂的劳动条件，提高工人的福利，制订工作程序。尽管他的试验在当时受到了挫折，但他的管理思想在后人的管理实践中却得到了广泛认同，他因此被誉为"人事管理之父"。

（3）查尔斯·巴比奇（C. Babbage）：是劳动分工原理的早期拥护者，1832年著《论机器与制造业经济学》一书，阐述了将科学原理用于劳动过程的重要性，提出了在企业管理过程中进行作业研究的重要性，指出劳动分工是提高工厂操作效率的有效方式，并将劳动分工原理进一步拓展到脑力劳动分工。

进入20世纪，西方国家垄断资本得到迅速发展，在这一时期，企业规模不断扩大，并出现了公司制度，客观上要求企业的所有权与经营权分离，在这种背景下，传统的企业管理思想已不能满足企业管理的需要，人们开始探索科学管理的方法。对科学管理理论进行研究的代表人物有泰勒、吉尔布雷斯、甘特、福特等。

二、泰勒的科学管理实验研究

泰勒（F. W. Taylor, 1856～1915），美国工程师，19岁就开始在一家小企业从事机械及制模工作。几年后，他转到一家大的钢铁公司任职，在此期间，由于他的出色管理，他由一名普通工人逐渐提升为车间管理员、技师、工长、制图部主任、总工程师。为了探索科学管理方法，他曾做过以下三项著名的实验：

第一项实验是铣铁块的搬运研究。他在搬运小组中挑选了一名强壮的工人，对他的工作进行指导，并告诉他何时工作，何时休息，结果这名工人一天搬运了47.5吨，而其他工人一天的平均搬运量只有12.5吨。这个实验求证了他的以下管理思想：要提高员工的工作效率，首先要挑选适合于工作的员工，其次管理人员要对其工作方法进行培训和指导，其三是启发工人用科学的方法可以得到更多的利益，其四是用科学的方法干活能节省体力。

第二项实验是铁砂和煤粒的铲掘工作。在他观察工人的工作时发现，工人的铁铲都是自备的，大小重量不一，同时铁和煤的比重也不相同，每铲的重量也轻重不一。为此泰勒对铁铲进行了专门研究，发现每铲的重量为21磅时，效率最高。为了提高工人的工作效率，他专门设计了10多种形状不同的铲子，工人的铲子由工具库统一提供，保证每一铲的重量为21磅，结果工人的生产效率大大提高。通过这个实验，泰勒提出了以下几个管理思想：一是用实验方法可以改进管理，二是计划和执行分离，三是工具改进与标准化管理，四是人尽其才，物尽其用。

第三项实验是金属切削工作研究。为了解决工人磨洋工的问题，他对金属切削进行了研究，以确定机械加工和切削的最佳方法。此项研究原定6个月完成，实际上用了26年，其研究成果获得了一项金属切削的专利。

1911年，他综合了自己在管理实践中的研究成果，出版了一本著名的《科学管理原理》，次年，在出席国会听证会时发表了科学管理"不是什么而是什么"的演说，并因此被誉为科学管理之父。

三、《科学管理原理》的主要内容

1. 运用工时研究的方法，制订科学的工作定额

《科学管理原理》的基本做法是对工具、设备、材料及生产方法进行分析改进，设计最优操作，确定最佳工作方法，并以此为依据，对员工进行操作培训，实行操作标准化，在此基础上对操作进行测时，确定某项工作的合理工作时间，从而制订作业时间标准。这种管理思想，一方面，减少了工作中多余的不协调动作以及工作中磨洋工现象，从而提高了生产效率，这也是现代满负荷工作法的基本思想；另一方面，运用标准化的操作对员工进行培训，改变了传统的师徒培训的方法，大大提高了员工培训的质量和效率，员工培训工作也因此而开始受到关注。

2. 差别计件原理

企业要推行科学的工作定额必须要制订合理的工资标准，实行按件计酬。为了鼓励员工尽可能多地提高产量，可实行差别计件工资制。其基本做法是首先按工人的技术水平分等级，以此为依据，为每个等级制订一天标准的工作量。不同等级其计件工资不同，等级越低，其计件工资越低。这种方法往往对专业化分工较粗，协作较少的工作或小组计件工作的激励作用较大。

3. 能职相配

要提高生产效率，每个人的特长或能力应与其工作相配合，管理人员应对其员工进行分析，并对其工作进行重新分配，达到人尽其能的效果。这一思想，体现了现代人力资源管理的基本思想。

4. 组织改革

为了适应专业化分工的需要，提高管理的效率，必须建立职能式管理体制，将计划工作与执行工作分开，成立专门的计划与设计部门，确定工作的内容和方法，并根据员工的工作能力分配工作，从而使计划职能从领班的工作中分离出来。这一思想，体现了管理专业化的要求，并且已经注意到了组织结构对生产效率的影响及组织改革对企业的作用。

5. 合作原理

管理人员只有与工人之间建立良好的合作关系，才能让员工在工作中实施科学的管理。

《科学管理原理》一书的出发点是用科学管理代替传统的经验管理，通过科学的管理方法提高人力、物力、财力资源的利用率，减少工作中的浪费和磨洋工的现象。在管理实践中要用科学的态度分析和解决工作中的问题，为了让员工接受科学的管理方法，管理人员要发挥自己的示范作用。当然《科学管理原理》不可避免地带有时代的局限性，如否认因收入分配不公导致的劳资矛盾，认为工人的工作动机只是增加收入，工人对工作的科学化一无所知，必须严加管制，这些观点遭到了后来许多学者的指责。此外，《科学管理原理》只是对企业管理中的作业层面进行了研究，范围比较小。总体来讲，《科学管理原理》促进了企业管理理论的发展，提高了企业管理水平，其许多科学管理思想对现代企业管理实践仍然具有实用价值。

四、科学管理的进一步发展

科学管理探索了运用科学的方法研究管理理论的新途径，后来人们将科学管理的研究方法进一步拓展，引进子系统管理思想，采用了定量的数学分析方法，并运用电子计算机手段，形成了管理科学学派。其主要内容包括系统理论、决策理论、运筹学理论等。

第三节　组织理论

企业管理工作涉及两种对象，一个是可视的作业层面，主要是解决企业生产中的技术问题；另一个是后台的组织层面，主要是研究企业管理职能问题。组织理论的研究对象是组织层面，其研究目的是通过设计合理的组织结构及有效的管理过程，提高企业组织的效能及管理工作的效率。下面主要介绍几个组织理论的代表人物及基本主张。

一、法约尔的组织原理

亨利·法约尔（H. Fayol，1841~1925），是法国的一位训练有素的采矿工程师。他在企业管理的实践中，对企业中的协调、管理人员作用、企业的组织结构及合理性等问题进行了大量研究，并于1916年出版了《一般管理和工业管理》一书。由于他在管理理论上做出了一些新的尝试和贡献，被誉为"现代管理之父"。

在《一般管理和工业管理》一书中，法约尔将企业的活动划分为相互联系的六类活动：

(1) 以生产、制造、加工为核心的技术活动。
(2) 以购买、销售、交换为核心的商业活动。
(3) 以取得和运用资本为核心的财务活动。
(4) 以财产清查、成本计算、利润计算、生产统计、编制报表为核心的会计活动。
(5) 以企业财产和员工保障为核心的安全活动。
(6) 以计划、组织、指挥、控制、协调为核心的管理活动。

法约尔将研究对象放在最后一项，因为在企业的所有活动中，管理技术是最重要的但又是最容易被忽视的。他最先将管理活动从企业经营活动中划分出来成为一项独立的经营活动，并将管理活动划分成计划、组织、指挥、控制、协调五个要素。管理五要素实际上反映了企业经营管理过程中客观存在的管理循环，该项循环过程是：

(1) 企业要制订一个明确的目标，作为生产经营活动的总纲。
(2) 企业根据其经营目标确立合适的组织结构，通过市场预测提出行动计划，并将企业的资源合理配置于组织结构中。
(3) 对员工进行合理的安排与调度，并对员工的工作进行有效的指导、监督、评价与激励。
(4) 加强管理过程的控制，运用控制信息来协调各个部门的工作，并对过去的计划进行修订或制订新的工作计划，从而使管理工作不断循环下去。

法约尔在书中对管理人员的能力与教育问题进行了研究，并将管理人员的技能概括为六个方面：

(1) 身体素质：包括健康、活力、风度等。

(2) 精神素质：包括理解能力、判断能力、适应性等。

(3) 道德素质：如意志坚定、愿意承担责任、对组织忠诚等。

(4) 一般教养：即要求管理人员尽可能地拓宽自己的知识面。

(5) 专门知识：如技术、商业、财务、管理等。

(6) 经验：即在工作中总结出来的知识。

法约尔认为管理人员的能力能从后天的教育中获得，而不是先天因素决定的。企业规模越大，对管理人员的管理能力要求越高，因此管理教学是必需的，管理理论是不可缺少的，这是他从事管理理论工作的一个实际出发点。

在法约尔的《一般管理和工业管理》一书中还提出了十四条管理原则，其中许多管理原则在现代企业管理中仍然被视为金科玉律，并且得到不断的发展。这十四条原则是：

(1) 劳动分工：他认为分工不仅是对技术性作业的分工，也包括管理工作的分工。现代企业生产流水线及组织结构正是这一原则的运用。

(2) 职权与责任：他认为职权与责任是俱生俱灭的，职权可令其下属服从，责任则是对职权运用好坏的奖励或处罚。职权越大，其责任就越难以界定和控制，为了避免滥用职权及克服领导人的人性弱点，必须提高管理人员的素质，尤其是道德素质。现代企业所推行的责、权、利相结合的制度充分体现了这一原则。此外，他最先提出了法定职权和个人职权的概念，前者是源于正式组织，依职位而定；后者则源于个人的智慧、能力、个性、品德等，为非正式的职权。优秀的管理人员，要善于运用后者补充前者，确立自己的管理权威。

(3) 纪律：他认为纪律是统一企业行为的规章制度，为使企业的经营活动有序进行和保证企业顺利发展，完善的纪律制度是绝对必要的。同时他还指出，任何一项纪律都必须建立在企业与员工之间的服从与尊重的基础上，不能作为威胁员工工作的手段，每项制度都要严格执行，而领导首先要做出表率。

(4) 统一指挥：他认为每个员工应该有一个且只能有一个上司，多头领导会导致责任不清、低士气、低效率。

(5) 统一领导：他认为同一个目标下的各项活动，应由一个管理者来计划和领导，只有这样才能使资源统一使用，使员工行为及目标统一，保证组织活动的一致性和连续性。

(6) 个人利益服从组织利益：他认为任何企业都不能将员工的利益放在整个组织利益之上，但在制订企业的目标时，应充分考虑员工个人的目标，确保员工个人目标应与企业目标保持一致。当企业经营过程中遇到严重问题和困难时，员工是否能坚持这一原则将对企业的前途产生重要的影响。

(7) 报酬：他认为合理的工资制度应具备几个特点，一是公平；二是对绩效优良者奖励；三是奖励应有一定的限度。同时他还指出，良好的工资制度并不能取代管理的作用。

(8) 集权化制度：企业权力分配有集权与分权两种形式，集权程度取决于上级允许下级参与决策的程度。企业应根据管理人员及员工的素质及个人工作态度采取适当的集权模式，集权与分权并无好坏之分，而是要依其所处的环境确定最佳结合。

(9) 组织等级：他承认组织等级的沟通是企业信息有序传递的保证，但为了防止组织系统的指挥失灵，他又提出了另一种有效的沟通原则：斜向沟通，即跳板原则，就是说，允许两个员工不按组织程序层层上转，而是直接联系办理，并将行动的结果报告给自己的上级。在生产管理实践中，跳板原则的运用是比较普遍的，但是有些时候会导致人为的矛盾或紧张。为了避免这种情况发生，在运用跳板原则进行沟通时，要遵循两个条件：一是上级主管许可，二是事后要及时将沟通结果报告上级主管。

（10）秩序：他认为企业的人、财、物均有其位，并且要各在其位，不能越位，只有这样才能建立有序的工作环境，避免相互扯皮。

（11）公正：要求管理者对待下属和善、公平，不要因人而异。

（12）员工稳定：他认为每个人的职位要相对稳定，并鼓励员工为企业长期服务，员工流失率过高不利于组织的稳定与有效的运作。

（13）首创精神：他认为管理人员应鼓励下属在尊重上级与遵守纪律的前提下，充分发挥工作主动性，不要怕出错，同时管理人员对出错员工要正确对待。通过培养员工的创新精神与进取精神，使企业与员工同时进步与发展。

（14）团结精神：要求管理人员在工作中，营造企业员工之间的和谐和团结关系，促进集体主义精神。他建议领导对下属尽可能用口头交流代替书面指导，以减少领导和下属之间的距离，培养员工的团结精神。在对员工管理的过程中，切忌分而治之，影响员工之间的团结与协作。

二、欧威克的管理要素理论

欧威克（Lyndnall F Urwick）年轻时就读于牛津大学，第二次世界大战期间服务于英国陆军，后任日内瓦国际学院院长。1944年出版了《管理的要素》一书，将各家提出的管理原则综合到一个逻辑框架中。图3-1概括了欧威克管理要素的思想框架，他将法约尔的管理要素放到雷利（A. C. Reily）的"原则—程序—效果"这一组织过程的框架中，形成了一个分析组织原则、组织程序及职能效果的概念结构。图中每一组概念都代表一个相应的管理要素或职能，这些管理职能的实现过程都遵循"原则—程序—效果"的逻辑模式。

欧威克还将法约尔的管理五要素的职能扩展为计划、组织、用人、指导、协调、报告、预算七要素，并提出了组织管理的八条原则：目标原则、对应原则、责任原则、等级原则、控制幅度原则、专业化原则、协调原则、明确性原则。

三、韦伯的组织理论

马克斯·韦伯（Max Weber，1864~1920）被称为"组织理论之父"，与泰勒、法约尔并称为西方古典管理理论的三位代表，其行政组织理论对后世产生了最为深远的影响。

韦伯认为，任何组织都必须以某种形式的权力作为基础，没有某种形式的权力，任何组织都不能达到自己的目标。人类社会存在三种为社会所接受的权力，下面对这三种权力作进一步阐述。

1. 传统权力

是由传统惯例或世袭而来。人们服从领袖人物是因为其占据着传统的权力地位，领导人的作用只为了维护传统，效率较低，不宜成为行政组织体系的基础。

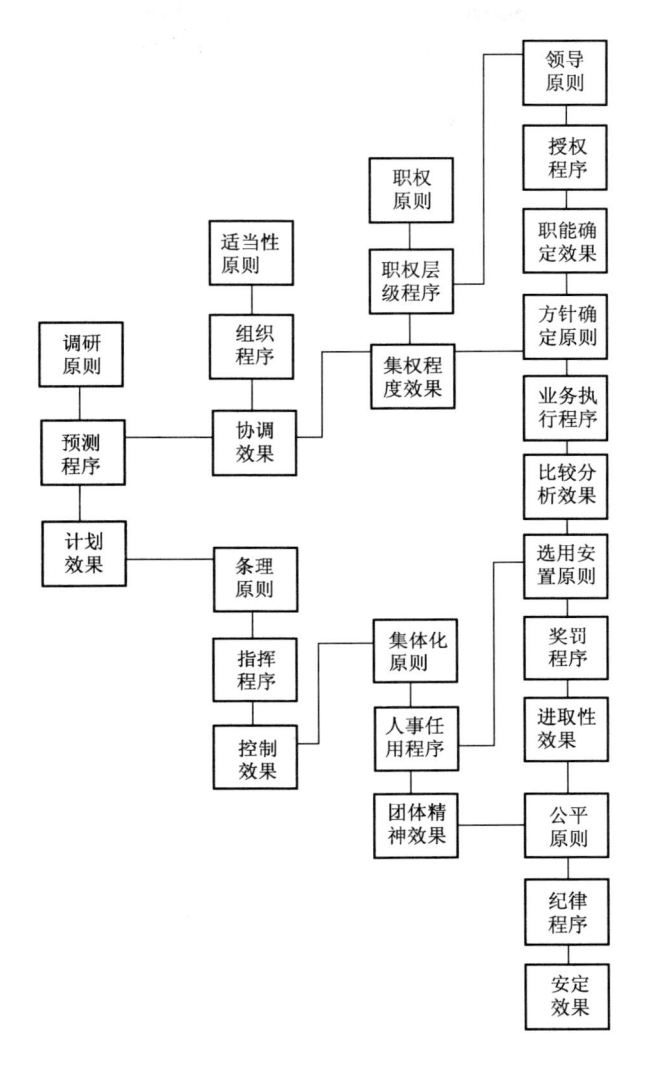

图 3-1　管理要素框架

2. 超凡权力

来源于他人的崇拜与追随。领袖人物必须不断创造奇迹来赢得追随者，维系超凡权力。这种权力带有浓厚的感情色彩，不宜成为行政组织体系的基础。

3. 法定权力

法律规定的权力。由于法定权力源于法律，受到约束，体现公正，可以构成行政组织体系的基础。由法定权力构建的行政组织体系具有下列特征：

（1）成员有明确的职责，并依靠法规制度，规范成员行为。

（2）按照等级规定成员之间的命令与服从关系，形成层层控制的组织体系。

（3）成员之间的关系只有对事的关系，没有对人的关系。

（4）成员根据预设的资格条件，公开招聘，务求人尽其才。

（5）成员均有明确分工及职责权限，并得到技术培训。

（6）建立奖惩与升迁制度，按职位支付薪金，使成员有明确的工作预期。

韦伯认为，凡具有上述六项特征的组织，可使组织表现出高度的理性化，成员的工作行为能达到预期的效果，组织目标也能顺利实现。

四、巴纳德的组织原理

巴纳德（C. I. Barnard），早年就读于哈佛大学，学习经济学，毕业后服务于美国电话电报公司，1927年出任新泽西贝尔公司总经理。他根据自己的管理实践经验及理论研究，出版了《执行人的职能》一书。

巴纳德认为，正式组织是通过执行人的协调，使其成员努力的合作，在这个过程中执行人是最关键的因素。执行人有三项重要的职能：

（1）建立和维护一套有效的沟通系统，在沟通系统中要善于运用非正式组织在沟通中的作用。

（2）积极取得员工的支持，要做到这一点，首先要通过严格的招聘挑选员工，保证引进的员工能与企业之间建立合作关系；其次管理人员要善于运用诱导和激励的手段，使员工对组织产生认同感。

（3）确立组织的目标，在目标实施的过程中，要对组织中的成员授权，保证员工拥有完成各自目标的职权。

在职权理论中，巴纳德认为管理人员仅凭职权发布命令是不够的，下属有可能拒绝执行。要使职权有效，最好的办法是诱导下属合作。此外他还提出了有效指令的四个条件：

（1）指令要明确具体，每条指令都应该让员工明确做什么、怎么做、向谁负责、结果是什么。

（2）指令应该与组织目标一致，没有个人目的。

（3）指令与员工的个人利益一致。

（4）指令在员工能力所能接受的范围之内。

第四节　人际关系学

一、工业心理学的产生

为了取得更高的生产效率，一些从事心理学研究的专家开始注意如何有效地利用人的某些心理资源。其实，心理学早在泰勒制出现以前，就已成为一门科学，但并没有被用于工业领域。出生于德国的心理学家芒斯特伯格（H. Munsterberg，1863~1916），在哈佛大学任职期间，对工业心理学做了大量研究，并于1912年发表了他所著的《心理学和工业效率》一书，率先将心理学与管理科学结合起来，研究了注意力、疲劳、工作单调性及社会因素等对工业效率的影响。他的研究成果被广泛地运用于职业选择、劳动合理化、改进工作方法及建立最佳工作条件等方面，由于他最先将心理学与工业效率联系起来进行研究，被人们誉为工业心理学之父。只是因为他所考虑的面比较窄，缺乏社会心理学和人类心理学的观点和论据，未能引起足够的重视。

二、人际关系学的产生

乔治·埃尔顿·梅奥（George Elton Mayo，1880~1949），澳大利亚人，获逻辑学和哲学硕士学位以后，在哈佛大学从事工业研究的教学，在此期间参加了著名的霍桑实验，并取得了大量的一手资料。1933年其所著的《工业文明中人的问题》一书问世，提出了人际关系学说，又称人群关系理论。他认为，生产效率不仅受物理和生理因素的影响，而且也受到社会和心理因素的影响，在工作中形成的人际关系是影响组织生产力的重要因素。这一理论增加了工业心理学研究的深度和广度，开辟了管理心理学的研究领域，从而被誉为人际关系学的创始人。

三、霍桑试验及其结论

霍桑试验是由美国国家研究委员会资助的一项研究计划，在1924~1932年进行，研究对象是西方电气公司的霍桑工厂。最初霍桑试验的目的是研究提高生产效率的因素，当时管理理论工作者与实际管理者都认为，物质工作环境和工人健康状态与生产效率存在明确的因果关系。前者如通风环境、温度、照明、工资制度、福利等，后者如合理休息时间、工作日及工作周的长度等。事实上，霍桑工厂的情况并不完全是这样，当时霍桑工厂主要从事电话、电报设备制造，工厂效益不错，工厂的娱乐设施、医疗制度和养老制度都很完善，但是工人中仍有不满情绪，生产绩效并不十分理想，选择霍桑工厂进行研究具有一定的代表性。

霍桑试验是从改变工厂的照明条件开始的。他们选择了一个试验组和一个对照组，对照组的照明条件不变，而试验组的照明条件增强或减弱，结果发现照明度同生产效率之间并不存在线性或因果关系，因为两个小组的产量都大幅增加，且两组的差异均在误差允许的范围之内，研究小组对此感到茫然。后来他们又做了其他试验，如改变工资支付方法，让工人提前上、下班，延长休息时间，供应点心等措施，但结果表明，这些条件的变化对生产效果的影响并不像预期的那样明显，试验进行了三年，但并没达到预期目的。

1927年，梅奥成立哈佛研究小组，继续霍桑试验，研究小组分析了前期试验失败的各种原因，提出了一个新的因素：人际关系因素。为此，他又进行了以下几个方面的试验：

（1）继电器装配小组与云母片剥离小组试验：研究人员挑选好参加试验的对象，让他们单独在一间工作室内工作，不与其他工人接触，并说明这样做不是为了提高产量，而是研究什么样的工作环境是最合适的。研究人员承担部分试验组的指导工作，对他们的工作并不监督，小组成员很快建立了良好的人际关系，小组的产量比预期的提高了。研究人员又进一步缩减小组每天的工作时间及每周的工作天数，结果小组的产量又增加了。后来研究人员又恢复了原来的工作时间，产量也没降低。于是研究小组得出了这样一个结论：人际关系的改善是生产效率提高的重要因素。其依据是：试验小组没有工头的监督，工作自由了，每个小组成员能相互沟通，接触的机会也增加了，并与研究人员建立了良好的合作关系，所有这些使试验小组的人际关系得到了改善，员工的工作态度也因此发生了变化。

(2) 访问计划：研究小组对 2 万多人进行了访问交谈，了解工人对工作、工作环境、监工及公司当局的看法，但他们发现，工人并不愿意回答这类问题，以后他们把问题集中在工人关心的问题上，间接了解工人的态度。结果发现，工人的工作绩效，他们在组织中的地位和身份，不仅受自身因素的影响，而且也受小组中其他同仁的影响。为了对此结论进行更系统的研究，研究人员又进行了接线板工作试验。

(3) 接线板工作试验：研究人员以接线小组作为研究对象，这一小组有三种不同的工作。经过为期 6 个月的研究，他们发现：一是小组成员自行限制产量；二是当小组中某一成员升迁时，其他成员会对其产生忌妒；三是小组中存在一个无形的非正式组织，并存在自然的领袖人物，对小组成员的生产效率施加影响。产生这些现象的原因是小组成员之间在工作中逐渐形成的一种默契的、自我保护的意识。

霍桑试验研究突出了在工作中形成的人际关系因素对生产效率的影响，开启了探索个人行为及群体行为奥秘之先河，同时也使人们进一步认识到管理人员督导作用的重要性，并对管理人员的管理技能提出了新的要求：即管理人员不仅要善于运用咨询、激励、引导和信息沟通等手段建立或改善工作中的各种人际关系，还要善于对工作中的各种人际关系进行分析诊断，并对工作中的各种人际关系有针对性地进行一些预防、保健、治疗。

四、人际关系学的进一步发展

20 世纪 50 年代之后，现代科学技术的迅速发展与应用，使科学技术在经济增长与社会发展中的贡献越来越大，社会生产的劳动力结构也发生了重大变化，员工在企业中的重要性与地位不断提高，人际关系理论受到重视并得到迅速发展，形成了对员工行为进行系统研究的行为科学学派。其主要的研究领域包括对员工的激励问题、管理中的人性问题、组织行为问题、领导问题等。

思考题

1. 简述《孙子兵法》的管理思想。
2. 简述儒家管理思想。
3. 简述科学管理原理的主要内容。
4. 简述法约尔的十四条管理原则。
5. 简述霍桑试验及其结论。

案例分析

案例 A：某服装企业以生产毛衣为主，由于生产的季节性较强，5~11 月通常是该企业的生产旺季。旺季时，几乎每天都需要加班，淡季时，开工率不到 40%，因此，该企业的管理面临两个问题：一是在旺季时如何保证员工最高的生产效率？二是在淡季时如何能让优秀员工留下而不流失？对于第一个问题，该企业采用了差别计件的工资制度，对生产效率高的员工采用高工资率的激励。对于第二个问题，企业采取了两个方面的措施，一是给停工待产的员工最低生活费，二是采用保本经营的思想，尽可能多地接一些生产订单。这些措施对提高员工的生产效率及稳定员工确实起到了重要的作用，但在实际实施过程中仍然有一些问题，下面是该企业在管理过程中的一些具体做法及出现的问题。

该企业毛衣生产分为前织和后整两个车间。前织车间主要有织片、套口、手缝三个操作工序。各个员工均是独立完成一件毛衣的该道工序操作，再转下道工序，工人之间、工序之间的生产相互不影响。该企业对前织车间的操作工采用了差别计件的工资制度。件工工资率由车间主任制订，最后由财务部门审核批准，向员工公布实施。该企业根据员工的工作表现及技术水平，将员工的工作技能划分为三个等级，每个等级都规定了一个标准的机台台时产量范围及相应的件工工资率，相邻两个等级之间的件工工资率相差10%。同时还规定，任何员工，若其下道工序的次品返回率超过5%时，无论台产量多高，件工工资率均按最低级处理，并要补偿下道工序因此而受到的最低台时损失。在制订件工工资率时，由于款式的差异，往往对标准台时产量产生影响，企业的技术部门在制作生产样板时，将台时产量的资料反馈给车间以便确定合理的件工工资率。

与往年不同，今年企业刚进入淡季，生产任务就已大幅度减少，生产人员及管理人员的工作士气受到较大影响。为了减少停工待产的损失及维持员工的基本工资水平，企业不得不接了一批价格较低的毛衣订单。当这批订单投入生产时，许多员工发现，他们付出了同样的努力与工作时间，但与以前相比，拿不到同样的工资。于是许多员工找生产组长投诉，要求调整件工工资率，组长将员工的投诉反映给车间主任。这种投诉往往在上新款时出现的较多，对这种投诉，车间主任往往会进行实际调查，如果工序时间的测定与分配确实有问题，通常会进行一些微调，不过都没有这次投诉强烈与普遍。面对员工的投诉，车间主任也有苦衷，因为今年的生产提前进入了淡季，对员工的要求是难以满足的。

根据以上案例，围绕问题的答案选项开展讨论，给出讨论结果及理由。

1. 淡季和旺季面临的问题是什么？
   A. 留人问题　　　　　　　　B. 接单问题
   C. 生产效率问题　　　　　　D. 员工士气问题
2. 为满足生产旺季的产量需求实施的产量冲刺方法是什么？
   A. 差别计件工资　　　　　　B. 增加接单量
   C. 生产外发加工　　　　　　D. 工资保底
   E. 平均计件工资　　　　　　F. 培养多面手
3. 计件工资与小时工资有什么区别？
   A. 工资水平均是由劳动力市场总体工资水平决定的
   B. 计件工资适合操作工人
   C. 计时工资适合指导工或管理人员
   D. 计件工资高于小时工资
   E. 员工对计件工资率高低判断标准仍然是小时工资水平
4. 制定有激励作用的差别计件工资需要做哪些工作？
   A. 制订等级标准　　　　　　B. 确定等级计件工资的差别
   C. 确定质量合格标准　　　　D. 做好员工产量统计
   E. 做好员工培训工作　　　　F. 判断差别计件工资激励是否适合

案例 B：李先生从事服装技术工作二十多年了，现在担任某服装企业的技术部经理，主要负责生产样板、客户来板及本企业的生产样板的制作，并向财务部、生产部、采购部提供生产技术资料。

李先生对下属要求很严格，但是从来不把工作中问题的责任推给下属，他经常对下属进行技术指导，在他手下工作的许多员工，工作技能也进步很快。李先生明白，下属的进步与成长是对他的工作最大的支持与信任，也是对他工作成绩的肯定。正因如此，他的下属对他十分敬重，而且工作都十分努力，李先生感到很欣慰。但是近来发生了一系列事情，让他感到很困惑，工作好像失去了重心和目标一样。事情是这样的：

近来生产用的原料质量经常有问题，采购部门对质量不能把关，于是总经理要求他对采购的质量进行监管，而采购部门将质量责任全部放到了技术部门，大事小事全部找过来。李先生面临两个问题：如果不承担责任，老总以为他不愿意为其他部门提供协作，不关心企业利益。如果承担下来，他要挤出一些时间与精力来完成本应该由他人完成的工作。而现在，他所在部门的工作量已经很大，他需要经常加班，身体也有些吃不消，更何况他也不是原料方面的专家，要他来做这项工作，需要比别人投入更多的时间。不过他还是硬着头皮承担了这份职责。他在采购质量检测及付款程序方面进行了一些修订，虽然减少了一些问题，但并没有从根本上解决原料的质量问题，因为这些问题主要出在企业与供应商之间的协作与沟通上。

李先生对他的下属是很满意的，但是近来发现某些下属经常不在岗位，经过询问之后，才发现这些员工被总经理调到其他部门做帮手，导致本部门的其他员工需要额外加班，在员工中已经开始出现一些抱怨了。

还有一件事也让他十分尴尬。总经理急于开发中童服装，他并没有将这一计划告诉技术部门，而是直接找到车间主任，要求他做几款中童服装样板，并给他提供了一些产品构思。样板做好后，总经理感觉不错，要求技术部门提供相应的技术资料，以便核实成本、价格及生产工艺。

李先生曾将自己的想法和意见与总经理进行了沟通，但情况并没有多大变化，李先生觉得很难分清及胜任自己的角色。于是，他送交了一份辞职报告，决定离开企业，下属因为失去了一个好的主管，士气也有些低落。

根据以上案例，围绕问题的答案选项开展讨论，给出讨论结果及理由。

1. 按照职位分工，李先生应该承担哪些工作？
   A. 技术管理　　　　　　　　B. 采购管理
   C. 产品研发　　　　　　　　D. 质量管理
   E. 员工培养
2. 李先生所扮演的救火队长角色违反了哪些管理原则
   A. 劳动分工　　　　　　　　B. 统一管理
   C. 统一指挥　　　　　　　　D. 集权化制度
   E. 组织等级　　　　　　　　F. 纪律
3. 总经理跳过李先生安排下属做产品开发违反了哪些管理原则？
   A. 组织等级　　　　　　　　B. 统一管理

C. 统一指挥 D. 集权化制度
E. 团队精神

4. 李先生与总经理沟通不成功的原因是什么？
A. 总经理不明白管理原理 B. 李先生不善于沟通
C. 总经理对李先生工作不满意 D. 总经理与李先生之间存在分歧

第四章　服装企业的组织

> **本章内容**：1. 企业组织的设计
> 　　　　　　2. 服装企业的组织结构
> 　　　　　　3. 个体、群体及组织的相互影响
> 　　　　　　4. 服装企业的组织变革
> **教学时间**：4学时
> **学习目的**：让学生了解服装企业的组织结构，正确认识个体在组织中的地位与作用，树立团队意识与组织变革意识。
> **教学要求**：掌握组织设计的主要内容，了解服装企业组织结构的一般形式，理解个体、群体及组织的相互影响，了解服装企业组织变革过程，学会利用以上知识点分析服装企业组织设计中存在的一些共性问题。

组织是服装企业管理的一项重要职能。它有两个方面的含义：一是指按照一定的目标、任务、规则建立起来的功能群体，每个组织都具有特定的功能和稳定的组织行为，组织中的成员只有在组织的执行人或领袖的领导下，才能同心协力达到共同的目标；二是指为了实现一定的目标或任务而将企业的人力、物力、财力有秩序地、富有成效地结合起来，通过组织的力量，对组织内部的行为进行控制或协调，充分发挥人、财、物的最大协同效果，减少不必要的内耗过程。无论是经营一个企业、指挥一支军队，还是负责一项工程，如果没有明晰的组织规程或组织文件，就会出现目标不明、职责不分、指挥不灵、组织运作效率低下等问题；如果缺乏强有力的领导，那么组织内部就会是一盘散沙，缺乏凝聚力。为了提高组织的运作效率，管理人员应该经常检讨以下几个方面的问题：

（1）企业的组织要素是否完备？
（2）组织结构合理吗？
（3）组织需要变革吗？
（4）如何认识组织中的个人或群体行为？

第一节 企业组织的设计

一、企业组织的要素

正式的企业组织，都是根据企业的经营管理特点，按照一定的规则建立起来的，不同的企业，其组织结构或形式也不相同，但是每个企业组织都是由以下几个方面的要素构成的。

1. 人员与分工

企业应根据自己的经营管理特点，对生产与管理工作进行合理分工，配备适当数量和质量的工作人员和管理人员。在此基础上，按照员工的能力对其工作进行分工，形成职责、权限、地位不同的组织系统。通常，企业专业化分工的程度对组织结构的复杂性及运作效率都会产生影响，一方面，横向专业化分工越多，对应的职能部门及工作职位越多，组织结构越复杂；另一方面，适度的纵向专业化分工将有利于提高员工的工作效率，纵向专业化分工程度太低或太高都不利于提高员工的工作效率。

2. 权力等级与责任范围

权力等级反映了成员在组织中的权力级别，它直接规定了成员参与决策的程度或范围。权力范围之内，成员可以自由决策，但要对其决策结果承担责任。权力等级的高低取决于其参与决策的领域范围和工作责任的大小。

3. 制度或程序

制度或程序是组织运作过程中对成员行为的内部约束机制，由一些正式的书面文件组成，每个成员的行为都必须与组织所预期的行为规范相符，如组织文件规定允许或不允许的行为、对管理工作或作业程序的规定等，实际上它是以组织的名义表现出的权力。制度或程序使许多组织行为程序化、统一化，减少了成员的自主权，但是它的执行往往需要有一定的监督程序。

4. 沟通联络的途径

企业的组织结构决定了企业内部信息沟通的方式，合理的组织层次和控制范围，是保证企业内外信息沟通渠道畅通、高效的基本条件。

5. 组织目标

组织目标是指通过组织行为所需达到的组织效能，通常包括四个方面：

（1）组织对环境的适应力。

（2）组织的生产力。

（3）组织的效益。

（4）组织的士气。

组织目标是形成组织凝聚力的基础，组织设计往往要考虑组织的目标，建立与组织目标相适应的组织结构。

二、企业组织设计的原则

1. 目标原则

组织中的每一个职位都应有明确的目标，各职位目标的综合即是企业的总目标。企业在设立工作岗位时要因事设岗而不能因人设岗，每个岗位都应有明确的工作内容、责任、权限、目标、工作评价的标准及奖罚措施。

2. 权责原则

组织中每个成员的工作安排既要做到人尽其才，避免怀才不遇和才疏位高的现象，又要遵循责、权、利相结合的原则，避免有权无责或有责无权的现象。

3. 层次原则

企业应根据经营管理的实际情况，确定合理的组织层次，在满足管理需要的前提下，层次越少越好。

4. 控制跨度原则

根据管理人员的工作能力、工作性质、所处的组织等级及下属的工作环境，确定管理人员与职工的比例，控制企业员工的编制。

5. 协调原则

组织内部的个人或小组的行为应在企业总目标的基础上统一起来，相互配合而不是各行其是，缺少沟通与协调。

6. 平衡原则

部门、小组和个人之间的工作量、劳动量保持平衡，避免负荷不匀对管理过程的影响。

7. 连贯性原则

信息传递、半成品的流动、组织变革等内容或措施要连续，避免大起大落，导致人心不稳。

三、企业组织设计的内容

新建一个服装企业或者进行组织变革时，就需要围绕企业的经营战略或经营目标，对企业组织进行科学合理的分析与设计。企业组织设计的内容包括以下几个方面。

1. 工作描述

开展组织设计，首先要根据劳动分工与专业化原理，将组织的总体任务划分为若干子任务，该子任务可由专门人员完成，这些子任务就构成了工作岗位。为了明确员工工作职责及目标，对这些工作岗位要进行科学描述，形成工作说明书，其内容一般包括6W1H：责任者是谁（Who）、对谁负责（Whom）、为什么做（Why）、做什么（What）、在哪做（Where）、时间期限（When）、如何做（How）——完成工作所使用的方法和程序。对于一些技术性的工作，可以规定得很具体，对一些事务性的工作则规定得较模糊。工作说明书应具有一定的灵活性，否则会束缚或压抑员工的创造力与积极性。工作设计是编写工作说明书的前提，一项有效的工作设计应具备以下特征：

（1）完成工作具有一定的难度。
（2）操作内容具有一定的丰富性。
（3）工作过程中有与其他员工接触的机会。
（4）工作的周期足够长而工作内容不单调。
（5）员工有一定的控制权。
（6）工作目标及结果明确且工作成绩有明确的反馈路径。

2. 管理层次与控制跨度

管理层次是指组织等级结构中从最高层到作业人员之间所设置的管理职位层级数。随着组织规模扩大，管理者与被管理者的关系复杂化，由于管理者的能力、精力与时间都是有限的，为了有效地领导下属，就必须委派工作给下一级主管人员从而减轻上层主管人员的负担，这样就会减少管理者直接管理的人数并增加管理层次，如此下去，就形成了有层次的组织结构。管理层次分为战略决策层、经营管理层、操作层等上、中、下三层，每个层次都应有明确的分工。管理层次的大小取决于组织规模、任务复杂性。当企业的纵向分工越细，组织趋于高层化，反之趋于扁平化（管理层次少而管理宽度大）。当企业工作任务简单，或者管理效率较高时，管理幅度变大，管理层次就可减少，反之层次就要增加。管理层次越多，意味着费用越多，沟通的难度和复杂性加大，控制活动会更加困难，也更为重要。因此，在设计管理层次时，对企业职能的纵向划分要合理，确保组织效率。

控制跨度是指向同一上司汇报工作的下属人数，又称管理幅度，受精力、知识、能力等限制，管理幅度是有限度的。控制跨度是影响组织机构的一个重要因素，管理层次与控制跨度共同决定了组织的人员规模。如假定一个组织，划分6层，每层2人，该组织的人员总计为：$1+2+2\times2+2\times2\times2+2\times2\times2\times2+2\times2\times2\times2\times2=63$ 人。这种结构是一种窄跨度的高层组织机构，在大公司里，可能提升高层管理者的工作满意感，但由于管理人员太多，机构庞大，管理效率将会降低。如果只划分3层，每层8人，该组织的人员总计为：$1+8+8\times8=73$ 人。这种结构是一种宽跨度的扁平组织结构，在较小的公司里，可能给低层管理者带来更大的满意感，但是由于管理人员少，对管理人员的工作压力较大。此外，当控制跨度较大时，管理人员与员工之间的接触机会就会减少，因此管理人员与员工之间的关系就比较疏远。决定有效控制跨度的因素主要包括：工作环境、任务复杂程度和工作量大小、领导者及其下属水平、标准化水平和授权程度及管理费用等。一般情况下，最优控制跨度在 5~10 人，对于重复、简单的工作，监管人数可以达到 30 人左右。合理的控制跨度应该能保证信息渠道畅通、信息传递速度快、管理费用的效益高、有利于建立管理人员同员工之间的良好合作关系。

3. 直线职权、参谋职权和职能职权

在组织结构中的管理人员或职能部门，对组织目标实现的作用是不相同的。有些管理人员或职能部门的工作对完成组织目标具有直接作用或贡献，这类管理人员称为直线管理人员，这类部门称为直线部门，而其他管理人员称为参谋或职能管理人员，其他部门称为参谋部门或职能部门。

直线职权是指可以在组织内直线管理系统发布命令及执行决策的权力，又称指挥权，一般来讲，企业直线管理人员拥有直线职权。

参谋职权是指在组织内某项职位或某部门可以为直线管理人员或部门提供咨询、建议的权力，是一种辅助性职权，以协助直线人员有效工作为目标。

职能职权是指直线管理人员将其部分直线职权授予参谋人员或某个部门的主管人员所形成的在一定范围内、受控制的指挥权，职能职权有助于提高参谋职权的执行力和工作效率。

在企业组织结构中，无论是直线制、直线职能制、事业部制、矩阵结构，都存在着直线指挥系统和职能参谋系统，两者之间的关系处理不当，往往会影响组织效能。

4. 集权与分权

集权与分权是两个相对的概念，集权是指决策权集中在较高的管理层次，分权是指决策权分散在较低的管理层次。分权可以是上司授权，即上司将一部分权力下放给下属，也可以是制度分权，即通过组织设计将权力分散到较低管理层次。授权是领导行为的一个重要方面，一个有效的领导者，并不是事无巨细地将全部管理工作包揽下来，而是要善于下放手中部分权力，腾挪出更多的精力于更重要的工作中。

集权与分权的程度直接影响了权力的划分，从而对组织机构和组织工作的设计产生影响。集权与分权各有优缺点，通常集权能保证内部的标准、政策、指挥的统一，但管理者的责任大，对管理者的素质要求高，而且权力集中可能导致员工的参与意识不浓；分权则会让更多的员工参与，决策民主，信息传递快，但权力分散易形成条块分割，内部不协调，难以统一，而且可能要有强大的培训计划的支持。集权与分权的程度可以从以下几个方面权衡：

（1）部门之间的协调程度，如果要求较高的协调，则权力要相对集中。

（2）计划执行区域性程度，如果计划执行的区域性强，则权力要相对分散。

（3）对下属的控制程度，如果控制程度高，则权力要相对集中。

（4）下属是否有能力胜任、是否愿意承担责任、是否能自我约束，分权是否能提高整体士气等，分权只适用于对这些问题肯定的回答。

5. 授权

授权是指管理者将其权力的一部分授予下属，使下属在上级监督之下，拥有相当的自主权，支持下属完成任务。授权有助于发挥下属专长，提高积极性，增进效率，从而达到培养下属，减轻领导者负担，提高组织效率的目标。授权作为领导者提高管理效能的重要手段,如何开展授权工作,上级一般不会干预,但需要遵循一些基本原则:授权留责、视能授权、不越级授权、适度授权、适当控制。下级获得授权后,为了让上级领导放心,必须及时汇报授权的执行情况。影响授权的因素包括:组织规模、决策的重要性、任务的复杂性、下属能力等。

6. 部门化

部门化是将组织中的活动按照一定的逻辑,划分为若干个管理单位,又称部门划分,部门化是组织设计中形成组织结构的重要工作。部门化实际上是对企业的管理劳动进行分工的过程,部门化类型有以下四种形式:

(1)职能部门化。这是一种最基本、最普通的部门划分方法,是将组织中相同或类似的活动归并在一起,形成一个职能部门。如生产部门、营销部门、财务部门、公关部门等。职能部门化有助于提高管理工作的专业化程度,简化职能部门的内部培训、工作协调与监督,但容易出现官僚主义、本位主义以及责任不清等问题,也不利于部门之间的协作,通常适用于规模较小的企业或组织。

(2)产品部门化。是指按照企业经营的不同产品,分成产品经营管理部门,如 A 产品经理、B 产品经理、C 产品经理等分别负责不同产品的生产、销售、财务等全盘工作。对于一些大型跨国集团,采用战略业务单位划分部门,也属于产品部门化的一种形式。产品部门化是配合企业多元化经营策略的一种部门划分方法,有助于提高企业产品组合的自由度,从而提高企业市场营销的适应能力,但不利于组织的整体统筹,缺乏大局意识,也不利于降低规模管理成本。

(3)地区部门化。对于市场区域较大的企业,由于不同地区生产销售的特点不同,为了加强对不同市场区域的营销管理,企业根据市场区域,划分成若干地区分管部门,如 A 地区总经理、B 地区总经理、C 地区总经理,分别负责不同地区各种产品的生产销售工作。对于一些跨地区企业集团或跨国公司,为了配合其在不同国家或地区推行本地化策略,通常采用地区化的组织结构。地区部门化是配合企业区域化扩张的一种部门划分方法,有助于实施本地化战略,培养高级管理人才,但不利于跨区域的协调,经营管理的难度也会增加。

(4)用户部门化。主要是根据企业的客户类型,将企业的经营范围划分成不同的部门,许多运输公司、银行、保险公司的经营管理通常按客户类型进行分类。如运输公司根据顾客类别划分为客运部门、货运部门等。用户部门化有助于集中用户需要,提升用户体验和服务水平,但容易受到用户规模影响而导致组织结构不均衡和不稳定。

企业部门化方法很多,也可综合应用,选择合理的部门化方法,建立适合本企业的组织结构,可以提高员工对工作的满意程度,从而提高生产效率。职能部门化往往会使从事同一管理活动的员工分在一起,由于兴趣、爱好等相似,可能形成良好的工作关系,从而提高工作效率。产品部门化,有利于形成以产品为单位的利润中心,部门取得了好的成绩,容易让本部门员工感受到或产生优越感,促进团体精神,地区部门化也能产生类似的心理效果。

第二节 服装企业的组织结构

组织结构是表达组织各部分的顺序、层次以及各部分之间相互关系的一种模式，又称组织形态。由于组织内外环境的不同，组织结构的类型也不尽相同。分析企业组织形态的常用工具是组织结构图。组织结构图是用来直观地描述企业组织中职能部门的组成情况、分工情况及各职能部门在组织等级链中所处的级别、位置或地位。正确绘制服装企业的组织结构图可了解服装企业管理专业化分工的程度，了解管理人才的配置情况及各职能部门之间横向协作或纵向领导关系，反映各职能部门在组织结构中的地位或重要性以及正式的信息沟通渠道。常见的组织结构有以下几种形态。

一、直线组织

直线组织结构又称单线型组织结构，将企业的经营管理权，按照行政等级从上往下授权，形成一条直线的权力等级链，构成直线组织，这种组织结构起源于军队管理，是最早使用，也是最为简单的一种组织结构类型。如图4-1所示，其主要特点包括：每个主管人员对其直接下属有直接职权、每个人只能向一位直接上级报告、主管人员在其管辖的范围内有绝对的职权。在这种组织结构中，各级管理人员被授予直线职权，对本部门的工作具有决策权、决策执行权及工作指挥权。其优点是权责分明、指挥容易、组织简单、信息传递快；缺点是权力过于集中、管理分工不细、主管工作繁重，这种"全能"型管理者，实际上缺乏高效的专业化管理水平。当企业发展到一定的规模时，这种"全能"型管理者很难胜任其管理职位。因此，直线组织结构一般只适用于那些没有必要按职能实行专业化管理的小型组织或现场作业管理。

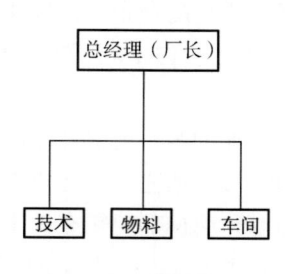

图4-1 直线组织

二、直线职能组织

直线职能组织结构又称多线性组织结构，在直线组织的各个组织层级中，增加若干职能管理层次，以减轻主管的管理工作负担和责任，提升专业化的职能管理水平，如图4-2所示。该组织结构中增设了若干职能组织，如品管部、工程部、人事部为总经理分担了部分职能管理工作，同时也为总经理提供这方面的信息，这些职能部门还可以提供一些建议给总经理，对生产部门及销售部门产生积极作用。其优点是专业化的管理工作由职能人员分担，不仅可以发挥专业管理的优势，也可为上级提供管理咨询服务；其缺点是职能组织并没有对生产经营过程的指挥权，其作用要看主管是否重视职能人员的建议。此外如果缺少沟通，职能管理人员的计划或建议可能脱离实际，从而对企业的生产经营管理产生负面影响。

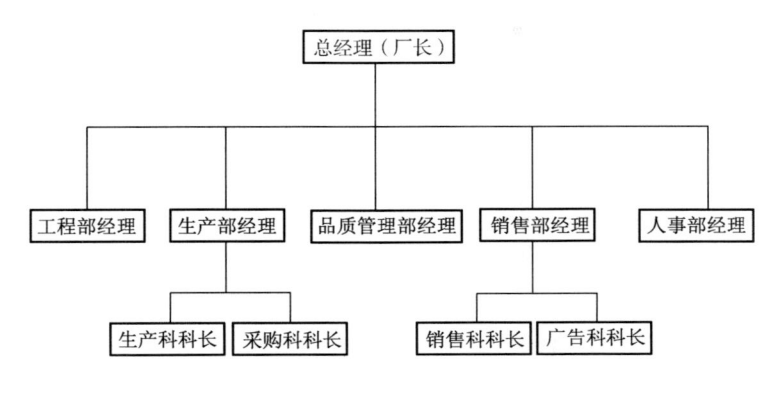

图 4-2 直线职能组织

三、委员会组织

为了加强企业内部的民主管理，提高经营管理决策的正确性，加强企业内部的监督和控制，根据企业的实际情况，设立委员会组织，委员会组织对其所辖的职权范围进行集体决策。它既可以作为一个独立的执行单位，也可作为职能机构为其上级或其他部门提供专业咨询服务，但不直接对企业的经营管理过程施加影响，如图 4-3 所示。其优点是可以充分发挥集体决策的优势，委员会成员可由各部门主管或专家出任，容易配合，委员会通过的决议能代表全体成员的意见，比较公正；缺点是易为少数人操纵，由于是集体决策，相互推诿、不负责任的现象时有发生，如果陷入形式主义，则会浪费时间和财力。

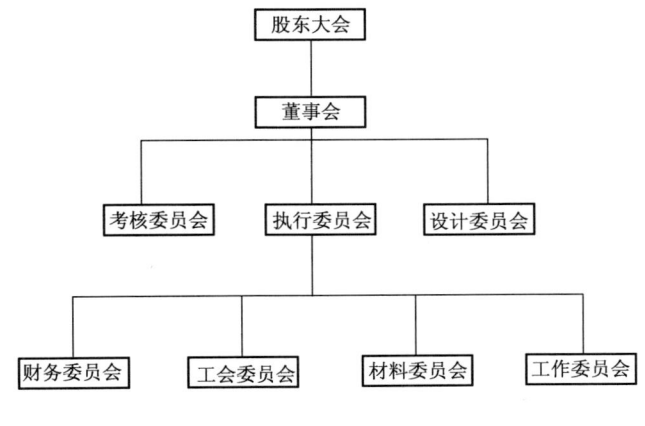

图 4-3 委员会组织

四、事业部组织

随着企业经营规模的扩大和市场区域的拓展，企业的组织机构也在不断地扩大，为了对企业的内部资源进行更好地管理和控制，企业可以依据产品或作业的地区分布设置事业部。各个事业部可以作为一个利润中心或投资中心，具有生产和销售的自主权。其优点是各事业部拥有经营管理自主权，能提高中层管理人员的积极性，培养中层管理人员独立负责的能力，它可适应大规模的经济组织；缺点是过分强调分权，会削弱企业的整体统一性，对高层管理人员的要求高，同时需要加强和完善企业内部的监督约束制度。

五、矩阵组织

矩阵组织结构，又称规划—目标结构，是由按职能划分的垂直领导系统与按业务或产品（项目）划分的横向领导系统构成的二维组织结构，如图4-4所示。在这种组织内，有按职能划分的垂直领导系统，有按项目划分的横向领导系统。矩阵组织克服了直线职能组织结构在横向上联系差、缺乏弹性的缺点，能够快速形成项目团队以满足市场快速变化的需要，从而提高整体组织的协调能力与工作效率。

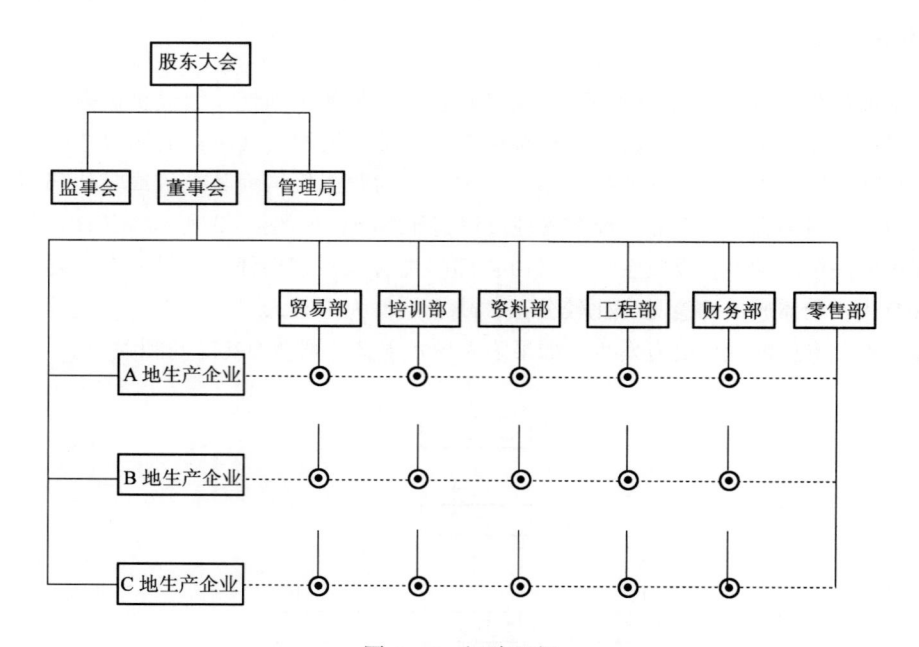

图4-4 矩阵组织

在这种组织结构中，每位成员都可能因为某项任务而参加工作小组，而该工作小组通常是为了完成某项任务，从各职能部门或产品部门抽调过来的，其背景、技能、知识不同。小组成员一般都要接受两个方面的领导，业务上接受原单位部门的垂直领导，而在执行具体任务时，接受工作小组负责人的领导。为保证完成工作小组任务，每个项目小组都设负责人，在组织的最高主管直接领导下进行工作，任务完成后小组就解散。如果一个企业为了实现组织目标，所有任务都采用这种工作小组来完成，就会形成很多基于任务的工作小组，这些小组就形成了企业的矩阵结构。

对于大型的服装集团企业，为了对其下属的子公司及分公司进行统一的经营管理，提高内部资源的利用率，加强集团内部各个利益实体的协作，往往采用矩阵组织结构。其优点是：

（1）增加了组织的弹性和扩展性，特别是在企业发展阶段，新客户、新业务较多，矩阵结构通过资源整合形成项目小组，避免了组织结构调整引起企业的动荡，提高了整体组织对市场的快速反应能力。

（2）在专业分工的基础上实现了部门之间的协作，促进了信息的交流和知识的共享，有助于在组织内形成团队意识与合作观念，从而提高整体组织高效解决市场快速变化所形成的经营难题的能力。

（3）由于对各个子系统运用利润中心或投资中心进行管理，项目或任务小组负责人具有决策权，责、权、利对等，从而提高了基层组织的执行力。

矩阵组织在实践应用中，也存在一些问题，主要表现在：

（1）组织内部各个子系统之间容易发生利益冲突，工作失误时责任难以分清。

（2）员工对矩阵组织难以了解，不利于建立员工对企业的整体形象和归属感。

（3）二维组织结构使总部与各个子系统之间的沟通变得更加复杂，如果缺乏高效通信系统的支持，管理基础不好，可能导致组织内部业务流程不畅，各类审批流程耗费大量时间，从而影响总部的指挥效率与权威性。

因此，要有效发挥矩阵组织的作用，必须具备良好的管理基础，具体表现为：

（1）公司运作规范化、流程化，总部和各个子系统之间依靠规范的制度建立高效率的工作协调与沟通网络。

（2）以目标管理为基础，以培训系统为支撑，在各个子系统之间形成共识的基础上，建立目标中心的考核体系与分配机制。

（3）各级管理人员具备较高的业务素质，员工具有较强的规则意识和责任感，各个子系统的员工之间建立了良好的跨部门员工关系。

第三节　个体、群体及组织的相互影响

一、个体行为对组织的影响

个体行为对组织的影响源于管理人员对个体行为的基本假设，当个体加入到某一组织中后，管理人员就会设想其基本的需要及对组织、所从事的工作和工作环境的态度，并将这一设想作为其日常管理工作及组织决策的依据，这种对员工的需要及工作态度的设想就是通常所说的管理人员对员工的人的特性假设（以下简称"人性假设"）。在管理行为中，人性假设是普遍存在的，因为人性假设往往是通过管理人员理性加工之后形成的。在管理实践中，为了获得快速的决断，管理人员往往采用非理性思维，而人性假设为这种思维提供了支持。人性假设不仅会影响管理人员的个人管理风格，也会影响管理人员对组织结构

的决策。美国心理学家和行为科学家埃德加·沙因加以归纳后，提出典型的人性假设有以下四种情况。

1. 经济人假设

经济人假设又称 X 理论。这种假设从享乐主义人生观出发，认为员工只是为了谋生而工作，他们厌恶工作，总是想逃避工作及责任，因此多数员工通常是在监督、控制、支配和处罚的条件下，才会付出适当的劳动完成组织任务，而且这些员工为了安全，愿意被支配而不愿意承担责任。以经济人假设为基础的组织往往是一个以工作为中心的组织，有人甚至称其为无人的组织。在这种组织里，权力是绝对的，下属只不过是在命令和强制下完成任务，因此其组织结构通常是金字塔式的直线组织，组织决策通常是由最高首脑做出的，其他管理人员主要是发挥其监督作用，而员工只是完成指定工作任务的孤立个体。

经济人假设有助于促进企业建立科学管理制度，加强企业对人力资源效率的研究和对社会资源浪费的关注。由于经济人假设没有考虑员工的心理需要，过分强调管制、监督和金钱的激励作用，忽视员工个人的发展及潜力，随着员工需要的不断提高，往往会加剧员工与组织关系的恶化。

2. 社会人假设

社会人假设建立在梅奥的霍桑试验基础上，这种假设的基本观点是：人从工作中获得物质利益对工作的刺激是次要的，人际关系对员工的工作行为起决定作用。在这种组织里，管理工作的内容和方式发生了根本的变化。管理人员不仅要关心生产，而且要尊重员工，关心员工的生活，听取员工意见，帮助员工解决生活中的困难；管理人员要充分利用员工的智慧，鼓励他们参与管理，提出合理化建议；在奖励方面，要把物质奖励与精神激励相结合，把个人激励与小组激励相结合。

社会人假设使管理对象从物转向人的行为，要求管理人员重视员工的社会需要，并在管理工作中满足员工的社会需要，从而使管理工作变得更加复杂，对管理人员的管理素质提出了更高的要求。

3. 自我实现人假设

自我实现人假设又称 Y 理论。这种假设是与 X 理论相对立的，其基本的观点是：员工需要工作来满足自己物质和精神方面的需要，他们通常都能主动地工作和承担责任，与外部的控制和惩罚相比，员工的工作动力更重要的是源于自我激励、自我引导和自我控制。每个员工都具有解决问题的才能，但是员工的潜能并没有完全发挥出来。在这种组织里，权力不再是绝对服从而是可否接受，员工可以做出合理的选择。组织决策已扩大到所有层次中，属于一种典型的民主参与决策，正因如此，有人称之为没有组织的组织；管理工作的重点是为员工创造适宜的工作环境和条件，使员工能充分发挥其才智，管理人员的作用不再是监督而是协调；对员工的激励，要更加注重内在激励，如提供个人发展机会，员工培训等。

自我实现人假设有助于企业管理人员正确认识并运用下属自我控制、自我激励的管理资源，但忽视了管理人员在管理活动中对员工的监督与指导作用，容易陷入放任自流的管理模式。

4. 复杂人假设

复杂人假设又称超 Y 理论。以上几个人性假设往往是将人性某些方面的影响加以扩大化而忽视了人性的其他方面，复杂人假设则将前面几种假设综合起来，形成了权变理论。其基本的观点是：人们的需要各不相同，层次也因人而异，因此人的工作动机也是多种多样的，而且还会随工作和生活条件的变化而变化。正因如此，对于一个企业的组织管理，没有普遍行之有效的管理思想或方法，管理人员只能根据员工的工作动机、工作能力、工作性质、人际关系及环境的变化，选择相应的管理模式及组织结构。

人性假设从不同的角度，分析了人性的弱点和优点。对管理人员来讲，使用什么样的人性观来指导管理工作并不重要，重要的是管理人员要善于检讨自己的人性观，并在管理实践中根据员工的个性特点来调整自己的人性观，与员工的个性特点保持一致，才能更好地运用人性观念来开发人力资源，发挥员工的潜力。

二、群体行为对组织的影响

群体是指组织内能经常进行双向沟通的成员所构成的集合。群体与组织是两个既有联系又有区别的概念，组织比较强调目标、成员、等级及人、财、物的整体协调，而群体更强调成员之间的双向沟通、认同感和归属感，等级区别已不是重要的因素。群体形成通常要经历一个磨合过程，在这一过程中，实现权力和权威在成员中的分配，并获得成员的认同。在任何一个组织中，群体是客观存在的，群体对个体及组织会产生较强的影响力，其结果既可能是正面的，也可能是负面的。群体的影响力表现在以下几个方面。

1. 群体规范

群体规范是指群体中的成员在长期的工作和交往中形成的、被成员普遍接受的行为准则，它是成员预期的行为。群体规范通常是不成文的，新的成员往往是通过生活及工作经验学习并接受群体规范的，它具有较强的可接受性。管理人员应该能正确识别与对待群体，善于利用群体通道，将企业的某些规章制度转化为群体规范，提高制度的可接受性。

2. 群体凝聚力与冲突

企业组织内部的群体有些属于情感型群体，其主要的功能是满足成员的安全、交往、荣誉等需要，成员之间的关系比较单纯；有些属于任务型群体，其主要的功能是完成组织规定的目标。在任务群体中，成员之间的关系比较复杂，可能出现较强的凝聚力、一般性协作和冲突三种关系。

凝聚力和冲突往往是群体管理的两种有效管理手段。当群体的目标与组织目标一致时，高凝聚力的群体会提供高的生产效率。冲突往往会导致群体之间或成员之间的对抗、破坏，但有时也能产生建设性的意见，合理控制冲突的性质与水平，对调整成员之间的竞争与工作压力，提高组织的活力具有正面的作用。管理人员应该能正确认识凝聚力和冲突这一对矛盾的群体行为，并将这一观念运用到组织设计及管理过程之中。

3. 从众行为

从众行为是群体行为中最为普遍的一种形式，指群体成员企求自己的行为与群体规范保持一致的行为倾向，从众行为往往是因为群体行为的压力或缺乏自信心所致。当一个成员发现自己的意见或行为同群体不一致时，就会产生紧张的心理，表现出焦虑与不安，并促使他的行为与群体行为一致，群体压力越大，这种行为就会表现得越明显。从众行为与群体的凝聚力是正相关的，高的从众行为往往会形成高凝聚力，但反过来则不一定。在组织管理中，营造有利于形成从众行为的工作环境，将会大大减少监督，如将所有的职能管理人员集中办公，会形成一种自觉工作的压力。从众行为也有消极的一面，如在组织决策中，从众行为会导致沉闷的气氛，扼杀创造性，这时决策者要能坚持自己的正确判断。又如员工中的不良行为没有有效抑制，容易影响其他成员。

三、组织对员工的影响

在现代社会中，组织对员工的影响越来越大，主要表现在以下几个方面：

（1）社会分工越来越细，工作简单化，一方面导致企业对普通员工的技能要求降低，但生产效率却在不断提高，员工对企业的依赖性增强；另一方面企业的组织协调更加复杂化，对管理人员工作技能的要求也在提高。

（2）组织权力系统对员工的工作及思想产生影响，特别是在推行企业文化及企业价值观念的过程中，员工的价值观念及行为将会受到较强的影响和冲击，在这种情况下，员工更容易成为组织人而不是社会人。

（3）企业对员工生产效率的规定，使员工的工作行为更容易被控制，从而影响员工个人的工作效率。

（4）企业对员工的忠诚要求越来越重视，员工必须接受企业的目标，并能自觉维护企业的利益。培养员工的忠诚可以形成一个团结的组织，有利于组织的稳定及提高效率。在管理实践中，要培养员工的忠诚，通常需要公司加强内部教育，重视企业文化宣传，加强管理人员忠诚示范，重视贡献与报酬的平衡等。在许多企业，忠诚的培养往往带有个人的成分或小集团的成分，以致对工作、对企业的忠诚降到一个次要位置，从而产生许多负面影响，如对部门的忠诚会导致本位主义，对事业的忠诚会成为组织变革的阻力等。

第四节　服装企业的组织变革

现代企业是一个开放的系统，它与外部经营环境是相互影响、相互作用的。企业在与外界环境进行物质与能量交换时，企业的规模、人员与结构、管理水平、产品结构等都会发生一系列变化，面对这些变化，企业必须进行组织变革，否则难以适应经营环境的变化。

一、服装企业组织变革的原因

任何一个组织都是在一定的环境条件下，根据一定的目标和资源条件建立起来的，当组织环境、组织目标、组织资源等条件发生变化时，原有的组织就可能不适应这种变化而出现组织效率降低或组织风险。通过适应性的组织变革，会提高组织的运作效率。当今世界的一个经济热点就是企业资产重组、企业并购或企业流程重组，其实质就是组织变革，因为这些变化必然会导致企业组织成员、组织机构、组织控制的模式等发生根本性的变化，只是变革的范围与内容不相同，变革的动力来源不同。通过适应性的组织变革，将会为企业的组织管理注入活力，甚至创造经营业绩的神话，从这个角度看，组织变革是企业发展的一种永恒动力。

对于服装企业，组织变革的主要动力有以下几个方面：

（1）随着消费者生活质量的不断提高，消费行为不断成熟，消费者对服装的质量、品种、规格、款式等要求越来越高，提高服装质量已成为服装企业生产管理的重要目标。为了向消费者提供品质保证，企业必须加强品质控制，建立相应的品质保证体系。现在越来越多的企业开始建立品质管理系统，开展社会责任认证，这是服装企业为适应消费者需求变化而进行的组织变革。

（2）为了适应市场的变化，许多服装企业改进了管理手段，从服装设计到生产排料、从生产计划到生产过程控制、从销售管理到市场决策、从人事管理到财务管理，逐渐实现计算机化管理。这些变化不仅会对企业的员工提出更高的要求，对原有的组织结构也会产生重大影响，机构精简将成为必然，所有的这些变化将会大大提高服装企业的市场快速反应能力。

（3）服装企业战略的变化将会导致服装企业组织性质的变化，现代许多大型的服装集团已经开始将经营重心由生产向贸易转变，这一转变将使服装集团的功能发生根本的变化。一方面，人才和资源将会向服装贸易与零售转移；另一方面，对服装生产的控制将由直接控制转向间接的股权控制，而原有的服装生产单位则成为一个生产中心，其本身的功能也发生了变化，组织结构将会简化。

此外服装生产技术的进步、经营环境的变化以及经营规模的扩大都会对原有的组织提出挑战，服装企业的组织变革正是在各种内部压力和外部压力的作用下形成的，而且这种变革将是一种积极的组织行为而不是消极的组织行为。

在组织变革中，必然会遇到来自个人和组织的阻力，个人阻力如习惯性、依赖性、守旧性、经济及安全等因素，组织阻力如权力的重新分配、资源的重新分配、组织变革成本及组织内部协调等因素。尽管这些阻力并不能阻挡组织变革的大趋势，但它却要求服装企业的组织变革必须因势利导，循序渐进，处理好稳定与发展的关系。

二、服装企业组织变革的症状

组织变革必须具备一定的条件，变革是为了提高组织的效率，而不是简单的人事调整。在组织变革之前往往会出现一些促使变革的症状：

（1）组织规模或业务范围发生变化，如扩大或减小，原有的组织不能适应这种变化而出现决策缓慢或失误。

（2）官僚主义、本位主义十分严重，办事效率低，责任不清，组织缺乏创新。

（3）经营管理出现严重问题或困难，组织内部人事关系复杂，矛盾重重。

（4）管理人员不能适应环境的变化，影响原有组织的运作。

（5）经营战略发生变化，必须对原有组织进行重组。

（6）推行新的管理方法或技术，必须对原有组织进行重组。

（7）经营环境的变化，对原有的组织结构提出了新要求。

三、服装企业组织变革的程序

由于组织变革会对原有的组织结构、成员利益产生冲击，因此组织变革必须慎重，并按照一定的规划或程序进行。组织变革的过程包括以下几个方面。

1. 成立组织变革小组

在组织变革之前要成立一个强有力的组织变革领导小组，并进行明确分工。

2. 进行组织调查

组织调查的主要方法有发放组织调查表、制订职位说明书、确定组织结构图、编写组织手册等。通过组织调查，收集与组织变革有关的第一手资料，为制订组织变革方案提供依据。

3. 对调查资料进行分析和评价

其内容通常包括：

（1）目标、计划、制度的完善性。

（2）领导风格的适宜性，即领导风格是否为员工所接受，领导的权威如何等。

（3）组织结构的合理性，如组织的层次、跨度、部门划分、人员构成等组织要素的合理性。

（4）权力分配的合理性，如责、权、利是否能统一、分权是否适度、权力分配是否能相互制约等。

（5）生产及管理流程的合理性等。通过分析评价，要能区分哪些项目是强项，哪些是弱项，哪些是缺陷。

4. 组织变革的范围及内容的确定

组织变革可能是人事变动、管理方法的变化，也可能是职能部门的变化、业务流程的变化或组织结构的变化，企业应根据组织变革小组提出的组织变革范围与内容制订组织变革的规划。

5. 组织变革的实施与反馈

组织变革的实施与反馈应包括三个阶段：

（1）组织变革前的宣传准备：在这一阶段，主要是做好组织变革前的宣传工作，消除组织变革的障碍。一方面，要加强员工教育，倾听员工意见，帮助员工了解组织变革的好处、必要性及组织变革中会出现的问题及应对措施，消除员工对组织变革的抵触情绪；另一方面，通过培训，提高员工对组织变革的适应能力，消除员工对变革的恐惧感，树立员工的信心，同时鼓励员工参与组织变革。必要时还要制订推行组织变革的强制措施。

（2）组织变革的实施阶段：根据组织变革规划对组织进行重组，以确保各项工作在新的组织架构下运行。

（3）组织变革的反馈：对组织变革之后的组织运作情况及效果进行评价，并对原有的组织变革规划进行修订。

四、组织变革的阻力

1. 职业心向

职业心向是指经常性的工作和长期从事的职业使员工形成的心理定势。这种定势会使组织成员非常满意当下的工作状态，能够保持对常规性工作的积极性和较高的生产效率。但是如果改革需要员工采用新的工作流程、技术、方法、组织结构时，需要员工重新学习，就会与职业心向发生冲突，从而产生抵触和反对。只有破除陈旧的职业心向，形成新的职业心向，才可能消除这方面的改革阻力。

2. 保守心理

保守心理是一种安于现状，不愿意变革的心理。这类人群即使会对现状有些不满意情绪，也缺乏勇气或信心，更不会主动参与到内部变革，更多的是搭便车的思想。

3. 既得利益者

既得利益者是改革中的最大阻力，他们会从思想上、行动上采取各种抵制措施，包括：挑出改革方案的各种可能性问题、找出各种各样改革方案不具备实施条件的理由、在员工中散布改革不利的谣言、对改革者满怀敌意甚至进行言行攻击、对改革措施不执行或打折扣等。

改革是新生事物，实施改革一定会面对各种各样的改革阻力，作为管理者，要分清改革阻力的类型、来源及强弱，可以采取不同的管理策略：

（1）教育宣传。大部分员工对改革的阻力源于不理解改革，对改革结果不确定，半信半疑，不愿意改革，这是信息不对称造成的。教育宣传就是破冰之旅，不仅要做好改革方案的宣传解释工作，更需要做好教育培训工作，要清除员工的定势、传统、保守思维，建立新的工作愿景。

（2）成为局中人。改革不是一个人的事情，改革是让大部分人受益，为什么改革初期会有很多反对者？最主要的原因是这些人都是改革的局外人。让有反对意见的人加入到改革方案的决策中来，化解他们的反对意见，如果无原则地接受反对意见，可能导致改革达不到预期效果。

（3）政策支持。推动改革是需要成本的，如培训员工，安抚弱势群体、短期休假、设置改革推动奖等，让参与改革者得到更多的利益，从而减少反对者群体，达到孤立反对者的目的。

（4）奖惩结合。改革会伤及一些既得利益者，为了得到他们的支持，可以适当进行经济补偿。对于一些顽固反对者，可能需要采取停止工作、转移业务、停止营业等强硬手段，以较小的经济损失支持改革。

思考题

1. 企业组织的构成要素有哪些？
2. 组织设计应遵循哪些基本原则？
3. 企业组织设计的内容有哪些？
4. 企业组织结构的形式有哪些？各有什么优缺点？

5. 个体、群体及组织之间是如何相互影响的？
6. 服装企业进行组织变革有什么作用？如何进行组织变革？

案例分析

案例A：陈先生大学毕业后，进入一家三资服装加工企业做了三年的一线管理，积累了一些生产管理经验之后，他决定自己创业。辞去了企业的管理工作之后，他创办了一家小型服装加工厂，请了10名车工，他负责产品设计、材料采购、服装销售以及对10名车工的生产管理。一年之后，生意有了较大的发展，车工也增加了20名。为了腾挪出更多时间从事产品设计与服装销售，他提升了一名优秀工人作为生产主管，主要负责生产计划、生产安排、生产调度、采购计划、人员指导等工作。此外，他成立了销售部与设计部，聘请了2名销售助理与1名设计助理，协助他开展销售工作与设计工作。

由于产品设计做得好，诚信度高，这一年，他的生意已经获得了超预期的发展，大量客户订单需要外发加工，但仍然不能满足客户对品质、进度的需要，陈先生不得不花大量的时间来扩张自己的生产能力。他新增了两条生产线，车工已增加到120人，设计部增加到5人，销售部增加到8人。为了更好地组织与管理生产、销售、设计工作，他新增了2名生产主管，1名设计主管，1名销售主管，1名财务助理，各位主管直接受陈先生的领导。生产主管负责一条生产线的生产计划、生产安排、生产调度、生产质量控制、面辅料采购计划、车工技术指导、订单外发等工作；设计主管负责一年四个季度的产品开发工作，销售主管负责样品管理、订货会组织、客户订单处理、成品进、销、存管理、客户服务等工作；财务助理负责员工工资核算、生产成本核算与控制、现金流的控制、财务报表等工作。

一切工作都在掌控之中，生产、销售业务也在快速增长之中，陈先生有了更大的发展计划。他召集生产主管、销售主管、设计主管商议发展大计，但是大多数主管认为，现在生意已经做得很大了，再扩张担心出现问题。部下的担心并没有阻碍陈先生的发展大计，通过兼并、控股、合作、购置新设备等形式，他将前两年的利润全部投入到产能扩张上，进入到第三个年头，他的公司已经扩张到500多人，控股与合作企业达到5家，成为同行业的领头羊，多家国内外著名服装品牌公司尝试与他合作，贴牌加工名牌服装。

快速扩张让陈先生面临一些新问题，产能扩张了近5倍，而利润增长不到3倍；公司对市场的反应速度远低于创业初期的反应速度，员工流失与新员工技术水平提升也困扰着生产一线主管；公司承揽的几家著名服装品牌公司的订单加工业务，交货时因质量问题出现了高比率的退货，大量小客户订单因外发加工交货期得不到保证。陈先生意识到现有的组织结构已经不能适应目前公司发展的需要，必须对现有的组织结构进行重整。

根据以上案例，围绕问题的答案选项开展讨论，给出讨论结果及理由。

1. 公司发展过程中经历了哪几种形式的组织结构？
   A. 直线组织　　　　　　　　B. 直线职能组织
   C. 委员会组织　　　　　　　D. 事业部组织
   E. 矩阵组织

2. 如何解决员工流失与新员工技术问题？
   A. 培训员工　　　　　　　　B. 改革工资计算体系

C. 加强团队建设 D. 重视员工招聘

3. 结合公司面临的问题，公司需要增加哪些职能部门？

A. 人力资源部 B. 设计部
C. 计划跟单部 D. 财务部
E. 品质部

案例B：下面是某服装企业的组织结构图。

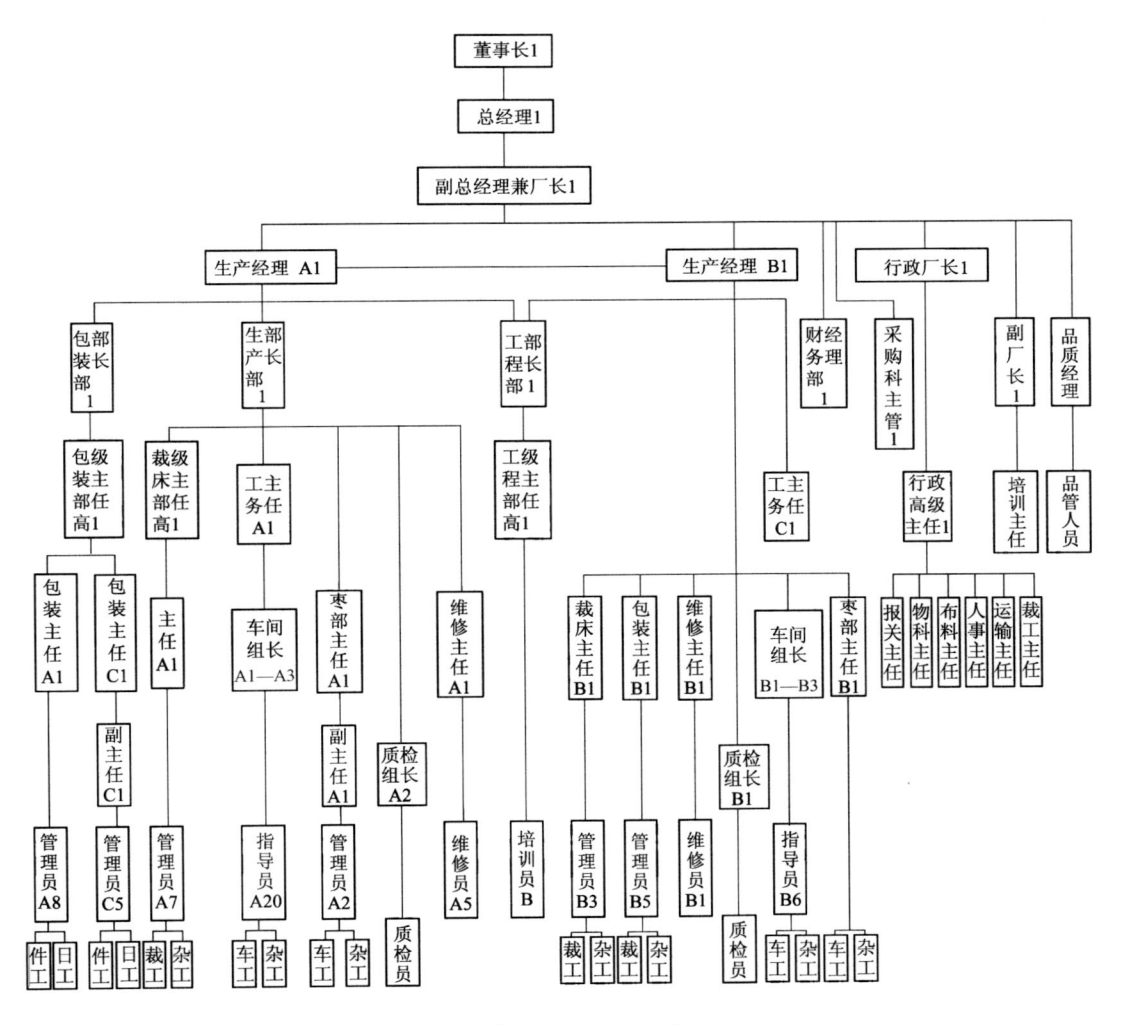

某服装企业组织结构图

注 枣部是专门对服装某些部位进行加固缝的车间

根据以上案例，围绕问题的答案选项开展讨论，给出讨论结果及理由。

1. 下面哪种做法能让总经理提高对生产品质的控制能力？

A. 直接参与品质管理 B. 直接管理品质部
C. 让客户查货人员汇报产品质量 D. 下设一个副总经理负责品质管理

2. 该企业的组织一共有多少层？有多少个管理等级？

A. 10　　　　　　　B. 9　　　　　　　C. 13　　　　　　　D. 14

3. 工程部长会遇到什么问题？

A. 两个经理 A 和 B 都不满意其工作　　　B. 多头指挥，无所适从

C. 可以逃避工作　　　　　　　　　　　　D. 工作计划执行力不高

4. 以下哪些人员为职能管理人员？

A. 工程部经理　　　　　　　　　　　　　B. 财务经理

C. 采购经理　　　　　　　　　　　　　　D. 行政厂长

E. 品质经理　　　　　　　　　　　　　　F. 培训副厂长

G. 生产部长

案例 C：某服装品牌公司建立了物流中央配送中心 CDC，负责公司全部货品的仓储，并为公司的经销商、零售商、网购客户提供配送服务。物流中心拥有先进的流通设施、信息系统平台，对进入物流中心的货品进行查验、入库、倒装、分类、流通加工、配套、规划运输路线及方式，为客户提供度身的配送服务，以节约运输成本，提高客户满意度。随着公司业务规模的扩大，公司物流中心发展了海外区域配送中心，CDC 接受海外客户的供货商大宗货品后，按海外客户需要提供仓储、报关、定舱等相关服务，海外配送中心 RDC 收到货品之后再为其零售客户提供配货或送货服务。

在一次业务会议上，公司总经理提出提高物流中心配送效率的目标。物流部经理提出了影响配送效率的一个关键因素是市场部制定的货品配送方案。目前，海外配送业务的做法是：货品到仓后，4～7 天按要求直接发货到 RDC，物流工作结束，不存在逆向物流问题。国内配送业务包括加盟商配送、直营店铺配送、网购客户配送三种类型。国内配送业务的做法是：货品到仓后，7～15 天按市场部发布的指令完成配送，但网购客户有专门的仓库，其配送是委托第三方在顾客下单后的 24 小时内发货。加盟商配送，按其订单量，一次配送到其自己的配送中心 DC，不存在逆向物流问题。网购客户是一对一配送，顾客退换货是网购业务的重要内容，也不存在逆向物流问题。直营店铺配送占公司配送中心业务的 60%，由于店铺货仓较小，同时为了提高货品调配的灵活性，以适应店铺差别化需要，市场部制定首次店铺配送方案时，根据店铺等级，向店铺配送到仓货品的 50% 左右，剩余的货品根据店铺销售情况进行补货，2 个月之内没有补完的货品将进入网购店铺销售。通过提高补货频率减少逆向物流并没问题，实际问题是，市场部所制定的配送方案，由于准确率不够，经常会出现店铺之间调货以及店铺货品回仓重新配送，从而降低物流效率，希望市场部提高直营店配送方案的准确率。

市场部经理也提出，直营店配送方案的准确率很难控制，希望物流中心多一些支持，包括及时提供货品店铺之间调货及回仓的数据、货品入仓数据及存货情况报告。物流中心认为，物流部的专业职能只是提供仓储、配送服务，对于因配送方案不准确导致物流效率降低，应该由市场部来解决。

为此公司总经理制定了一个组织改革方案，建立以利润为中心的物流部。为了提高物流资源效率，物流部一方面以收费的方式为公司市场部提供物流服务，同时可以开发一些业务互补的客户，充分利用仓储资源，达到削峰填谷效果。对于市场部来讲，形成了直接压力，因为市场部在制定配送方案过程中，如果配送方案不准确，导致频繁调货、回仓，

都需要支付费用。对于物流部门来讲，反而成了收入来源，让物流部门专心于高效率的物流服务。

根据以上案例，围绕问题的答案选项开展讨论，给出讨论结果及理由。

1. 公司物流中心 CDC 有哪些职能？
   A. 仓储　　　　　　　　　　　B. 查验
   C. 分拣包装　　　　　　　　　D. 配送
   E. 优化店铺配送方案

2. 下面哪一种配送业务要求更快一些？
   A. 海外配送中心 RDC　　　　　B. 直营店铺
   C. 网购客户　　　　　　　　　D. 加盟商
   E. 补货

3. 下面的哪些工作应该归属于市场部而不是物流中心？
   A. 货品在仓库的存储情况　　　B. 仓库的存货数据
   C. 店铺之间的调货情况　　　　D. 店铺货品回仓情况
   E. 制定店铺配送方案　　　　　F. 优化货品配送运货线路

4. 对公司的组织变革，你的意见是？
   A. 职责更加明确，有利于市场部和物流部提高工作效率
   B. 市场部压力更大，需要增加人手
   C. 物流部推掉了一个难题
   D. 直营店铺配送方案的准确率物流部也有责任
   E. 物流中心变为利润中心后，经营压力会更大

第五章　员工的招聘与培训

本章内容： 1. 员工需求计划
　　　　　　2. 员工招聘
　　　　　　3. 新员工导入
　　　　　　4. 员工培训

教学时间： 4 学时

学习目的： 让学生掌握招聘技巧、新员工导入方法及培训方法。

教学要求： 掌握员工需求预测方法、员工招聘方法，了解新员工导入过程，理解员工培训的方法及内容。

组织设计只是为企业运作提供了一个系统的框架，企业的组织结构一经确定，就具有相对的稳定性，要维持或提高企业组织的效率，就必须合理选用与配备组织中的人员。尤其是在市场经济体制条件下，原有终身制的用人机制被打破，适度的人员流动成为现代企业人力资源管理的基本特点。为了保证企业能及时起用新人，及时更新员工的知识技能，企业应该建立完善的员工招聘与培训体系，有计划、科学地组织员工招聘及实施分类职业培训，以适应企业发展及经营结构调整的需要。

第一节　员工需求计划

选用与配备员工要从企业实际出发，配足配齐各类工作人员，维持组织的正常运转，并保持适当的人才储备。要做好员工的选用与配备工作，首先要对员工流动情况进行分析，掌握员工流动规律；其次要分析企业对员工需求的变化，预测员工的需要量；其三要分析人才市场的变化，掌握人才市场信息。在此基础上，制订员工需求计划。

一、员工流动分析

1. 员工流失的原因

企业在经营的过程中，由于环境的变化、业务的增减、人事的更迭，势必引起员工的流失。员工流失的原因有以下几个方面：

（1）自然原因：包括长期病号、产妇临产、年老退休等，企业在编制用人计划时，需综合考虑此类因素。

（2）个人原因：包括主动辞职、停薪留职、免职或开除等。

（3）组织原因：包括员工的升迁、外调及脱产学习等。晋升是企业鼓励先进员工的手段；脱产学习是企业为上进员工提供的发展机会，也是企业人力资源发展计划的重要内容；外调则是企业人力资源的内部交流或对兄弟部门的人力支援。

（4）其他原因：如解雇临时工、工伤事故、国家征兵等。

2. 员工流失的统计分析

通过对员工的流失情况进行分析，制定出合理的人事政策，保证企业适度的员工流动水平。分析企业员工流失情况，通常使用以下几个指标：

（1）员工流失率：

$$员工流失率 = \frac{计算期离职人数}{计算期员工平均数} \times 100\%$$

计算期员工平均数可以用期初与期末员工数的平均值计算。

员工流失率的数值越大，表示员工流动越厉害。适度的员工流失率有助于企业的稳定与发展，因为员工的新陈代谢，不仅可以吸引一些新的、优秀的人才加盟企业，也可在企业内部营造适度的竞争环境，保证企业员工积极向上的工作精神，维持和提高企业的经营活力。员工流失率太低，老一套人马，经营理念保守陈旧，缺乏创新与风险精神，会阻碍企业的发展；员工流失率太高，会影响企业经营的稳定性，导致劳资关系紧张，同时也会增加员工离职费用、员工招聘费用、员工培训费用等。合理的员工流失率应视企业的性质、人事政策、业务的发展情况而定，一般员工的流失率可在25%～60%，管理人员的流失率可在10%～30%。

（2）员工稳定率：

$$员工稳定率 = \frac{工龄超过一年的员工数}{一年内雇佣员工的总数} \times 100\%$$

一年内雇佣员工的总数为期末在职员工人数加上一年内离职员工人数。

员工稳定率的数值越大，表示员工在企业中的工作越稳定，企业的人事政策对企业员工的吸引力越大。

（3）员工新进率：

$$员工新进率 = \frac{计算期新进人数}{计算期员工平均数} \times 100\%$$

当员工新进率与员工流失率相等时，企业处于稳定的发展时期；当员工新进率大于员工流失率时，企业往往处于成长时期；当员工新进率小于员工流失率时，企业员工数将会出现负增长，企业的发展可能处于下降期。

二、员工需求估计

人事部门应能根据员工变动情况及各部门对员工需求的反映，对员工的需求准确估计，制订员工招聘计划，及时补充新的员工。员工需求估计要考虑企业现有的工作岗位、人员编制、员工数量、员工流失情况、企业发展对员工需求量及结构的变化等因素，表5–1提供了一种员工需求估计的模型。

表5–1 员工需求估计模型

岗 位	人员编制	现有员工	预计减少	后备员工	内部交流	员工需求
1						
2						
3						
4						
⋮						
⋮						

表格填制说明如下：

（1）人员编制是指根据企业的实际情况及生产效率，对各个工作岗位所核定的员工数量的上限。为了保证员工合理的工作定额及工作报酬，提高人力资源的利用效率，人员编制数量及结构一定要切合企业实际，维持合理的编制水平，同时要随企业的发展而进行适当的调整。

（2）现有员工包括在编在岗的员工数、在岗不在编的非正式员工数、在编但暂不在岗的员工数（如外出学习）。

（3）预计减少员工数是指已提交辞职报告的员工数、将要解聘的员工数、即将调离的员工数、即将退休的员工数等。

（4）后备员工是指按一定比例超额配备的员工，其目的是培养和配备机动员工，以应付企业员工的意外流失，保证企业的稳定与发展。

（5）内部交流是指员工的内部流动数量，调入数减调出数即为本岗位内部交流员工的净增加数量。

（6）员工需求是指根据企业实际情况需要调整的员工数量，可根据前五项数据计算。其公式为：

$$员工需求 = 人员编制 - 现有员工 + 预计减少 + 后备员工 - 内部交流净增量$$

员工需求量若为正值，表示需要招聘员工的数量；员工需求量若为负值，表示需要裁减人员的数量。

三、员工来源分析

通过员工需求的估计，对员工数量不足的工作岗位要及时制订招聘计划，补充新的员工。企业在规划人员变动时，往往优先考虑本企业的员工晋升及安排本企业员工家属就业，这种做法，一方面，可以解决本企业员工家属的就业问题，解除职工的后顾之忧，激励本企业员工的工作积极性；另一方面，选用本企业员工，手续简单、易于管理。但是长期"近亲繁殖"，往往会影响企业员工素质的改善与提高，降低企业的活力，制约企业的发展。因此，企业应注重从外部人才市场选聘优秀人才。

要做好外部人才市场的招聘工作，首先必须了解人才市场的供求信息。对于一个发展中的企业，最关心的无疑是人才市场的人才结构及人才价格问题。人才市场与其他市场一样，遵循市场供求规律和价格规律。由于我国人才市场的区域性分布及经济发展的不平衡，人才市场的结构与价格也具有一定的区域性。因此，企业在制订招聘计划时，应充分考虑这种人才市场的区域性特征，选择招聘地区。目前，为企业提供人才的主要人才市场包括：高等院校、职业培训中心、政府人事部门组织的人才交流会、专门职业介绍机构等。这些人才市场的人才供给时间往往是比较固定的，计划性强，企业可以根据需求组织有关人员进场招聘。此外，企业可以利用各种广告媒体发布招聘信息，吸引一些求职人员主动上门或信函求职。

四、服装生产企业员工计划

服装生产企业以服装生产为中心，通过市场接单，技术部提供工艺文件，计划采购部门提供生产准备、车间组生产、物流部门完成货物进出。下面以一家年产300万件丝光棉T恤服装生产企业为例，其主要的直线部门及职能部门如下：

总经办：是企业职能部门的协调中心，包括副总经理、副总经理助理等。

行政中心：包括行政总监、经理、主管、绩效专员、考勤专员、平面设计师、企划员、文案策划、文控、文宣、文员、招聘专员、培训员等工作人员。

财务中心：包括财务总监、经理、成本核算员、工资核算员、税务会计、应付会计、应收会计、文员、总务会计等工作人员。

运营中心：包括运营总监、经理、助理及文员等工作人员。

物流中心：包括经理、主管、文员、班组长等管理人员及备纱员、仓管、物控员、核数员、配货员、配片员、统计、验箱、杂工等计件人员。

总务部：包括经理、主管及班组长等管理人员及保安、厨工、电工、维修、工会、后勤、前台、清洁工、司机、杂工等工作人员。

信息部：包括副经理、主管、系统维护员、信息管理员等工作人员。

市场部：包括经理、辅料跟单、客服专员、客户专员、客期跟单、销售会计等工作人员。

设计部：包括经理、组长、成衣工艺员、面料工艺员、设计师、样衣跟单等工作人员。

制板厂：包括厂长、主管及裁工、收发、专机、大烫、冚车、平车、品管等工作人员。

技术部：包括经理、IE主管、IE文员、工序IE、现场IE、工程师等工作人员。

计划部：包括经理、主管、跟单、采购预算、文员等工作人员。

采购部：包括经理、单员、后整、面料计划、纱线采购、纱线统筹、物料采购等工作人员。

品管部：包括经理、主管、班组长、QC、实验室主任、物料检测员、验布员、质检员、文员等工作人员。

印绣厂：包括厂长、主管、班组长、文员、跟单、品管等车间管理人员及绣花跟单、绣花工、绣花工艺员等计件人员。

织布厂：包括厂长、主管、班组长、文员、跟单、品管等车间管理人员及挡车工、翻纱员、画花工艺员、机修、配纱员等计件员工。

织领厂：包括厂长、主管、仓管、班组长等车间管理人员及查领员、拆领员、挡车工、叠领员、领仓仓管、洗水工、织领跟单、织领工艺员。

裁床厂：包括经理、主管、厂长、班组长、文员、仓管、跟单等车间管理人员及补衣员、裁工、裁片质检、查片员、放衬布员、配片员、收发、预缩员等计件人员。

制衣部：包括生产总监、经理、厂长、主管、班组长、文员、品管、跟单、仓管等车间管理人员及裁工、查片、收发、上裁片、点扣位、钉纽扣、冚车、平车、锁车、专机、整烫、吹风、补衣员、度尺、扣衣员、包装等计件员工。

以上这些部门为一些大型企业的部门设置，编制如表5-2所示，可以看出该企业印绣厂、织布厂、织领厂、裁床厂、制衣部等生产人员占比达到82%左右，管理人员配备效率较高。注意一些中小型服装生产企业并未设置印绣厂、织布厂、织领厂等，而是根据自身情况设置相应部门。

表5-2 服装生产企业主要部门人员计划

总经办	行政中心	财务中心	运营中心	物流中心	总务部	信息部	市场部	设计部	制板厂	技术部	计划部	采购部	品管部	印绣厂	织布厂	织领厂	裁床厂	制衣部	合计
5	42	20	5	38	66	10	6	13	17	12	8	17	23	19	44	30	171	997	1543

第二节　员工招聘

员工招聘实际上是人员配备的一种竞争机制，通过科学合理的招聘程序，可以选用合适的员工。员工招聘有管理人员招聘和一般工作人员招聘两种类型。对一般员工的招聘程序往往比较简单，对管理人员的招聘则需要一套科学严格的招聘程序，采用科学的招聘方法。

一、招聘程序

1. 招聘前的准备

主要工作包括员工需求估计、岗位分析，确定需要招聘人员的数量及要求，为招聘合适的人员提供分析与判断资料。

2. 招聘阶段

主要工作包括发出招聘信息或在人才市场设置招聘点，根据应聘人员提供的材料，初步确定入选人员名单。

3. 评估与录取应聘人员

主要工作包括面试、笔试、综合评估，确定录取人员名单，并以适当的方式通知入选或落选的应聘人员。

4. 新员工转正前评价

包括职前教育、工作安排及试用期的工作表现评价。

二、岗位分析

1. 岗位分析含义

岗位分析是开始招聘工作前的一项重要准备工作，以企业各类岗位为研究对象，将企业的各种工作岗位进行科学地分类，在此基础上，综合分析岗位的性质、任务、职责、工作环境，以及履行岗位职责的资格条件，并将岗位分析的结果以岗位说明书的形式表达出来，提供岗位的全面信息，以便企业开展岗位招聘、培训。岗位分析有助于企业人事管理科学化，提高岗位生产效率，实现岗位工作量化管理，促进企业岗位绩效管理、人员编制管理及职业发展规划，为企业正确处理劳资关系、改善工作设计提供资料。

2. 岗位分析的方法

岗位分析通常要选择一些具备一定的知识、经验、技术，记忆力较好，人际关系较好，能得到员工信任与合作的分析人员，确定合适的分析方法，收集岗位分析的客观资料，加工、整理成为岗位分析报告，编制工作说明书及工作规范。常见的岗位分析方法有以下几个方面：

（1）观察法。直接观察在职人员的工作，通过工作日写实，收集岗位分析所需要的第一手资料。观察法能准确地了解工作内容、方法及工作时间，但对于工作任务不是完全确定的管理人员及得不到员工的配合时，往往达不到预期的分析目的。

（2）面谈法。直接与在职者面谈，了解与岗位分析有关资料。面谈往往需要分析人员有较高的沟通技巧，同时所收集的资料也有一些主观的成分。

（3）在职者的在职报告或工作报告。

（4）直接从事被研究岗位的工作。通过分析人员亲自体验岗位工作，了解工作岗位的任务与工作条件，适合于在短期内可以掌握的工作岗位。

（5）调查表法。运用调查表法，时间掌握灵活、内容广泛，这种方法通常适用于对管理人员工作岗位的分析。

3. 岗位说明书

岗位说明书是在岗位分析的基础上编制的工作手册，它可以让新员工了解工作岗位的实际情况，尽快适应企业的工作环境，预防新员工在今后的工作中产生失落感。岗位说明书的内容如表 5-3 所示，包括以下几个方面：

（1）岗位基本信息。包括岗位名称、编号、汇报关系、直属主管、所属部门、工资等级、工资标准、所辖人数、工作性质、工作地点等，这些基本信息有利于人事管理和沟通。

（2）工作描述。是对员工工作行为的具体要求，它是建立统一企业文化、提高工作安全及产品品质的保证，其内容包括工作任务、工作职责、人、财、物资源、工作流程、操作规程、工作方法、控制方法、信息沟通、纪律要求以及与其他工作之间的关系等。

（3）工作环境。包括工作中的各种物理环境、人际环境及社区环境等，包括企业文化和生活设施以及周边配套生活环境。

（4）任职资格。从事岗位工作所必须具备的知识与学历、能力与资历、个性与体质等基本资格条件。此外培训经历也是重要的个人信息。

（5）岗位发展。为员工提供晋升路径及未来的发展方向，有助于员工做好职业发展规划，提高员工工作的内生动力。

表 5-3　职位说明书

岗位名称		所属部门		职等	
直接上级		本部门编制		直辖人员	
工作描述	工作目标：				
	业务管理：				
	沟通渠道：				
	权限：				
基本任职资格	职业能力要求：				
	品性素质要求：				
	必要的培训：				
工作环境及资源					
职业发展					

三、面试

1. 面试的含义

面试是企业人力资源部门组织策划的选聘员工的活动，是企业挑选员工的重要方法之一。面试通常采用面谈形式，在事先安排的面试室，由面试官与应聘者自由交谈，以此观察和测评应聘者的知识、能力、经验和综合素质等是否符合企业招聘的需求。面试也可检测应聘人员所提供的个人资料的真实性，满足企业对应聘人员诚信的需要。尽管有人对面试的有效性和可靠性提出质疑，但多数企业都将面试作为选聘员工的必要环节。

面试过程是将新员工导入企业的第一步，如果应聘者被录用，面试情景将是他对企业产生的第一印象，而在面试中的感受对他今后的工作态度将会产生较大的影响。因此面试是人力资源管理的起点，是培养员工对企业归属感的第一步。为了树立企业的正面形象，掌握招聘主动权，面试人员应做好以下几方面的准备工作：

（1）从岗位分析资料中详细了解应聘者应具备的关键条件及一般品质。

（2）对照招聘岗位的需求，分析应聘者提供的个人简历，确定面试时要询问的关键问题。

（3）计划好面试的时间与地点，保证面试过程不受其他事务的干扰而中断。

（4）为应聘者准备充分的企业宣传资料。面试是一个双向沟通过程，企业宣传资料，不仅可以让应聘者详细了解企业，引导其选择企业，同时也是宣传企业形象的重要机会，大型企业通常将招聘作为企业宣传的重要场所。

（5）布置好面试环境，面试室要整洁，可适当放置与企业招聘相关的一些宣传材料或文件，不要堆放大量其他物品，以免影响面试过程。为了减少应聘者的压力，活跃面试气氛，面试室空间可以小一点，缩小彼此间的空间距离，如在茶几旁进行自由交谈。

2. 面试方法

为了获得较好的面试效果，面试人员应根据岗位对人才需要的特点，选择合理的面试方法。面试的方法有以下几种类型：

（1）结构化面试与非结构化面试。结构化面试又称流程面试法，就是按照预先设计的内容与程序进行面试，面试问题结构严密，标准化程度高，评分模式科学合理，能降低面试中的人为因素影响。非结构化面试又称随机面试，就是面试过程中，没有事先设定问题的规则和框架，面试官可以任意地讨论各种话题，容易活跃面试气氛，但结构化和标准化低，影响面试结果的信度和效度。企业面试通常采用结构化和非结构化相结合的方式。

（2）一对一面试和连续面试。一对一面试是指由一个面试人员与一个应聘者进行单独面谈的一种方法，这种面试具有私人会谈的性质，容易建立融洽的关系，便于深入了解其动机和社会适应性，但是要求面试人员具有较高的谈话技巧，同时面试的结果容易受个人偏见的影响。连续面试是让一个应聘者连续接受多个一对一的面试，这种面试可以减少个人偏见的影响，但是连续的一对一的面试，往往会使应聘者根据自己的需要有选择性地回答问题，不能了解其真实的态度，同时对面试过程难以控制。

（3）集体面试和无领导小组面试。集体面试是指面试官不是一人，而是一个由 3~4 人组成的面试小组，对应聘者进行集体面试。集体面试可以避免重复性的问题，减少个人偏见,还可以培训经验不足的面试人员,但是这种面试的气氛较严肃紧张,容易造成应聘者的心理障碍,对提问过程不容易控制。为了克服这些缺陷,小组面试可以作一些改进,如指定一个面试主持人,指导与控制整个面试过程,而其他人只负责某一方面问题的考察。为了减轻应聘人员的紧张心理,可以采用圆桌面试的方法来缓和面试气氛。无领导小组面试又称无领导小组讨论面试,就是将5~7个应聘者组成一个小组,不设领导,针对一个与工作相关的问题,进行一个小时左右的讨论,在讨论的过程中每个人会选择适合自己的角色,也可能自发形成领导者,面试官根据小组成员的发言次数及创新性、解决争议、引导话题、维持现场、倾听、尊重别人、主动性、灵敏性等表现,进行综合评分。这个方法能在短时间内评价一个人的组织能力、沟通能力、协调能力、情绪管理能力、人际关系能力,在我国公务员面试中已广泛使用。

(4)参与面试和压力面试。参与面试是指在面试官引导下,让应聘者了解公司经营过程中所面临的一些实际问题,让应聘者提出一些具体的解决方案。这种面试通常是非结构化面试,气氛比较轻松,过程比较长,可以深入了解应聘者的知识结构及解决问题的能力。压力面试是指面试过程中,通过环境、语言、行为等方式有意制造紧张气氛,以了解应聘者面对压力的表现。如面试官提出"你简历并不怎么样,为什么还来应聘?"这样不礼貌的问题,使候选人感到不舒服。有些工作要求较高的抗压能力,需要这样的压力面试,但在大多数情况下是不适用的。有时候,面试官为了避免一些经验丰富的应聘者有意掩盖真实意图或者粉饰自己的缺点,提一些敏感性的问题、保持一段较长时间的沉默等,让应聘者产一定的精神压力,从而使其表露真实的一面。

企业在组织招聘的过程中,要根据招聘人才的层次与招聘的格调,选用恰当的面试方法。招聘的格调是由参与面试人员的层次或水平决定的,如果面试人员的层次较高或由一些面试专家组成,企业对招聘工作比较重视,招聘的格调就较高,使用的面试方法及面试过程就比较复杂。

3. 面试的指导思想

面试的指导思想是指面试人员在面试的过程中对应聘者的个人资料、面试问题、面试表现等所持的态度或看法。在面试过程中,面试人员的指导思想不同,对应聘者的判断依据也就不同。在面试实践中,有以下两种基本的假设:

(1)假设一个人的日常行为在其成年之后就稳定下来(如个性、能力、技能等),这种行为方式将会对今后的工作行为产生导向作用,因此,面试人员应全面了解应聘者过去的行为、动机以及他的社会关系,预测其今后的工作表现。持这种观点的人,在面试的过程中,会尽量获取应聘者的个人材料及工作经历,他会创造一个融洽的面试气氛,鼓励应聘者介绍个人经历或发表对面试问题的意见。

(2)假设一个人在面试的过程中总是有意无意地掩盖真实意图,人为夸大对自己有利的一面而缩小不利的一面,因此面试人员需要使用一些面试技巧来获得应聘者的真实经历或动机。在面试过程中,通常将客观测试与压力面试结合起来,应聘人员处于被动的地位,面试人员通过控制面试的环境与内容,让应聘者暴露真实的行为及意图。对于一些有经验的应聘者,在面试的过程中,为了摆脱面试人员的控制局面,往往会针锋相对,从被动转向主动。

4. 面试问题的设计与面试过程

经验丰富的面试人员，总是用事先准备好的问题让应聘者轻松自如地进入面试角色，并较好地控制面试过程，完成他想了解的一切问题。面试问题的设计与面试过程要注意以下几个方面：

（1）面试问题要与招聘的岗位有关，通常包括相关知识、工作技能、工作能力、特长与爱好、个人经历、工作动机等。

（2）不要提出诱导性的问题或用简短的语言就能回答的问题，面试的目的是为了了解应聘者，不是让应聘者了解自己，因此要鼓励应聘者发表自己的见解，问题的格式一般是"如何做"和"为什么"。在下面的两个问题中，第二个问题比第一个问题提得更恰当。

①从你的简历中，你有四门课成绩不错，你对这些课程特别喜欢并精通吗？
②谈谈你在学校里喜欢和擅长的功课怎么样？

（3）要根据应聘者的文化水平与工作经历，选择合适的语言，设计含义清楚而又具体的问题，不要使用过于抽象的学术概念。在下面的两个问题中，第一个问题比第二个问题更恰当。

①你认为我们企业产品销售额连续下降的原因可能有哪些？
②你认为现代管理理论对企业的经营有什么作用？

（4）提出一些试探性的问题。应聘者的爱好与兴趣可能与你的想象有一定的差距，通过一些比较具体的、试探性的问题，可以发现他在这些方面的能力究竟如何。

（5）在面试的过程中，要注意应聘者的一些身体语言，了解他的情绪，并对面试过程进行适当引导。

（6）面试结束之后，面试人员要让应聘者明确知道在什么时候、以什么方式知道面试的结果，如他将收到一封信或一个电话等。

5. 面试评估

在面试过程中，除了一些需要精确记录的信息，如地址、工资要求等，一般不能采用边谈话边记录的方式，详细记录与分析应在面试之后。对面试结果的评估有以下两种方法：

（1）七点评估法：是对应聘者从七个方面进行评价，并确定相应等级。其内容是：身体素质、个人成就、智力（包括运算、语言、理解、记忆、推理等）、特殊才能、兴趣、气质、社会关系。

（2）五点评估法：其评价内容包括第一印象、资历、智力与能力、动机、社会适应性五个方面。

对应聘者的评估结论通常采用五级制：优秀、很好、好、将来可能用得上、不能接受。第一类为最理想的应聘者，对于第二、第三类可能需要培训和一段工作适应时间，如果应聘人员较少时，可以考虑录用，对于后两类，其拒收理由对今后招聘工作仍有一定的指导作用。

四、劳动合同

1.《劳动合同法》

《劳动合同法》于 2007 年 6 月 29 日通过并于 2008 年 1 月 1 日施行，该法律的宗旨是完善劳动合同制度，明确劳动合同双方当事人的权利和义务，保护劳动者的合法权益，构建和发展和谐稳定的劳动关系。

中华人民共和国境内的企业、个体经济组织、民办非企业单位、国家机关、事业单位、社会团体等组织（即用人单位）与劳动者建立劳动关系，订立、履行、变更、解除或者终止劳动合同，必须遵循《劳动合同法》。

用人单位自用工之日起即与劳动者建立劳动关系，建立劳动关系之后，用人单位必须遵循合法、公平、平等自愿、协商一致、诚实信用的原则，与劳动者订立书面劳动合同。用人单位自用工之日起超过一个月但不满一年未与劳动者订立书面劳动合同的，应当向劳动者每月支付双倍的工资。

2. 劳动合同的类型

按照合同期限长短的不同，劳动合同可分为以下几种：

（1）固定期限劳动合同：是指用人单位与劳动者约定合同终止时间的劳动合同。劳动合同期限届满，劳动关系即告终止。如果双方协商一致，还可以续订劳动合同，延长期限。固定期限的劳动合同可以是较短时间的，如半年、一年、二年，也可以是较长时间的，如五年、十年，甚至更长时间。固定期限的劳动合同适用范围广，应变能力强，既能保持劳动关系的相对稳定，又能促进劳动力的合理流动，使资源配置合理化、效益化，是实践中运用较多的一种劳动合同。对于那些常年性工作，要求保持连续性、稳定性的工作，技术性强的工作，适宜签订较为长期的固定期限劳动合同。对于一般性、季节性、临时性、用工灵活、职业危害较大的工作岗位，适宜签订较为短期的固定期限劳动合同。

（2）无固定期限劳动合同：是指用人单位与劳动者约定无确定终止时间的劳动合同。无确定终止时间，是指劳动合同没有一个确切的终止时间，劳动合同的期限长短不能确定，但并不是没有终止时间。如果一旦出现了终止合同的法律条件，无固定期限劳动合同同样能够解除，因此无固定期限劳动合同并不是"铁饭碗""终身制"。这种合同适用于工作保密性强、技术复杂、工作又需要保持人员稳定的岗位。用人单位与劳动者协商一致，可以订立无固定期限劳动合同。但为了保护劳动者权益，法律规定了以下几种情形必须订立无固定期限劳动合同：一是劳动者在该用人单位连续工作满十年的；二是用人单位初次实行劳动合同制度或者国有企业改制重新订立劳动合同时，劳动者在该用人单位连续工作满十年且距法定退休年龄不足十年的；三是连续订立两次固定期限劳动合同，且劳动者不存在被单位随时解除劳动合同情形，续订劳动合同的；四是用人单位自用工之日起满一年不与劳动者订立书面劳动合同的，视为用人单位与劳动者已订立无固定期限劳动合同。

（3）以完成一定工作任务为期限的劳动合同：是指用人单位与劳动者约定以某项工作的完成时间为合同期限的劳动合同。该项工作的开始、终止时间就是劳动合同的开始、终止时间，该种合同不得约定试用期。该种合同适用于单项工作、可按项目承包的工作、因季节原因需临时用工的工作、其他双方约定有完成期限的工作，不适用日常工作岗位、管理工作、关键技术岗位等工作。

在劳动合同实践中，还有以下两种类型的合同：

（1）集体合同，又称团体协约、集体协议等，是指工会或者职工推举的职工代表代表职工与用人单位依照法律法规就劳动报酬、工作条件、工作时间、休息休假、劳动安全卫生、社会保险福利等事项,在平等协商的基础上进行协商谈判所缔结的书面协议。

(2) 劳务派遣合同,是指依法设立的劳动力派遣机构和劳动者订立劳动合同后,依据其与接受派遣的用工单位之间订立的劳动力派遣协议,将劳动者派遣到接受派遣的用工单位工作,用工单位向派遣机构支付劳务费,派遣机构负责向劳动者支付劳动报酬和解除劳动合同经济补偿金并办理社会保险,劳动者在提供劳务的过程中服从用工单位管理、遵守用工单位的劳动纪律。

3. 劳动合同的主要条款

(1) 用人单位的名称、住所和法定代表人或者主要负责人。

(2) 劳动者的姓名、住址和居民身份证或者其他有效身份证件号码。

(3) 劳动合同期限。

(4) 工作内容和工作地点。

(5) 工作时间和休息休假。

(6) 劳动报酬。

(7) 社会保险。

(8) 劳动保护、劳动条件和职业危害防护。

(9) 法律、法规规定应当纳入劳动合同的其他事项。

此外,用人单位与劳动者可以约定试用期、培训、保守秘密、补充保险和福利待遇等其他事项。

4. 试用期的法律规定

(1) 劳动合同期限三个月以上不满一年的,试用期不得超过一个月。

(2) 劳动合同期限一年以上不满三年的,试用期不得超过两个月。

(3) 三年以上固定期限和无固定期限的劳动合同,试用期不得超过六个月。

(4) 同一用人单位与同一劳动者只能约定一次试用期。

(5) 以完成一定工作任务为期限的劳动合同或者劳动合同期限不满三个月的,不得约定试用期。

(6) 试用期包含在劳动合同期限内,劳动者在试用期的工资不得低于本单位相同岗位最低档工资或者劳动合同约定工资的百分之八十,并不得低于用人单位所在地的最低工资标准。

(7) 在试用期中,除劳动者有不符合录用条件、有违规、违纪、违法行为,不能胜任工作等情形外,用人单位不得解除劳动合同。用人单位在试用期解除劳动合同的,应当向劳动者说明理由。

5. 解除劳动合同的法律规定

(1) 劳动者解除合同的法律规定:

①用人单位与劳动者协商一致,可以解除劳动合同。

②劳动者提前三十日以书面形式通知用人单位,可以解除劳动合同。劳动者在试用期内提前三日通知用人单位,可以解除劳动合同。

③用人单位有下列情形之一的,劳动者可以解除劳动合同:第一,未按照劳动合同约定提供劳动保护或者劳动条件的;第二,未及时足额支付劳动报酬的;第三,未依法为劳

动者缴纳社会保险费的；第四，用人单位的规章制度违反法律、法规的规定，损害劳动者合法权益的；第五，因用人单位过错致使劳动合同无效的；第六，法律、行政法规规定劳动者可以解除劳动合同的其他情形。

④用人单位以暴力、威胁或者非法限制人身自由的手段强迫劳动者劳动的，或者用人单位违章指挥、强令冒险作业危及劳动者人身安全的，劳动者可以立即解除劳动合同，不需事先告知用人单位。

（2）用人单位解除劳动合同的法律规定：

①劳动者有下列情形之一的，用人单位可以解除劳动合同：第一，在试用期间被证明不符合录用条件的；第二，严重违反用人单位的规章制度的；第三，严重失职，营私舞弊，给用人单位造成重大损害的；第四，劳动者同时与其他用人单位建立劳动关系，对完成本单位的工作任务造成严重影响，或者经用人单位提出，拒不改正的；第五，因劳动者过错致使劳动合同无效的；第六，被依法追究刑事责任的。

②有下列情形之一的，用人单位提前三十日以书面形式通知劳动者本人或者额外支付劳动者一个月工资后，可以解除劳动合同：第一，劳动者患病或者非因工负伤，在规定的医疗期满后不能从事原工作，也不能从事由用人单位另行安排的工作的；第二，劳动者不能胜任工作，经过培训或者调整工作岗位，仍不能胜任工作的；第三，劳动合同订立时所依据的客观情况发生重大变化，致使劳动合同无法履行，经用人单位与劳动者协商，未能就变更劳动合同内容达成协议的。

③有下列情形之一，需要裁减人员二十人以上或者裁减不足二十人但占企业职工总数百分之十以上的，用人单位提前三十日向工会或者全体职工说明情况，听取工会或者职工的意见后，裁减人员方案经向劳动行政部门报告，可以裁减人员：第一，依照企业破产法规定进行重整的；第二，生产经营发生严重困难的；第三，企业转产、重大技术革新或者经营方式调整，经变更劳动合同后，仍需裁减人员的；第四，其他因劳动合同订立时所依据的客观经济情况发生重大变化，致使劳动合同无法履行的。

④裁减人员时，应当优先留用下列劳动者：第一，与本单位订立较长期限的固定期限劳动合同的；第二，与本单位订立无固定期限劳动合同的；第三，家庭无其他就业人员，有需要扶养的老人或者未成年人的。用人单位依法裁减人员，在六个月内重新招用人员的，应当通知被裁减的人员，并在同等条件下优先招用被裁减的人员。

第三节　新员工导入

当应聘者与企业之间签订了劳动合同之后，双方便建立了受法律约束的权力与义务的关系。对企业来说，总是希望新员工从一开始就能全心全意地为企业服务，要达到这一目标，首先要做好新员工的接收工作，使新员工在尽可能短的时间内适应企业的工作环境，明确工作目标，建立工作中必要的人际关系。

一、职前教育的作用

接收新员工的主要工作是职前教育，职前教育是让新员工熟悉、适应工作及环境的过程，是对新员工的一个导入过程。职前教育的作用表现在以下几个方面：

（1）在职前教育的过程中，新员工可以尽快了解企业文化、企业组织、工作环境。一方面，能让新员工尽快接受工作现实，避免理想脱离现实对工作情绪的影响；另一方面，能让新员工感受到企业对他们的关心与重视，缩短新员工的心理适应期，这是培养新员工积极的工作态度和对企业归属感的基础。

（2）新加盟的员工往往是组织中的边缘人，与组织及组织中的成员之间的关系需要一个磨合的过程，在开始工作时，往往会面临一些额外的压力而影响工作。如新员工必须努力让其他成员在心理上接受他而不伤害他，新员工对自己的言行必须审慎，尽可能与其他成员保持一致等。通过职前教育，可以帮助新员工建立工作中的人际关系，消除新员工开展工作时的人际障碍，使他们在一开始工作时就能感受到轻松愉快的工作经历，并对他们今后的工作态度产生长期的影响。

（3）新员工往往特别关注分配给自己的第一件工作的内容、原因、定额、结果，而且会表现出浓厚的工作兴趣与热情，他们希望能胜任新的工作，能在新的工作岗位上显示自己的能力，以此在工作中奠定自己的群众基础。通过职前教育，可以让新员工知道工作的性质、要求与技能，并对工作技能及工作质量的敏感性进行培训，这有助于新员工迅速适应工作，充分发挥工作积极性。

二、职前教育的内容

许多企业的新员工往往只经过填表造册、公司介绍、厂区及办公室参观、简单的欢迎会等比较肤浅的职前教育便推上了工作岗位，在被要求的试用期内，他们凭其能力自我锻炼，或沉或浮，难以预料。这种简单的职前教育往往会使新员工产生不良的心理状态，将长期影响其工作态度。有效的职前教育应包括以下几个方面的内容：

（1）企业概况介绍：如企业的历史、经营的宗旨与范围、主要成绩及问题、今后的发展目标、企业的优良传统、主要人物的简介等。让新员工了解企业概况的目的是使他们对企业的经营历史产生敬佩感，对工作产生自豪感，树立工作的信心。

（2）厂区及职能部门的参观：如福利设施、工作场地、安全设施、主管人员办公室等，其目的是让新员工对企业的形象及工作环境有一个全面的认识。

（3）企业主要政策的了解：如工作制度、工资制度、购买内部产品的特权、保险、奖励、培训、晋升、文化生活等，其目的是让新员工了解工作中的发展机会，明确工作的努力方向，培养其积极进取的工作精神。

（4）岗位责任的学习：如工作说明书、常见工作问题及克服方法、请求援助的条件及方法、工作记录与报告、工作评价等，其目的是让新员工掌握工作的方法与技能，明确工作中的协作关系。

（5）劳动安全与事故预防：如常见的事故及预防、安全设施及使用、主要的应急措施等，其目的是让新员工树立安全生产意识，预防工作中的安全事故。

三、职前教育的过程

职前教育是一个有计划、有组织的活动，在进行职前教育之前，应对整个职前教育的日程做出合理的安排，并由专门的部门或人员负责执行、监督与考评。职前教育持续的时间长短、阶段划分，往往会因企业、岗位的不同而不同，有些特别重视职前教育的企业，其职前教育的时间往往长达半年到一年。职前教育通常分为以下几个阶段：

（1）引导新员工在人事部门办理必要的手续，并将他们引荐给未来的主管及同事，参观企业，发放"企业员工手册"及"岗位工作手册"。

（2）让新员工与主管及同事进行面谈，让他们学习工作中应做什么、怎么做、为什么做、工作标准是什么。新员工也可对"岗位工作手册"中不明白的问题，向主管及同事询问。

（3）让新员工承担正式工作任务，在此期间，可以根据新员工的表现，逐渐加大工作的内容或强度，主管对他们的工作要进行检查、评价及指导，新员工也要定期汇报工作及思想情况。

（4）新员工的工作表现已达到预期的目标之后，主管应对他们的职前教育结果给予一个最终评价。至此，新员工通过职前教育，已成为企业的一名合格员工。

第四节　员工培训

一、员工培训的地位与作用

培训是企业为了提高员工的知识、工作技能、工作能力，改进员工的工作态度，培养员工的团队精神与职业道德意识而进行的有计划、有组织的活动。员工培训的基本特点是"干什么学什么、缺什么补什么"，因此针对性强，学以致用，不受学员层次的影响。员工培训工作往往是阶段性、持久性的，同时要能配合企业发展的整体策略，每次培训时间一般较短。员工培训的方法也比较灵活，偏重实践性的训练。员工培训是企业可持续发展的前提条件，通过员工培训，可以产生以下几个方面的作用：

（1）有利于提高企业的整体生产效率。一方面，通过员工培训，员工的整体工作技能及工作能力得到了提高，从而使全体员工的工作效率提高；另一方面，通过培训，加深了各个部门之间的相互了解，有助于加强部门之间的协作。

（2）有利于推广新的技术与管理方法，提高员工在工作中的创新能力。随着企业的发展，企业的产品和管理水平要上档次，就必须采用新技术及新的管理方法，因此首先要对其全体员工进行相关知识的培训，只有经常性地接受这种培训，才能不断地用新的管理意识及技术充实自己的员工，从而使他们工作有后劲，富于创新精神。

（3）有利于培养员工的团队精神、参与意识及职业道德意识，提高员工的工作信心与责任感。企业要在公众中树立统一的形象，首先要从企业内部入手，对员工的行为规范、企业精神进行统一培训，形成统一的认识、统一的形象。由于在企业发展的过程中，企业文化、企业形象、企业产品等都会不断改进与提高，企业员工的职业素质与精神面貌也应与之配合，不断提高，这就决定了企业员工培训工作是一项持久性的工作。此外，员工在培训的过程中，可以相互交流，进行工作总结，增进彼此学习与了解的机会，创造良好的人际关系。

（4）分层次、分阶段的员工培训不仅可以为员工提供发展的机会，满足员工追求上进的需要，也可丰富员工的精神生活，对员工产生激励作用。员工培训不仅能为企业带来长期的效益，也能为社会的稳定与发展作出贡献。

目前，员工培训工作在大中型企业中已受到了普遍的重视，他们通过组建内部培训部门、借助高等院校或职业培训中心来加强企业内部员工的培训工作。

二、员工培训计划

为了保证企业持续稳定地发展，企业需制订科学的员工培训计划。编制员工培训计划的步骤如下。

1. 培训需要的评估

员工培训是配合企业整体发展战略，为实现企业的经营目标服务的，在确定受训人员及培训项目时，首先要进行培训需要的评估。下面列举了一些常见的引起培训需要的原因：

（1）企业的发展对员工的文化素质提出了更高的要求。
（2）企业要推行新的管理方法与管理制度。
（3）产品质量、生产技术、生产方法的改进与提高。
（4）塑造企业文化、企业精神，培养团队精神。
（5）适应社会发展的需要，为员工提供额外工作技能的学习机会。
（6）员工晋升前所必需的培训以及新员工、落后员工必要的培训。
（7）为了丰富员工的精神生活。

2. 培训目标与内容

每个培训项目都应有一个明确的目标，一方面，可以根据培训目标选择培训的内容及受训的员工；另一方面，也可以根据培训目标检测培训效果。培训目标大致可分为以下几类：

（1）工作技能培训目标：此目标是为了提高员工的工作绩效，其内容是针对员工目前工作岗位而进行的工作方法、工作要求、工作技能等方面的培训。对于基础工作技能的培训，受训人员通常是工作业绩不理想的员工；对于提高工作技能的培训，受训人员通常是工作业绩优良的员工。

（2）文化素质培训目标：培训目标是提高员工的文化水平，培训内容通常是一些基础文化课程，受训人员是文化素质较低的员工。

（3）思想观念培训目标：培训目标是帮助员工树立正确的工作态度、人生价值观念，培养员工团队意识等。培训内容通常是与企业文化、企业精神有关的一些职业道德、社会伦理的学习，而培训过程本身也是对受训人员思想的一次检测。

（4）管理技能培训目标：培训目标是提高管理人员的技术能力、人际关系的处理能力、统筹能力。培训内容包括一些基本的工业心理学、管理原理、管理方法及实际管理经验等。

（5）综合素质培训目标：培训目标是提高员工的综合素质，为员工提供发展机会，丰富员工生活。培训内容较为广泛，是对员工进行全方位的培训而不仅是针对工作本身的培训。

3. 培训方案

培训方案包括培训的时间、地点、内容、培训方法、受训人员、培训教师、培训的日程安排、培训的目标与效果测定、费用估算等内容。

4. 培训评价

当一个培训项目完成之后，要对培训的效果进行检测与反馈。对培训效果的检测可从以下几个方面进行：

（1）受训者对培训项目的反应。
（2）受训者对培训内容的掌握程度。
（3）受训者接受培训之后，工作表现的改善程度。
（4）培训之后，生产效率的提高程度。

其中，前两项偏重于培训内容本身效果的检测，是培训效果的形式评价，可以在培训过程中或培训结束之后进行。而后两项则偏重于培训效果能否运用到实际工作之中，是培训效果的实质评价。由于培训效果运用到实际工作需要一段时间，因此在培训结束之后，通常要经过一段时间，再对受训者的工作情况进行前后对比分析。对于不同的培训项目，由于培训目标的不同，对培训效果的检测方法及侧重点也有所不同。

三、员工培训方法

员工培训一般可分为脱产培训与非脱产培训两种形式。脱产培训通常是将员工委托给职业培训中心及各类院校进行的培训，时间较长，且离开工作岗位；非脱产培训则是在不影响本人工作的情况下进行的培训，通常由企业自己组织或委托学校集中时间进行培训，时间较短。

下面介绍几种常见的培训方法。

1. 师带徒培训

这是传统的员工技能培训方法，学徒给师傅当助手，通过观察、模仿逐步获得工作经验与技能。师带徒培训的实际效果好，费用也低，但培训时间长，培训人员有限，员工技能水平受师傅影响较大，且不易形成统一的操作规范。

2. 岗位定级

这是激励员工在本职工作岗位上重视基本功的训练，提高技术水平的一种方法。其具体做法是由专门的人员定期对员员工的技术水平进行考核与评比，定等定级，并与个人工资待遇联系起来，从而促使员工在操作上、设备使用上、质量上、处理生产问题上不断提高水平。

3. 角色扮演

在训练的过程中，让受训者在处理某种事务中担任一种角色，在受训者参与、模仿、反馈的过程中掌握工作的原则与方法。

4. 个案分析

在训练的过程中，由培训教师提供个案材料，并提出与培训目标有关的一些问题，让受训人员结合材料在一起进行讨论分析，从中寻找问题的答案，并从个案中体会一些隐含的原理与方法，提高受训者发现问题及解决问题的能力。个案分析实质上是一种以学生为主体的启发式教学，教师只起引导作用，因此通常需要受训者有相关的理论知识和实践经验，并对个案的背景有较全面的理解，否则个案教学很难调动学员积极思考问题的兴趣，也就达不到相应的教学效果。

5. 会议法

这是企业的高层管理人员利用一些日常会议及参观访问活动等对基层管理人员进行培训的一种方法。这种培训方法比较经济，但是组织起来比较困难，培训的内容及效果具有一定的局限性。

6. 工作轮换法

这种培训方法是让受训者在不同的工作岗位轮流任职，从而使受训者在巡回轮职的过程中学习多种工作技能，培养企业的多面手或管理骨干。此外，这种方法还可起到活跃组织气氛、调整组织结构的作用。

四、员工培训注意事项

为了尽可能地提高员工培训质量，在员工培训的过程中，要注意以下几个方面的问题。

1. 培训时间和内容的分配要合理

培训的时间可以是分散的，也可以是集中的。对于理论培训，每次时间以不超过 2 小时为宜，时间太长，往往会使受训者疲劳，影响培训效果。对实践性培训，每次时间要能完成一个实践项目为宜。集中培训，每天培训 1~2 次为宜。分散培训，每周 1~2 次为宜，视企业工作安排而定。培训内容可以是分步的，也可以是整体的。对于较简单的培训内容，宜采用整体学习。对复杂的、培训时间长的项目，宜采用分步学习，将学习内容简单化。如对服装制作工艺的学习，可将服装制作分散成许多部件进行学习，最后才学习一件服装的制作。分步学习的缺点是不能从整体上把握各个部分之间的相互关系及相互影响，综合起来比较困难。

2. 考虑受训者之间的差异

由于受训者在年龄、性别、能力、兴趣等方面存在差异，在培训的过程中，受训者的学习态度及学习效果也会有较大的不同。受训者差异的客观存在，给培训教师的工作增加了一些困难。一般来讲，受训者的差异太大或太小都会影响大部分人的积极性。培训教师应能根据受训者的情况，调整培训的方式与内容，调动大部分受训者的积极性，对少数人员应进行个别辅导。

3. 高原平台现象

在培训过程，尽管每个受训者的表现都不一样，但他们的学习过程都会经历三个阶段：一是适应提高阶段，此阶段受训者学习兴趣较高，学习进步较大；二是高原平台阶段，受训者经过一段时间的培训之后，技术水平呈稳定状态，难以继续提高，为了帮助学员越过这一阶段，培训教师要注意改变教学方法，适当提高培训的难度，分析受训者的问题与差距，确定受训者的努力方向；三是第二次提高阶段，这是受训者成功越过高原平台阶段以后,技术水平进入第二次快速提高的阶段。

4. 培训效果的转移

学以致用是员工培训工作的基本要求,为了让培训效果尽可能转移到实际工作中,在设计培训方案时,培训的情景与内容尽可能与实际工作相似,并尽可能使用实际工作经验作为实证案例,同时让受训者尽可能地体会到培训内容的实用性。

5. 培训效果的反馈

培训效果的反馈有两层含义,一是及时反馈受训者对培训内容学习的效果,由培训教师与企业的培训负责人进行考核,并将考核结果反馈给受训者,对考核优秀者给予适当的鼓励;二是及时将受训者在接受培训之后,工作表现是否提高的情况进行反馈,既可作为培训效果检测的手段,也可作为员工激励的依据。

思考题

1. 分析员工流失的原因。
2. 如何进行员工需求的估计?
3. 描述工作岗位分析的内容与方法。
4. 比较各种面试方法的优缺点。
5. 叙述面试的技巧。
6. 职前教育的内容及作用有哪些?
7. 员工培训的作用有哪些?如何编制员工培训计划?

案例分析

案例 A:经过四年的大学生活,小钟即将大学毕业,摆在他面前的是该选择做哪一行?他回顾了四年的大学生活,总的来看,他的专业课成绩在班上属中等水平,但他在校期间参加了大量的社会实践活动,社会活动能力较强,他决定干销售这一行。于是他从互联网、专业杂志、报刊上收集销售方面的招聘广告,同时也向专业老师、师兄了解企业的招聘意向。他从大量的招聘信息中选定了 10 多家企业,向他们投递个人应聘简历。在做个人简历时,他花了不少心思,还请专业老师帮他指点。功夫不负有心人,一家大型服装品牌公司给他回信,要他去参加面试,职位是公司自营店的高级店员。去面试之前,他通过互联网进一步了解了该公司的基本情况以及对招聘职位的具体要求,他也将自己四年所学的专业知识进行了整理,对从事该岗位的工作进行了设想与规划,在他看来,这是一份不错的工作,也是一个好的职业生涯的开始,他有信心争取到这一份工作。经过面试后,他如愿以偿地获得了这份工作。

正式上班之前,他接受了一个星期的零售店服务规范培训,让他感到非常兴奋,很快他以高级店员的身份进入服装店开始服装零售工作。凭借个人出色的业绩与高水平的客户服务能力,很快得到区域经理的赏识,半年之后提升为店长,负责整个店铺的店员、货品、卖场、现金的管理,每天要对店铺生意进行分析,同时要向区域经理汇报店铺的进、销、存情况。一年下来,小钟店铺管理能力得到了很大的提升,年终业绩考评也是超额完成了,工资也提升了。不过他还是对这份工作有些不满,因为工作时间太长,而且自己的工作时间通常是家人或朋友的休闲时间，与他们相聚的时间很少。

当他得知公司写字楼的市场部需要人手时，他向公司总部提出了内部调动工作的申请。但他的申请被拒绝了，原因是他的区域经理不想让他走，因为他的工作表现不错，而且他刚工作一年，公司还没有为他个人发展进行相关工作能力的培训。按公司规定，对于工作业绩出色的新员工，一年后会有机会参加公司能力提升培训计划。几个月之后，小钟向公司申请了商品开发部的另一份职位，他的区域经理找他谈话，告诉他安心目前的工作，因为在目前的工作岗位上，他完全可能做出更好的成绩并得到提升，而去商品开发部，缺乏商品开发的工作经验，又没有参加相关工作技能培训，很难发挥自己的能力。区域经理也暗示，离开一线零售去写字楼工作，工资可能会下降，而且对公司来讲，他目前的工作对公司的贡献会大于做其他的工作。

根据以上案例，围绕问题的答案选项开展讨论，给出讨论结果及理由。

1. 大学生参加面试要做好哪些准备工作？
   A. 请人代写一份靓丽的简历　　　　B. 从不同渠道了解招聘信息
   C. 向有意向的公司投递简历　　　　D. 了解面试企业情况
   E. 将招聘岗位与自己的特长进行对照　F. 根据企业岗位需要编写自己的简历

2. 小钟晋升为店长后增加了哪些工作职责？
   A. 为顾客提供推广服务　　　　　　B. 店员管理
   C. 竞争研究　　　　　　　　　　　D. 现金管理
   E. 店铺生意规划　　　　　　　　　F. 进销存分析
   G. 货品上架及整理

3. 小钟申请调岗的原因是什么？
   A. 不喜欢这份工作　　　　　　　　B. 工作已经做出了成绩
   C. 工作时间太长　　　　　　　　　D. 工资低于商品开发部工资
   E. 希望得到职位更高的岗位　　　　F. 充分利用公司能力提升计划

4. 根据以下选项给小钟一条职业发展路径？
   A. 高级店员　　　　　　　　　　　B. 店长
   C. 区域销售经理　　　　　　　　　D. 开发部经理
   E. 商品买手　　　　　　　　　　　F. 采购经理
   G. 市场经理

第六章 领导

> **本章内容：** 1. 领导的性质
> 2. 领导理论
> 3. 有效的领导
>
> **教学时间：** 4 学时
>
> **学习目的：** 让学生了解领导工作的特点，理解领导理论的内容及领导技巧，树立正确的领导意识。
>
> **教学要求：** 掌握领导的含义及工作特点，理解个性理论、作风理论、行为理论、应变理论，掌握有效开展领导工作的技巧。

如果将领导视为一种管理行为或一项管理职能，那么领导就是率领、引导组织成员实现组织目标以及成员个人目标的过程。领导的对象局限于组织中的人。人作为现代管理的核心要素，使领导的作用和地位更加突出和重要。领导者的素质、领导技能、领导作用的发挥程度的差异往往会形成不同的组织气氛，从而影响组织成员的士气及工作态度。作为一名有效的领导者，应该善于认识自己在不同场合下的角色，选择合适的领导行为，充分发挥领导者的作用，正确选择、培训、考核自己的下属。

第一节　领导的性质

一、领导的含义

领导一词，在现实生活中被人们广泛使用。有时用来表达对下属的管理行为，有时表示企业的领导职位或领导人。在实际工作中对领导的含义有以下两个方面的理解：

一是认为领导就是组织中拥有权力的人。权力主义者总是把权力的大小看成是领导地位高低的标志，并以权力的效力来领导下属。事实上，权力只意味着让别人接受领导的可能性，但下属不一定服从或不折不扣地执行领导的决策，因此不能将领导简单地理解为行使权力的人。

二是认为领导就是管理，实际上领导角色与管理角色是有区别的。领导者往往要解决两方面的问题，一方面是组织发展过程中战略性、方向性、全局性的问题，具有不确定性，需要具备一定的创新能力、前瞻能力及决策能力；另一方面是调动中层或基层管理人员的工作积极性，塑造企业精神和凝聚员工士气。因此，领导工作需要独特的领导能力和技能才能胜任，并不是所有的经理们都能成为一个真正的领导者。管理者需要解决的问题主要是部门的生产技术问题、人事问题及生产要素的配置问题等，其目的是提高部门的效率或效益，他们的工作往往比较程序化，以执行工作计划为主，需要一种精益求精、脚踏实地的工作精神。

在研究领导的定义时，许多专家学者对领导的含义提出了不同的看法，下面列出几种比较典型的关于领导的定义。

（1）领导是一门促使其下属充满信心、满怀热情地完成任务的艺术。这一定义强调领导工作的重点是调动员工士气、创造良好的组织气氛，而领导方式则要因人而异，不能一成不变。

（2）领导是影响人们自动达成目标的一种行为。这一定义强调领导行为并非是强制行为，领导者应该用自己的影响力而不是用权威来引导员工的工作行为。

（3）领导就是行使权威和决定，这一定义强调领导者的权力或威信的重要性。

（4）领导是这样的一个过程：通过倾听下属意见，了解问题，用自己的热忱调动下属士气，给下属适当援助，委以适当的权力，对下属的工作业绩进行评估，并给予适当奖酬。这一定义对领导行为的要素进行了较全面的表述。

分析以上几个定义，可以看出其共同点都是强调领导者对其下属行为的引导作用，而且在组织行为中，领导行为起主导作用。因此，任何企业，无论是选择领导者，还是培养领导者，都必须持审慎的态度，进行全面的分析与考核。只有这样，才能使他们在工作岗位上充分展示其领导技能，发展领导者的品质，成为领导型的管理人才。

二、领导素质

影响领导者工作绩效的因素很多，如下属的情况、组织环境、领导者个人的情况。在这些因素中，只有领导者个人的素质，在确定组织机构的领导者时具有可选择性。分析每一个领导岗位的工作特点及其应具备的领导素质，配备与之相应的领导者，有利于充分发挥领导者的才能与特长。成功的领导者往往具有以下几个方面的领导素质。

1. 智力

有些学者研究指出，成功的领导者智商在120～135，智商过低不能胜任领导工作，智商过高会因过分讲究领导理论而缺乏务实精神。

2. 情绪成熟

情绪成熟主要表现在几个方面：一是能以平静而真诚的方式指挥下属而不是权威专治；二是能利用下属的错误帮助其吸取教训而不是横加指责；三是能处理好工作与生活的关系。成功的领导者对工作充满信心，能应付事业和生活中的种种挑战，善于下放权力和减轻工作负担与压力。

3. 自我激励

成功领导者的需求处于较高层次，其激励因素包括：取得权力控制局面、自我实现、较高的收入和地位。自我激励是主要的激励方式。

4. 富有激情

成功的领导者，面对问题产生的是兴奋而不是压抑的情绪。他们乐于承担各种问题，并将解决这些问题看成是证明领导能力的机会。

5. 领导技能

成功的领导者不仅要具备较宽的专业知识面，熟悉企业的基本业务、人事管理、行政管理，而且还要具备诸如说服能力、忍耐能力、协调能力、创造能力、社会活动能力等领导技能。

6. 领导欲望

一个成功的领导，首先要有领导的欲望，领导欲望代表责任、信心、进取精神，而这些正是领导者应具备的基本品质。

三、领导工作的特点

从事领导工作与从事技术性工作相比，具有以下几个方面的特点：

（1）领导者的工作成果不是通过其工作本身体现出来的，而是通过其下属的工作成果体现出来的。正因如此，领导工作是否成功，关键是如何取得下属的支持与合作。虽然领导工作成果必须通过他人的工作成果表现出来，但其作用及贡献是最大的，因为他人的工作都必须接受领导行为的影响，领导水平的高低也直接影响他人工作成果的好坏。

（2）领导者通常是企业文化的设计与倡导者，通过这种组织文化潜移默化的影响，形成高效能的组织氛围，并通过这种组织氛围对组织中的成员施加影响，使其工作达到最大效能，并保证组织正常运转。可以说，领导工作开发的是组织协调资源与员工心理资源，而技术工作开发的则是生产要素资源。

（3）领导者具有多重角色。一般情况下，领导者在工作中充当三种基本角色：一是下级角色，领导者的权力通常源于上司，因此领导者必须对其上司负责，并接受上司的监督与指导；二是同事角色，领导者的权力与工作范围是有限的，其工作也需要兄弟部门的协作与支持，因此领导者应该善于处理好与其他部门之间的关系；三是上级角色，领导者必须具备领导下属完成组织目标的能力。由于领导者同时担任几种角色，所面临的工作是比较复杂的，因此领导者应具备处理各种人际关系的能力。

（4）领导工作富有创造性。决策是领导者的核心工作，领导者每做出一项决策，都是其综合素质的体现。领导者在工作中会遇到各类问题和突发事件，需要他们有较强的开拓意识和创新精神去果断处理。

第二节　领导理论

领导理论是一些管理心理学家通过对大量、有效、成功的领导行为进行实证研究之后，概括出来的领导模式，下面介绍四种有代表性的领导理论。

一、个性理论

个性理论着重研究成功领导者所具备的个性，并从中归纳出成功领导者应具备的基本品质，以此作为企业选择合适领导人的依据。个性是一个心理学概念，包括能力、气质、性格三个方面。

1. 能力

能力是指直接影响人的活动效率，决定能否顺利完成活动的个性心理特征。个人能力往往是通过知识积累与技能开发的途径得到提高的。

能力按其倾向性不同可分为一般能力和特殊能力两种形式。一般能力包括认识能力（如感知、记忆、思想、想象、言语等）、抽象概括能力、创造能力等。特殊能力是一般能力在专业或职业活动中的独特发展，如文学能力、表演能力、管理能力、操作能力等。

2. 气质

气质是指心理过程的速度、稳定性、强度以及心理活动的指向性等方面的个性心理特征。如知觉的快慢、注意力集中时间、情绪的强弱、对环境的体验等都属于气质的典型表现。由于气质受到个人生物组织制约，具有天赋秉性，稳定性强。

根据体液占优势的情况不同，气质可划分为四类：以血液占优势的为多血质；以黄胆汁占优势的为胆汁质；以黏液汁占优势的为黏液质；以黑胆汁占优势的为抑郁质。四种不同气质的心理特征如表 6-1 所示，气质差异对组织管理与思想教育具有重要的参考价值。

表6-1 不同气质类型的心理特征

气质类型	多血质	胆汁质	黏液质	抑郁质
情感的速度与强度	快而弱	快而强	慢而弱	慢而强
情感的深度与广度	广而浅	广而深	窄而浅	窄而深
心理活动的指向性	外向	外向	内向	内向
情绪兴奋性	高	高	低	体验深
可塑性与稳定性	可塑不稳定	可塑性小	稳定	刻板
感知与忍耐能力	低/较高	低/较高	低/高	高/低

3. 性格

性格指一个人在对现实的态度或习惯性的行为方式中所表现出的个性心理特征。性格不是天生的，具有态度倾向性、社会制约性、稳定性及可塑性等特征。

对性格的划分，常见的标准有以下几种：

（1）按心理机制的不同，将性格划分为理智型、情绪型与意志型三种：理智型的人在交往的过程中明事理，讲道理；情绪型的人易受情绪左右；意志型的人有明确的活动目标。

（2）按心理活动的指向性不同，将性格划分为内向型与外向型两种：外向型的人表现为活泼、开朗、感情易外露、独立性强、果断、善交际、反应快、轻率、缺乏自我批评、不拘小节；内向型的人表现为感情深、小心处事、有恒心、能自我批评、不善社交、不果断、反应慢等。

（3）按个人竞争性不同，将性格划分为优越型与自卑型两种：优越型争强好胜，具有进取精神；自卑型与世无争，缺乏进取动力。

个性差异的分析和判断，往往依据能力测验（智力、特殊能力、创造能力）、人格测验（投射测验、自陈测验）等一些心理测验。许多从事测评、招聘、选拔经理的工作人员深信个性差异测评的有效性和实用价值。事实上，对于大多数研究者，在研究领导者与非领导者在个性方面的差异上并没有理想的结果，因为成功领导者的个性特质很多，很难找到完全统一的模式。如有人认为领导应当具有冷静、理智的特征，黏液质的人担任领导最合适，有人则认为领导应热情、机敏，多血质的人担任最合适。面对这种困境，人们开始意识到，领导者的工作业绩不仅取决于领导者的个人特性，而且还取决于被领导者及情境因素。个性理论的价值在于将领导者个人品质特性定义为影响领导业绩的一个重要因素。许多机关、企业、学校通过职务分析，提出适合本单位情况的领导者个性，并将其作为领导者选聘标准与培养的目标。如日本企业对领导者的个人特性归纳为10项品德（使命感、责任感、信赖感、积极性、忠诚性、进取心、忍耐性、公平、热情、勇气）与10项能力（思维决定能力、规划能力、解决问题能力、培养下属能力、调动积极性能力、判断能力、创造能力、洞察能力、劝说能力、对人理解的能力）。

二、领导作风和行为理论

领导行为理论将领导者的作风和行为作为研究对象，从领导方式、领导关注的问题等维度出发，形成了以下几类代表型的领导理论。

1. 勒温领导风格理论

勒温（Kurt Lewin）在研究团体气氛和领导风格时，根据领导应用职权的方式不同，将领导风格划分为专制型、民主型和放任型三种类型。勒温认为，这三种不同的领导风格，会造成三种不同的团体氛围和工作效率。

（1）专制型领导。工作中，只关心员工的工作任务和工作效率，对团队及员工关心不够，被领导者与领导者之间有较大的社会心理距离，领导者对被领导者缺乏敏感性，被领导者对领导者存有戒心和敌意，团队成员容易产生挫折感。

（2）民主型领导。工作中，关心团体成员的需要，鼓励和协助员工的工作，营造民主与平等的工作氛围，领导者与被领导者之间的社会心理距离比较近，员工可以自己决定工作方式和进度，工作动机与责任心较强，工作效率高。

（3）放任型领导。工作中，无视员工的需要，对员工的工作无明确的要求，对员工的工作结果也不评估，工作效率低，人际关系松散，处于无政府主义工作状态。

根据勒温的研究结果，放任型领导绩效低于专制型和民主型领导，专制型领导与民主型领导绩效大体相当，但民主型领导的工作质量与满意度更高。在企业实际管理中，大多数领导者都采用混合型领导模式。

2. 利克特的四种管理模式

利克特（Rensis Likert）在研究以生产为中心的领导方式和以人为中心的领导方式时，提出了领导的四种管理模式。

（1）专制权威式领导。这种领导非常专制，不信任下属，对员工的管理以惩罚为主，偶尔用奖励，采取自上而下的沟通方式，决策权只限于最高层。

（2）开明权威式领导。这种领导对下属怀有充分的信任和信心，对员工管理奖赏和惩罚并用，允许一定程度的自下而上的沟通，下级有一定决策权，但牢牢掌握政策性控制。

（3）协商式领导。这种领导对下属充满信任和信心，但总是有担心，对员工管理以奖励为主，偶尔用惩罚，允许上下双向沟通，最高层制定主要政策和总体决策，允许低层部门做出具体问题决策。

（4）群体参与式领导。这种领导对下属怀有充分的信任和信心，总是从下属获取设想和意见，并且积极地加以采纳，鼓励各级组织做出决策，愿意与下属一起工作，对员工以奖励为主，允许上下级之间与同事之间的沟通。

根据利克特的研究结果，群体参与式领导是取得最大成就的领导者，这种领导方式，在设置目标和实现目标方面是最有效率的，他将这种成功归因于领导支持下属参与，下属积极全面参与。

3. 管理方格理论

布莱克（Robert R. Blake）和莫顿（Jane S. Mouton）在 1964 年出版的《管理方格法》一书中，改变以往各种领导理论中非此即彼的观点（要么以生产为中心，要么以人为中心），在领导行为四分图理论（又称俄亥俄模式）基础上，将对人的关心程度（纵坐标）和对生产关心程度（横坐标）各划分为 9 级，形成对生产关心和对人关心 81 种不同程度组合，即 81 个方格，分别代表了 81 种领导风格，其中最具有代表性的领导风格有以下五种：

(1) 团队型管理 (9, 9)。对人和生产都非常关心，能将组织目标和个人需求有效结合起来，建立命运共同体，组织关系协调，士气高，生产效率高。

(2) 中庸型管理 (5, 5)。领导者对人的关心和对工作的关心保持中间状态，将员工士气和生产效率维持在中间水平，不能充分发挥下属创造革新精神。

(3) 人际型管理 (1, 9)。又称乡村俱乐部型管理。领导很少关心生产，重点在满足职工的需要上，每个人都得以放松，在和谐快乐的环境中，没有人关心组织目标的实现。

(4) 任务型管理 (9, 1)。领导只关心生产任务及生产效率，作风专制，注重工作计划、指导及对员工控制，下属只能奉命行事，不能发挥积极性和创造性，以完成组织目标为中心，不关心人的发展、士气等人为因素。

(5) 贫乏型管理 (1, 1)。对人和工作都很少关心，领导以最小努力完成工作，这种领导模式很少见，很难获得成功。

根据布莱克和莫顿的研究结果，团队型管理最为有效，其他管理效率依次为中庸型管理、人际型管理、任务型管理、贫乏型管理。他们提出了改善领导效率的六个步骤：学习—评价—讨论—确定目标—实现目标—巩固成果。

三、应变理论

应变理论又称权变理论，这种理论的基本观点是：领导者工作的有效性取决于领导者个人的特性、被领导者的特性及领导环境三个因素，没有一种领导模式能在任何工作环境中都适用有效。如何根据工作环境或工作环境的变化选择有效的领导模式，应变理论从不同的角度进行了分析。

1. 根据工作环境选择合适的领导者

这种观点基于一个假设：领导者的个性特征是稳定的，领导者的个性特征只有与领导环境的特性相适应时，才能达到理想的领导效果，因此每个领导者只能适合于与其个性特征相适应的一类领导环境，如何将领导者安排在合适的职位上是提高领导效率的主要方法。

菲德勒经过大量的研究，于1951年提出了一个有效的领导应变模型。该模型对领导模式的划分与行为理论是一致的，为了分析各种领导模式适用的领导环境，在该模型中确定了三个影响领导模式的因素：

(1) 领导与员工的关系：这种关系是领导者与员工之间建立的个人关系，通常是在领导过程中逐渐形成的，与领导者个人的品德、工作能力、对员工的尊重等有关系。

(2) 任务结构：影响任务结构的因素有三个：一是任务有无预先的评价标准；二是任务目标的明确程度，通常可以量化任务与定性任务相比，前者属于结构性的任务，后者则是非结构性的任务；三是完成任务的方法。结构性任务的工作方法往往具有程序性，如生产流水线的管理工作。任务结构直接影响了领导工作的复杂性，对领导行为的取向影响较大。通常负责结构性任务的领导者，其权力较大，指令也容易被执行。在该模型中，任务结构确定为结构性与非结构性两种类型。

(3) 领导职权：领导职权通常源于上司，职权的大小对领导效果的影响比较大，但有一点可以肯定，职权大的领导者在刚上任时是有利的，他可以比较容易地与下属建立相互影响的关系，而职权小的领导者在刚上任时则没有这种主动权，为了取得小组成员的信任与合作，他必须付出更多的努力。在该模型中，领导职权确定为强与弱两种情况。

以上三个因素可以组合成八种领导情境，研究结果表明，每种领导情境，有效的领导模式均有不同。

对于结构性任务，领导者与成员关系好时，有效的领导模式是员工取向程度较高；领导者与成员关系差时，有效的领导模式是工作取向程度较高。对于结构性任务，领导者职权对领导模式的影响并不大。

对于非结构性任务，领导者与成员关系好时，有效的领导模式要视领导者职权的强弱而定，职权强的，有效的领导模式是员工取向程度较高，职权弱的，有效的领导模式是工作取向程度较高；领导者与成员关系差时，有效的领导模式是员工取向程度较高，领导者职权对领导模式的影响并不大。

2. 根据环境的变化选择适当的领导模式

这种理论认为领导应该分析下级个性特点、情景因素、环境特点的变化，并根据这些因素的变化，选择适当的领导模式，才能取得良好的领导效果。其核心思想是领导者必须在工作中主动地适应领导环境的变化，并对领导模式进行适应性调整，一成不变的领导模式不可能长期取得好的领导业绩。

心理学家卡曼经过大量的研究，提出了领导生命周期理论。该理论认为，领导模式是否有效除了与工作行为和人际关系行为有关外，还与下属的成熟程度有关，下属的成熟程度包括生理、心理、工作技能、人际关系、对企业的认同感及职业道德等内容。对于达到平均成熟程度的员工，有效的领导模式是人际管理或协调管理，而对于成熟程度过高或过低的员工，有效的领导模式是放纵管理或任务管理。运用领导生命周期理论的两个依据是：

(1) 由于组织内部员工个性具有差异性，员工的成熟程度也会表现出差异性。

(2) 组织中员工的成熟程度会随着年龄的增长及工作阅历的增加而提高。由于组织内部员工成熟程度差异性的客观存在，领导者应针对员工的成熟程度选择适当的领导模式。

第三节　有效的领导

尽管领导者每天都有很多事情要做，但有效的领导者在履行自己工作职责时，善于运用下面的方法以求达到最佳的工作效果。

一、代表和支持下属

首先，领导者作为下属的代表，应及时将下属的意见反映给上级及同级部门，充分发挥沟通桥梁的作用。

其次，领导者拥有相应的职权与权威，下属的工作需要领导的支持与指导。

最后，领导者作为下属可尊敬和信赖的人，应善于利用下属的这种心理，关心、帮助、鼓励下属，培养他们的进取精神。

二、开展协作

当领导者受命于某一组织时，优先而又关键的工作是运用自己丰富的工作经验，在下属中开展协作，在领导和下属之间建立起信任与合作的关系。

影响协作的因素除了领导者个人素质外，还有下属的情况和工作环境。如果集体中存在一些非正式的组织，往往会增加协作难度，如下属会自动限制产量、抵制不适应的领导行为等，因此新官上任，首先要了解组织中存在的非正式组织，并对已经存在的非正式组织进行引导或利用。部门之间的利益冲突也是增加协作难度的一个重要方面，如财务部门希望削减预算，节省开支，但这可能削弱了销售手段，生产部门也可能因减少更新资金导致成本提高，从而增加这些部门的工作负担，导致部门矛盾。有一种解决问题的办法是增设协作奖，但如果控制不好，会使奖金平均分配而失去意义，同时又增加了企业的经营负担。

三、明智地劝说

劝说的目的是帮助员工正确对待生活和工作中易受冲动的问题，增强员工的理解和信任。明智地劝说，可能收到以下几个方面的效果。

1. 给员工提供解决问题的良好建议或方法

领导的建议往往是对下属最好的鼓励，许多员工在遇到问题或困难时，总希望领导能给他提出解决问题的建议或方法。

2. 帮助员工恢复信心

当下属不知道自己工作的好坏或者不适应工作时，往往会产生压力，领导者及时的鼓励会消除他的思想包袱，使其能大胆地工作。增强员工的信心，是领导者优秀品质的表现，但在实际工作中，有一些领导并不重视这个问题。

3. 给员工宽慰

在许多情况下，员工都希望别人的同情，特别是领导的关怀，能使一个消沉的职员稳定情绪，重新积极地投入工作。

4. 帮助员工认识工作的重要性

在调换工作岗位或工作性质改变时，要让员工有思想准备，认识新工作的重要性，并给予培训。

四、有效地使用权力

1. 领导者的基本权力

领导的基本权力包括奖励权、强制权、法定权、参考权和专家权。

（1）奖励权：是领导者调动下属工作积极性的重要手段之一，由于领导者所处的层次不同，奖励权的大小也不相同。奖励权的内容有：提高工资待遇、增加工作津贴、提升职务、肯定工作成绩、培训业务技能、提供多方面的发展机会等。显然，领导者的奖励权既有物质方面的，也有精神方面的。物质方面的奖励权往往属于较高层次的领导者，而精神方面的奖励权则具有广泛性。领导者要用好奖励权,必须对员工的工作绩效进行客观的评价,并根据工作绩效进行奖励,让员工体会到奖励的公平感。如果领导者滥用奖励权,不仅会损害领导者的形象与权威,也会降低奖励权的效力。

(2)强制权:这是与奖励权相对应的负强化的重要手段,领导者在开展工作的过程中,对一些不服从指挥的员工可以采取解雇、降职、减薪等强制措施。一方面可以维护领导的权威,另一方面也可对工作中的不良行为产生抑制作用。强制权通常用来制约员工的不良行为,但是如果使用不当,会让员工产生以权压人的错觉,导致劳资关系紧张,将问题扩大化,所以有人认为强制权的指挥价值是最小的。

(3)法定权:这种权力源于组织,与领导者的职位是相对应的。领导者受命于某一领导岗位之后,通过组织授权,对所辖范围的人、财、物等具有相应的指挥权与调度权,奖励权与强制权只是法定权的一部分。

(4)参考权:这种权力以下级对上级的认同为基础,不受欢迎的领导者不能取得参考权。参考权作为一种非正式的权力,不仅可以使领导者能更有效地行使法定权,而且也会使领导者拥有法定权以外的一些私人权力。领导者有过人的才智、公正的声誉或迷人的个性,往往容易取得参考权。

(5)专家权:如果员工认为领导者是自己工作方面的专家,并有能力分析、评价与控制组织的任务,便能获得专家权。一般这种领导对员工的工作指导与评价,容易被员工从心理上接受,从而使领导者的法定权更加有效。如果一个外行领导对员工的工作品头论足,就可能让员工不能接受甚至产生反感。

以上各种权力,法定权是使员工服从领导指挥的最重要的权力;专家权能使法定权更有效地行使,对组织的工作绩效有持久的促进作用;奖励权与强制权对员工的个人利益影响较大,如果使用不当,会降低员工的士气及工作绩效。值得注意的是,在领导的实践中,参考权、专家权等非正式的权力比正式权力对员工行为的影响更大,这意味着成功的领导者在指挥下属时,应该注重说服的方法和自身榜样的力量,而不是仅仅依靠法定权力。

2. 领导者的影响力

领导者的影响力是领导者使用领导权力展开工作而形成的感召力。领导者是否有效使用领导权力,从领导者的影响力可以进行识别。领导者的影响力包括权力性影响力和非权力性影响力。

(1)权力性影响力:这种影响力表现为员工的服从、敬畏、敬重,其影响力的大小往往受到员工的服从个性、领导者职位的高低、领导者年龄资历等因素的影响。

(2)非权力性影响力:这种影响力源于领导者的优秀个人品质,表现为敬爱、敬佩、信赖、亲切,其影响力的大小往往与领导者的品格、才能、知识、情感等因素有关。

五、合理安排时间

时间是领导者最宝贵的资源之一,领导者要有效地利用时间,必须注意以下几个方面的问题。

1. 掌握处理问题的技巧

面对下属的问题,有些领导者不论问题的大小,总是亲自处理,这样做不仅会增加自己的工作负担，也会增强下属的依赖性。为了避免这种情况发生，领导者处理问题时要遵循下面几条原则：

（1）领导只向下属提供解决问题的条件而不是把问题接过来。

（2）领导者应该让下属知道，什么问题是员工应该自己解决的，什么问题是让领导帮助解决的，这样才能培养员工工作的主动性。

（3）找到了解决问题的方法之后，将问题交给下属自己处理。

（4）需要领导亲自解决的问题，也要让下属协作完成，这样才能培养下属学会解决问题的方法。

2. 适当放权

适当放权一方面可以使领导者从繁琐的事务中解脱出来，做一些重要的工作；另一方面也可以培养下属，提高其工作的主动性。

3. 合理安排时间

根据工作计划，对自己的时间进行合理安排，既可以保证工作的有序进行，也可以将自己的时间编排为有效的时间块，最大限度地利用零碎的时间。

六、正确面对工作压力

适当的工作压力能促进自己和下属更加努力地工作，但长期处于较大压力的环境下工作可能导致心力交瘁，影响个人健康和工作效率，因此成功的领导者应该善于释放自己或下属的工作压力。以下几种方法可能对此有所帮助：

（1）通过反省，识别自己的工作压力，通过观察或询问，了解下属的工作压力。

（2）当工作压力过大时，要么减缓工作节奏，要么调整工作目标，不能视而不见，否则精力透支，只能是欲速则不达。

（3）鼓励自己或下属对工作压力保持健康的心态，学会自我激励。

（4）学会放松自己的技巧，如参加文体活动，转换工作环境，闭目养神等。

思考题

1. 如何理解领导的含义？
2. 领导的素质有哪些要求？
3. 简述各种领导理论。
4. 如何有效地开展领导工作？

案例分析

案例 A：某中型服装生产企业属于某跨国集团公司的子公司，其经营业务主要是完成母公司下发的来料加工订单，在生产任务较少时，企业也可自己接一部分生产订单。由于企业开办以来一直处于亏损经营之中，集团决定更换总经理，王先生受集团委任，出任该企业的总经理，王先生很清楚自己的使命：一是保质、保量、准时完成母公司的订单；二是控制成本费用，扭转亏损局面，实现企业目标利润；三是激励员工士气，确保企业机构高效率运作。

王先生上任之初，对企业的运作情况进行了摸底调查，发现了两个主要问题：一是行政管理机构庞大，开支居高不下，工作士气低，效率低；二是作为企业核心的生产部门的地位没有显示出来。于是他进行了一次较大的组织结构调整与工资制度改革。起初阻力较大，但王先生强硬的领导作风扭转了原来的局面，一方面，行政机构的大裁员，使行政管理工作效率大大提高，员工的福利待遇也得到改善；另一方面，为了突出生产部门的核心地位，调整了生产部门工资分配的形式与比重，大大提高了生产部门的积极性，生产质量、生产效率全面提高，成本开始下降。

王先生对这一开局很满意，他深信，强硬的领导作风能克服领导工作中的所有阻力。为了进一步提高企业的运作效率，他开始更仔细地审核和修订原有的工作制度与奖惩制度，身体力行。身为总经理，虽然有许多外事工作，但他每天都会抽一段时间到生产车间督促生产管理，处理一些生产技术上的具体问题，在这些方面，王先生是有发言权的，因为他也是从服装生产线上成长起来的。在检查工作的过程中，如果他发现下属工作失误，他会立刻给予严厉的批评，不留情面。因此下属见到王先生时，都十分敬畏他，也会感到强大的工作压力。曾经有一位从生产线上提升的组长，因为承受不了过大的工作压力而要求回到车工的位置上。尽管新的问题不断出现，值得庆幸的是在他担任企业总经理几年来，每年利润都在增长。

根据以上案例，围绕问题的答案选项开展讨论，给出讨论结果及理由。

1. 王先生的领导有哪些特点？
   A. 对员工管理很严厉　　　　　　B. 以生产为中心
   C. 给下属充分授权　　　　　　　D. 征求下属意见
   E. 有奖有罚

2. 王先生的领导模式属于哪一类？
   A. 专制型　　　　　　　　　　　B. 民主型
   C. 放任型　　　　　　　　　　　D. 协商型
   E. 人际型

3. 车间组长为什么提出回车位工作？
   A. 工作压力大　　　　　　　　　B. 缺乏工作指导和培训
   C. 对领导有意见　　　　　　　　D. 不能胜任

4. 你认为王先生取得成功的原因是什么？
   A. 激励士气　　　　　　　　　　B. 明确领导目标
   C. 组织变革　　　　　　　　　　D. 控制
   E. 亲力亲为

第七章　激励

本章内容： 1. 激励概述
　　　　　　 2. 强化理论
　　　　　　 3. 内容型激励理论
　　　　　　 4. 过程型激励理论
　　　　　　 5. 激励的形式与应用

教学时间： 4 学时

学习目的： 让学生了解激励的概念及主要激励理论的内容，认识激励的各种形式，树立正确的激励意识。

教学要求： 掌握激励的概念及作用，理解强化理论、内容型激励理论、过程型激励理论的内容，了解激励的形式。

激励是企业刺激员工行为的一种动力机制，与企业的生产效率紧密相关。为了提高员工的工作积极性，更好地发挥其工作潜能，许多企业在员工激励方面进行了大胆的改革与尝试。在企业的激励实践中，有些企业十分成功，有些企业则仅仅是增加了人力资源的管理成本，未能达到预期的目标，这正是激励机制既引人注目又争论激烈的重要事实。由于激励在很大程度上受到个人心理因素及工作环境因素的影响，激励理论的研究与运用显得更为复杂而无定式，但这并不能否认激励理论在管理实践中的指导作用。

第一节 激励概述

一、激励的含义

在管理实践中，激励一词虽被广泛应用，但许多人对它的认识，往往仅停留在企业的人事福利制度上，而未被看作是一项日常的管理工作，可以说这是对激励认识的一个误区，也是激励工作难以展开和取得成效的主要原因。作为管理人员，应从以下几个方面来认识和把握激励的含义：

（1）激励是员工个人的需求在工作中得到满足之后的一种心理状态。这一概念强调激励源于员工个人需求的满足，并将员工个人需求作为激励的对象，强调组织在员工激励中的主动性，它是用来分析与判断员工是否被激励的基本依据。

（2）激励是对员工积极的工作行为所进行的各种强化。这一概念强调激励是与员工的工作行为相联系的，并将员工的积极工作行为作为激励的对象，强调员工在组织激励中的主动性。在激励实践中，管理人员的作用就是发现员工的积极工作行为，给予及时的、适当的激励。

（3）激励是管理人员积极引导员工行为的过程。这一概念强调激励是管理工作的一部分，管理人员应将激发员工的工作热情、鼓励员工努力工作视为管理人员的工作职责。将激励与管理职责联系起来，是现代企业管理的基本要求，也是现代企业管理的一种基本趋势。

在对激励问题的认识上，必须克服几个错误的观念。一是将激励理解为高层管理人员的职责与权限，将激励工作限制于一个小的领导圈子里，缺乏群众基础，导致激励工作难以全面有效展开的被动局面；二是将激励理解为人事部门的管理职责，将激励工作从管理人员的日常工作中分化出来，过分强调静态激励制度的作用，导致激励资源的利用效率下降，甚至激励制度失灵；三是将激励简单理解为工资报酬问题，忽视精神激励的作用，这种做法往往不利于培养员工的集体荣誉感、归属感及工作责任感。

二、激励的作用

员工能否在工作中不断成长进步，并学会承担责任和培养归属感，一个重要的因素就是企业能否及时地发出各种强度适当的激励信号，而这些激励信号又可以被员工理解和感受到。有些企业在激励方面做了很多工作，但是这些工作并没有引起员工的注意，甚至基层管理人员也没认识到，可想而知其激励效果不会太好。一个好的激励机制，应该能让员工从各种激励信号的学习中取得以下几个方面的效果：

（1）强化角色意识与积极行为，树立企业正气：企业的激励信号应能让员工感受到荣与辱，帮助他们分辨是非，让一些不良的工作行为在激励信号中逐渐消退。

（2）营造竞争与协作的气氛：员工工作行为的差异是激励的客观基础，这种差异可能是由于工作态度或动机等主观因素引起的，也可能是个人工作能力或工作环境等客观因素引起的。针对员工工作行为的差异采用相应的差别激励，在员工中形成竞争，从而避免或降低主客观因素对员工工作行为的影响，提高员工的工作效率。盲目无序的竞争往往会导致组织内耗，不利于发挥组织整体的效率，因此加强协作是激励的基本要求。

（3）保持员工个人目标与企业目标一致：激励实际上是将企业的发展与个人的发展捆绑在一起，个人目标的实现依赖于组织目标的实现，而组织目标的实现离不开全体员工的努力。企业与员工同时发展将是现代企业经营的基本目标，是企业对员工进行激励的基本出发点。

（4）发挥榜样的力量：在企业的激励实践中，总会有一批员工脱颖而出，成为企业员工中的佼佼者。企业的激励，就是要保护这批先进的工作者，并能通过他们工作行为的示范作用，对其他员工的工作行为进行引导。

企业的激励，就是要通过情、理、利、榜样的作用，充分调动员工的工作积极性，最大限度地发挥员工的工作潜能及创造性。当然企业的激励系统不可能十全十美，对任何人都能产生相同的作用，因为不同的人对激励的认识也不尽相同，个人对激励的选择自由往往也会降低部分激励措施的作用。

三、个体行为的一般模式

任何一个激励理论都是建立在"个体行为可以受到激励"这一假设基础上的，对于个体行为的研究与分析，一方面可以解释个体行为激励的内在机制，为测量、描述、控制个体行为提供方法和依据；另一方面，也可了解各种激励模式的本质，有助于对各种激励理论的理解与应用。对个体行为的研究与分析通常是从个体的需要与动机开始的。

1. 需要

需要是指个体在缺乏条件下的心理状态，这种心理状态会使个体产生不安和紧张，从而导致实现需要的行为。需要是个体行为的原动力，它将影响个体的行为取向，需要差异会导致个体行为的差异。在个体实践中，这种需要通常表现在三个方面：

（1）生存的需要，指维持个体生理活动的物质需求。

（2）社会的需要，指维持正常社会生活的心理需求。

（3）发展的需要，指为了实现生理和心理需要应具备的基本智能。

个体的需要是多方面的，有显性需要与隐性需要之分，前者通常能表现出一定的行为，而后者则没有行为表现。随着环境的变化，两类需要可能相互转化。个体的显性需要是多方面的，在实际生活中，这些显性需要对行为的影响程度通常会因情景的不同而不同，因此显性需要又可分为优势需要与次级需要两种。个体需要的这种不确定性和不稳定性使激励变得更为复杂。

2. 动机

动机的原意是引发行动，它是个体需要的具体内容对个体行为所产生的导向作用，是导致个体行为的直接原因，在现实生活中，人们更多地用动机而不是用需要来解释个体的行为。为了更准确地描述动机对个体行为的导向作用，通常使用动机强度这一概念，动机强度指个体为实现其动机而产生的不安和紧张程度。关于动机对个体行为的影响有两种观点。

第一种观点认为，动机是个体行为的一种推动力，是个体行为的驱动力与能量。根据驱力理论，剥夺将导致强烈的需要，从而提高动机强度，使个体用于行为的能量增加。然而，有关实验证明，个体行为不是对需要状态的反应，而是对同需要状态有联系的刺激物或诱因的反应，因此受剥夺的个体，不一定产生积极的行为。动机强度大，只能说明它具有更大的可激发性，更容易做出反应，而不能说一定能显示出行为的差异。如有些后进员工能知难而进，而有些后进员工却表现越来越差，驱力理论能很好地解释前者，但却不能解释后者。另外，动机强度对作业效率的影响也不是单向的，如果动机强度过高，可能会出现过分紧张，从而对作业效率产生负面作用，因此，动机水平与作业效率之间的关系是倒 U 的函数关系。

第二种观点认为，动机是个体行为的一种拉力，是由个体行为的诱因决定的。根据诱因理论，个体在其实践中，学习或领悟到其行为的后果，如奖赏或惩罚，从而对行为产生拉力。动机强度大小取决于个体对诱因的价值或对行为后果奖惩程度的认知，因此诱因是个体行为的直接促进物。如员工对某些奖励项目的认识，如果他特别看重这些奖励项目，他就会努力工作以争取获得此项奖励，否则这种奖励项目的作用就不大。

为了便于用动机这一概念解释个体行为，一些心理学家将人的动机按其内容划分为九大类：

(1) 生理动机，如冷、热、饥、渴等。
(2) 经济动机，如赚钱、占便宜等。
(3) 领导动机，如指挥、控制他人等。
(4) 美学动机，如对美的追求等。
(5) 逻辑动机，如对各种客观事物或社会现象进行分析、比较、判断等。
(6) 伦理动机，如职业道德、社会规范等。
(7) 交往动机，如人际关系、沟通联系等。
(8) 学习动机，如对知识、技能的不断学习等。
(9) 社会动机，如对爱情的追求、加入到社会群体或投身到社会变革中等。

3. 解释个体行为的因素

行为是指可观察到的、外显的运动、活动和动作。与观察描述行为本身相比，直接观察个体行为的心理或动机要困难得多，因此对个体行为心理的知觉往往是在对个体行为观察描述的基础上。结合以下四种因素，可以对个体行为的心理或动机进行理解或解释。

(1) 机体：个体的生物特性和极限往往对个体的个性与行为强度有很大的影响，如个体的遗传特征、身体素质等。
(2) 动机：在对个体行为进行合理的解释之前，通常要对个体的行为动机进行分析。

如对待犯错误的员工，管理人员的一个重要工作是了解他犯错误的动机而不能简单地进行惩罚处理。

（3）知识：个体行为部分取决于个体在特定的情况下所运用的思想和知识，解释个体行为时，通常要知道个体知道什么、想什么、记得什么及他是怎样知觉的。如员工在工作中的失误，有些是由于知识或概念缺陷引起的，有些是工作责任心不强引起的，有些是工作太紧张引起的，有些则是偶然出错，只有进一步研究员工出错的事实，才能对员工的出错做出令人信服的解释。

（4）能力：反映个体运用知识、技能及经验进行操作的可能性，能力差异将导致行为的差异。如从基层提升的管理人员，个人经历基本相同，但有些管理工作做得不错，有些就不能适应管理工作，这就说明两个人的管理能力有差异。

4. 个体行为的一般模式

个体行为的取向往往会受到心理因素与组织因素两个方面的影响，其关系如图7-1所示。由图可以看出，员工由于个体缺乏而产生了行为的需要和动机，并通过行为所取得的结果来满足自己的需要，在个体行为过程中，员工行为与行为结果可能完全由个体支配，也可能受组织因素的影响。对个体行为一般模式的解释如下：

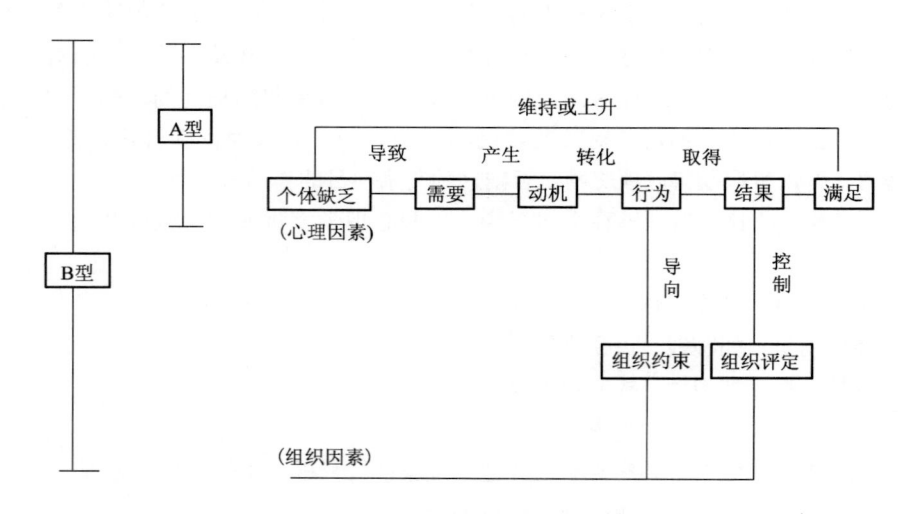

图7-1 个体行为的一般模式

（1）个体行为模式的两种类型：

A型：相对封闭的自我模式。该行为模式的动力源于个体的内部，外界环境对其影响不大，对于A型员工，通常具有自我发展与自我约束的能力。

B型：开放的个体行为模式。该行为模式的动力源于个体内部及组织环境，个体行为的维持与加强需要外界的激励和影响，这是社会生活中最普遍的一种形式。

（2）满足是个体需要的实现：个体满足之后所反馈的信息可能导致更深层次的缺乏，从而使个体行为得到进一步加强，个体行为在这种循环中得以维持和发展。

（3）人是能动的主体：外部因素需要人的主观知觉才能对其行为起引导作用，因此组织激励作用的大小，一定程度上取决于个体对激励的认识，认识的差异性导致激励对不同个体所产生的激励作用具有差异性。

(4) 个体行为模式中的各个环节是一种互动的关系：任何一个环节的中断意味着行为的中断，根据这一特点，对个体行为的激励有以下几种模式：

①内容型激励模式或需要满足型：这种激励模式是针对"满足"这一环节展开的，以实现员工的需要为前提，通过观察、测定员工的需要，对奖励的内容进行控制，从而达到控制员工行为的目的。马斯洛需要层次理论是这种激励模式的代表。

②过程型激励模式或环境反应型：这种激励模式是针对激励过程中个人因素与组织因素之间的互动关系而展开的，以员工对组织激励行为的认知为前提，通过评估员工对组织激励行为的认知及其对激励过程的影响，帮助员工树立信心，消除个体因主观错觉而对组织激励的偏见，从而保证激励措施的有效性，亚当斯的公平理论、弗隆的期望值理论是这种激励模式的代表。

③学习模式或个体环境决定型：这种激励模式是针对如何在行为与结果之间建立一种有效的联系而展开的。其核心思想是，个体的行为都是后天强化学习得到的，这种强化学习可以是外界给予的，也可以是领悟或观察得到的，它是个体能受到激励的前提。斯金纳通过分析强化学习的环节，提出了许多强化的手段和方法，但他的理论片面强调了环境的作用。班杜拉的自我强化理论补充了这一缺陷，提出了自我激励的重要性。

第二节　强化理论

一、强化理论综述

强化理论又称学习理论或行为矫正理论，它是运用条件反射理论，研究如何对员工进行行为训练、学习控制、行为矫正等，其目的是转化或改造员工消极行为，维持或加强员工积极行为。

1. 早期的"刺激—反应"S-R 强化理论

最早提出强化概念的是俄国著名的生理学家巴甫洛夫，他在小狗实验中发现，狗在食物送进嘴里之前便开始分泌唾液（本能反应，非条件反射），于是在每次给食的同时，摇铃铛（刺激），经过十多次后，小狗再听到铃铛响，即使没有给食，小狗也会分泌唾液，即建立了铃声—分泌唾液的条件反射，这就是巴甫洛夫的经典条件反射理论："刺激—反应" S-R强化理论，即当条件刺激与无条件刺激多次重复呈现给有机体之后，在单独呈现条件刺激的情况下，也能引起有机体作出原来只能由无条件刺激才能引起的反应。他认为动物和人类的学习过程都是条件反射建立过程。

桑代克（Edward Lee Thorndike）根据动物实验研究结果提出了学习联结理论，他认为学习，就是在一定情境的影响下，唤起"原本联结"中的一种联结倾向（指人的本性，决定了后天联结的倾向），并使之加强，而不唤起其他联结倾向或减弱其他联结倾向。其中有三条重要的学习律：准备律（指刺激—反应之间的联结会产生的结果是满意还是烦恼，从而决定是否建立联结）、练习律（指刺激—反应之间的联结使用越多，联结就越来越加强，反之亦然)、效果律（指刺激—反应之间联结后的结果满意或受奖励，这个联结就会加强，反之不一定削弱联结)。桑代克发现奖赏的强化作用，为后来强化理论研究奠定了基础。

华生（John Broadus Watson）提出了行为主义心理学，将巴甫洛夫的经典条件反射理论作为学习理论基础。他认为人的行为都是后天习得的，人的行为既可以通过学习获得，也可以通过学习而更改、增加或消除，只要搞清楚环境刺激与行为反应之间的规律性关系，就能根据刺激预知反应，或根据反应推断刺激，达到预测并控制人的行为。

2. 斯金纳的"操作—强化" R-S 强化理论

斯金纳（Burrhus Frederic Skinner）是新行为主义学习理论的创始人，他创制了研究动物学习活动的仪器：斯金纳箱。他将一只很饿的小白鼠放入箱中，当小白鼠踩下按钮时，就会掉落食物，结果小白鼠自发学会了按按钮。这个实验比"给小狗摇铃喂食"的巴普洛夫实验更进了一步，即通过强化学习建立了一种行为，这就是斯金纳操作条件反射理论："操作—强化" R-S 强化理论：即将行为与操作者的需求建立相倚性联系，使行为者感觉到行为与奖励是有联系的，不断重复此过程，就可以培养起操作者的行为模式。斯金纳认为，操作性条件反射可以塑造新行为，是人类行为学习的主要形式。人类学习的方法很多，如观察、模仿、操作、顿悟等，在学习的过程中，外部刺激或强化对个体的学习效果或习得行为的固化起着决定性作用。

3. 托尔曼的强化论

托尔曼（E. C. Tolman）认为学习的结果不是 S 与 R 的直接联结，他主张把 S-R 公式改为 S-O-R 公式，O 代表有机体的内部变化。为此他开展了小白鼠迷宫实验，实验结果表明，动物在进行强化之前也会主动学习，其认知结构同样也发生了变化。因此，不强化也会出现学习，即潜伏学习，学习不仅仅是外显行为的改变，还包括需求、欲望、奖励预期等。

4. 班杜拉的强化理论

班杜拉认为，人类行为的强化，除了外部强化，还包括替代强化和自我强化。替代强化是通过对他人行为受到奖惩而相应地调整自己的行为过程；自我强化就是根据事先的行为标准，以自我奖惩的方式对自己的行为进行调节。

对于管理学来说，强化理论是用于激励机制分析的重要理论基础。通过研究强化作用机理、强化物的分类与组合、强化过程以及强化操作技术等，形成有效的激励系统。强化理论的许多方法都可以移植到管理实践中，事实上，员工的工作行为通常都是在实际操作中，受到管理层的强化而得以维持与提高的，无论是新员工还是老员工，工作行为或规范的固化，都离不开组织的强化措施。

二、强化理论在员工激励中的应用

强化是指针对个体行为的结果，给予相应的反馈，以加强或抑制个体相应行为出现的频率。强化有正面强化和负面强化之分，在管理实践中，强化是与奖惩相对应的，但两者之间仍然有一些区别。强化通常依随于行为或结果的出现而出现，结束而结束，具有及时性，并能对行为产生加强或抑制的作用，而奖惩虽然与行为的结果相联系，但通常具有滞后性与连续性，对行为不一定能产生加强或抑制的作用。

1. 成形与消退

员工在加入组织时，其工作行为的范围很宽，但并不是所有的行为都是组织所预期的，只有符合组织利益的行为才能得到强化而得以维持或提高，与组织规范相悖的行为得不到强化而逐渐消退，最后员工的工作行为成形，并能自觉地与组织规范保持一致。当组织对员工的工作行为进行变革与改进时，同样要遵循成形与消退的原则。在对员工行为进行引导的过程中，要注意以下几个方面的问题：

（1）要针对员工的行为进行强化：要让员工明确地知道，哪些行为会得到正面的强化，哪些行为会得到负面的强化，避免盲目性的强化或矛盾性的强化导致强化措施的失效。

（2）要选择适当的强化物：对员工行为的强化物既有物质方面的，如工资报酬、社会福利等，也有精神方面的，如表扬、委派、晋升、改善工作环境、特殊的地位与身份、休假等。由于人们比较注重短期的行为与效果，有效的强化物通常是短期的、明显的强化物，而长期的、不明显的强化物作用往往不大，如吸烟的人从来不会考虑吸烟对将来身体的害处而自动戒烟。

（3）要选择适当的强化形式：强化形式有连续强化和间隔强化两种形式，连续强化是在每次行为发生时即进行强化，而间隔强化则是在行为出现若干次后进行强化。通常在行为成形初期，运用连续强化，能够提高强化的效果，有助于行为的快速成形，而当员工行为已经成形之后，可以采用间隔强化的方法，使行为得以有效的延续。如口头表扬，开始可以对范围较宽的行为进行表扬，表扬的次数也可多一些，然后逐步缩小范围，表扬的次数也逐步减少，这样既可避免表扬过多而失效，又可使积极的行为得到强化。

（4）强化力度要适中：时机要适当，确保强化的效果。

2. 强化的连锁反应

员工的工作行为往往是多方面的，某些方面的强化可能导致其他方面的消退，如有些服装企业对车间主任的工资激励采用了系数工资法，车间主任的工资水平由下属的实际工资总额决定。显然，这种激励方法将车间主任的工作量与员工的工作量联系起来，有助于鼓励车间主任关心或培训员工的工作技能，提高本车间的生产效率。但是车间设备的规模、熟练员工的配备、生产任务的安排及相关部门的协作，不是车间主任所能控制的，由于这些方面的原因而使生产效率上不去，往往会使车间主任产生不满，同时各个车间会垄断资源，不利于企业生产能力的整体协调。显然，个人强化只适应于独立性较强，不需要太多协作的工作岗位，或是对工作控制能力较强的工作岗位。

为了弥补个人强化的缺陷，可适当运用集体强化的方法。集体强化的优点是容易在集体内部形成凝聚力，提高集体协同工作的效率。但是，集体强化也有不足的地方，如容易导致部门之间的利益冲突，各部门之间相互垄断资源和截流企业稀缺资源，不利于部门之间的协作和整体效率的提高。此外，集体强化由于忽视了个人强化，往往会使集体内部缺乏英雄或带头人。集体强化适合于要求较多协作的工作岗位，且要求集体内部成员的关系融洽。

3. 惩罚

惩罚是一种负面强化，它可以减少错误行为的发生，但它并不能告诉人们正确的行为，而且还可能出现一些负面效应，如离职、缺勤、恐惧、冷漠、挑衅性行为、人际关系紧张等。在现代管理理论中，比较倾向于重奖轻罚，但这并不意味着在管理实践中惩罚可以或有或无，在有些情况下，惩罚仍然是一种有效的行为管理手段。

在对员工的错误行为实施惩罚时，首先，要让员工明白错在哪里，并针对错误行为而不是针对个人进行惩罚；其次，要注意惩罚的力度与场合，如对初次或非故意错误，私下惩罚往往比公开惩罚的效果好；最后，对违纪员工的惩罚通常采用渐进的过程，即要经过事前警告、口头警告、书面警告、停职反省、按规解雇的过程，否则会引起不必要的劳资纠纷。

三、自我强化理论

运用强化理论对员工行为进行激励时，强化物通常是由组织控制的，个人并不能将这些强化物施加给自己，因此，这种激励被称为外在的激励。班杜拉经过研究分析后指出，员工能自己激励自己，即自我强化，这种激励被称为内在激励。对管理人员、专业人员、脑力劳动者，由于他们比普通的生产人员具有更大的自主权，自我强化就显得更为重要。能够自我强化的人具有以下几个特点：

（1）有自己支配的积极强化物：也就是说，如果他打算自我强化的话，随时可以找到自我强化的东西。如当自己在某些方面做得比较满意或成功的时候，可能会找一个地方庆贺一下，让亲朋好友分享自己的喜悦，也可能会长吁一口气，认为自己干得不错，产生一种胜任感、自豪感和优越感，并更加努力工作；还可能是工作压力突然释放，心情特别舒畅等。这种对自己工作的满意表达或成功体验，往往会产生较强的自我激励作用。

（2）为自己设置工作目标：通常自己设置的目标，要求较高，而且能与组织目标保持一致，这种组织目标的自我转化，能产生较强的自我激励，从而自觉自愿地完成工作任务。

（3）能自我否认：当自己确定的目标不能如期完成时，可能会主动放弃其他方面的需要而继续手头的工作，等目标实现之后，再弥补自己的损失。如本来约定周末陪家人去玩，但因手头工作没做完，只好放弃同家人聚会的需要，等工作结束之后，再用其他方式弥补这次失约，通过自我否认，来激励自己的工作行为。

有关研究资料表明，能自我强化的人，能做出较大的成绩，因为他们善于确定自己的工作目标，同时能够自我否认以排除工作中的干扰，在工作顺利或遇到困难时都能自我鼓励，保持良好的工作情绪。

第三节　内容型激励理论

强化理论主要是通过控制行为结果的强化物来引导员工的工作行为，但是员工在工作中期望得到什么呢？什么样的强化物才能使员工的积极行为得到加强呢？这些正是内容型激励理论所要研究的内容。

一、需要层次理论

1. 需要层次的划分

需要层次理论是美国心理学家马斯洛于1943年在《人类激励理论》论文中提出的。他认为，人都有一系列复杂的需要，但这些需要像阶梯一样从低到高有层次之分。他根据实现需要的优先次序不同，将人的需要划分成了五个层次，如图7-2所示。

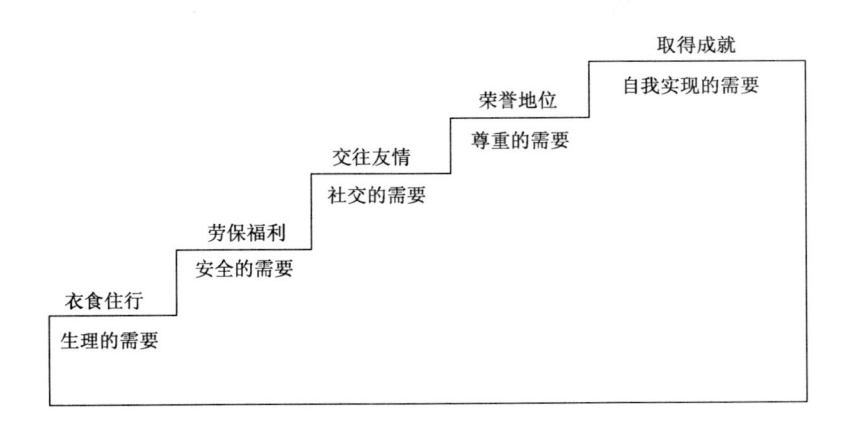

图7-2 需要层次

（1）生理的需要：是最基本的需要，所谓"衣食足则知荣辱"，维持生理需要的基本要素是吃、穿、住、行、休息等。只有当生理需要得到满足之后，才能转向较高层次的需要。当员工的生理需要还没有得到完全满足时，他所关心的将不是工作本身，而是工作能给他带来哪些生理需要方面的满足，如企业提供的物质报酬、自助餐厅、住房、交通工具等，都是为了满足员工的生理需要所采取的措施。

（2）安全的需要：包括个人或家庭生命财产安全的需要以及社会保障的需要两个方面。对员工而言，这些需要表现为安全的居住环境、稳定的工作、医疗就业保险、养老保险等。如果员工对安全的需要强烈时，针对这些需要制订激励措施，将会产生较强的激励作用。

（3）社交的需要：在现代社会中，人人都需要同别人交往，建立有意义的相互联系，如家庭内部、朋友之间、同事之间，在日常的接触与交往中建立友谊、情爱等，以此丰富自己的生活。当员工十分看重社交需要时，社交需要就会成为一种重要的激励资源，而员工也会将工作视同生活的一部分，而不再是枯燥与厌烦。针对这种需要的一些激励措施包括组织各种协调会、联谊会、娱乐比赛、晚会、旅游观光等团体活动，在团体活动中相互沟通，丰富员工的精神生活。

（4）尊重的需要：表现为在工作中能保持个人价值或人格方面的独立与平等以及对成就、荣誉、地位、晋升的需要。这些需要的满足，一方面保证员工能自由发展，另一方面也能证明他人或上司对自己工作成绩的认可与重视。针对这种需要的激励措施包括工作绩效的评价，提供晋升、表彰、进修的机会，加强员工的教养等。

（5）自我实现的需要：这是最高层次的需要，马斯洛给自我实现下了一个通俗的定义：诗人需要不断地写出自己的佳作，音乐家离不开他的音符，否则他将会感到紧张或不安，这就是自我实现。自我实现需要的动力来自自我欣赏与陶醉，外在的激励对其行为的影响往往不大。自我实现需要有两个基本的动机，即胜任与成就，在这一需要层次上的人往往喜欢一些富有挑战性的工作，在工作中获得精湛的技巧，从而获得自我胜任感，他们也愿意承担责任重大的工作，在成功的工作中得到成就欲望的满足。对于年轻人，这种需要更强烈，往往表现为能拼命地工作而不附加其他条件。针对这种需要的激励措施包括建立任人唯贤、人尽其才的制度；建立提案制度，鼓励员工参与决策；为员工提供有意义的工作等。

2. 需要层次的特点与运用

企业在运用需要层次理论激励员工时，必须把握需要层次的特点。根据这些特点，制订相应的激励措施，充分利用有限的激励资源，达到最好的激励效果。需要层次的特点包括以下几个方面：

（1）每一层次需要的内容是多方面的：但在具体环境中，会显示出一种优势的需要，其他的需要会暂时隐藏起来，个人行为主要受优势需要的控制，只有针对优势需要的激励措施才是最有效的。因此，管理人员在制订或选择激励措施时，应结合员工的优势需要。

（2）需要层次是逐级上升的：一般情况下，需要是逐级出现并满足的，已经满足的需要不再是激励因素。实际上人们的需要层次不一定是连续的，也可能出现断层，有时候，当高层次的需要得不到满足时，就会退到低层次的需要。

（3）需要层次与需要的程度不同，满足需要所产生的激励作用也不同：通常高层需要的激励作用较大，但企业难以满足所有人的高层需要。需要层次的高低往往与所承担的工作、年龄、公司业绩、企业文化及社会经济背景等有关，通常高层管理的需要层次较高，而基层管理及普通员工的需要层次相对较低，不过如果组织环境有利于高层需要的实现，那么针对高层需要的激励，对多数人都是有作用的。

（4）人的需要是一个动态的系统：需要的层次及需要的强烈程度往往会随经济环境、社会的发展而变化，显示需要层次的发展性与阶段性，这就意味着激励员工的因素不是一成不变的。

（5）各个层次的需要是相互影响的：一方面激励措施应针对多个层次的需要，仅单层次需要的激励是不可取的；另一方面是低层次需要的内容可能转入高层次需要，如服装不仅可以满足人生理的需要，也可满足较高层次的需要，如审美、地位、尊重等。

根据需要层次的特点，在激励的过程中应注意以下几方面的问题：

①分析员工的需要，确定员工的优势需要，分层次激励，这样可以使激励措施针对性更强，激励效果更好。

②针对员工多个层次的需要，制订多样化的激励措施，以适应员工需要的差异性及发展性的特点。

③提高员工素质，激发员工高层次的需要，从而提高精神激励的效果。

二、双因素理论

20世纪50年代后期，美国心理学家赫兹伯格和他的同事对200多名会计师及工程师就工作满意和工作效率问题进行了访问研究，并指出，影响人们对工作满意或不满意评价的因素是相互独立的，包括激励因素和保健因素两大类。

1. 激励因素

激励因素通常与工作满意联系在一起，这些因素包括工作性质、组织的认可、成就与责任等。当这些因素得到满足之后，人们对工作满意的评价就很高，如果得不到满足，并不会对工作产生消极的影响。

2. 保健因素

保健因素总是与不满意联系在一起，这些因素包括公司政策、工作条件、业务指导、人际关系、工资报酬、福利措施等。当这些因素得到满足之后，人们对工作满意的评价不会太高，如果得不到满足，则会对工作产生强烈不满。

双因素理论的意义在于它将人们的需要进行了有意义的分类并运用于实际工作中，被管理人员所接受，但双因素理论也存在一些缺陷：

（1）因素划分笼统，没有因人而异，并将双因素完全独立起来：事实上一些研究人员发现，有些因素既能导致满意，也能导致不满意，而一些激励因素能导致不满，一些保健因素能导致满意，产生这种现象的原因是不同的人其优势需要有差异。如对于晋升的态度，有的人视晋升为一种工作的动力，抱有很大希望，而有的人则对晋升冷漠或反对，因为晋升会增加工作压力或打乱家庭生活，显然晋升的激励作用会因人而异。作为一名管理人员，应针对员工的特点，对影响工作满意程度的因素进行划分，充分发挥激励因素的作用，从而提高激励的效果。

（2）因素划分带有被调查者的主观偏见：不难发现，激励因素都是可以通过主观愿望控制的，而保健因素则是自己所不能控制的，对双因素的划分在一定程度上渗入了员工的主观偏见。作为一名管理人员，应具体剖析员工的不满因素，不要让员工的主观愿望支配组织的激励措施。

三、成就需要理论

20世纪50年代，美国社会心理学家麦克利兰（David C. Mcclelland）对一些企业家的激励进行研究之后指出，人除了生理需要之外，还有权力、友谊、成就的需要，这就是著名的"三需要理论"。

（1）成就需要：即争取做得最好并取得成功的需要。麦克利兰认为，具有强烈成就需要的人具有以下三个特点：一是喜欢设置自己的目标，不愿意接受他人包括上司为其选定的目标。他们喜欢研究、解决问题，而不愿意投机；二是在选择目标时会回避难度过高的任务，他们会估计任务难度，然后再选定一个具有挑战性但又力所能及的目标，即可以带来成就感的目标；三是在取得成功后期望立即给予反馈，因此成就感强烈的人不喜欢选择事务性的、程序化的工作，而是选择设计、销售等富有创意性的工作。

（2）权力需要：即影响或控制他人且不受他人控制的需要。权利需要是管理成功的基本要素之一，也是成就感的重要来源。权力需要较高的人喜欢支配、影响他人，喜欢对别人发号施令，看重个人的地位和影响力，在具有竞争性和能体现较高地位的场合和情境中，他们往往会有出色的表现或成绩，并因此获得了地位与权力。

（3）友谊需要：即建立友好亲密人际关系的需要。工作中建立起来的友谊是保持社会交往和人际关系和谐的重要条件，管理者的执行力很大程度上取决于下属对他的喜爱与接纳程度，因此高成就者对环境中的人际关系更为敏感，总是期望通过自己的言行和沟通技巧来取得这种支持他成功的亲和力。

为了测量一个人成就需要的强弱，他使用了心理学上用于测量人格特征的主题统觉试验。如使用投影仪给一组被试者呈现一幅画或是一张有墨水污渍的纸，在规定的时间内，让他将根据对这幅画的感觉编成一段故事讲出来，或让他讲出对纸上不规则的墨水污渍的联想，从而感知他的世界观、个性、需要、感情及与人交往的方式等。因此，麦克利兰的贡献不仅在于提出了成就需要理论，而且还在于发展了研究和测量动机的方法。在大量个案研究的基础上，麦克利兰归纳出成就需要与工作绩效的几种典型关系：

（1）高成就需要者能在独立负责、及时反馈、富有挑战性的工作环境中获得高度的激励。在小企业的经理人员和在企业中独立负责一个部门的管理者中，高成就需要者往往会取得成功。

（2）在大型企业或其他组织中，高成就需要者与优秀管理者并不是一回事，因为高成就需要者往往只对自己的工作绩效感兴趣，不愿在如何领导或影响别人达成更高的工作目标方面下工夫。

（3）友谊需要和权力需要与成功的管理有着密切关系，最优秀的管理者往往是权力需要很高而友谊需要很低的人。对于一个大企业的经理，将权利需要与责任感和自我控制相结合，就可能取得巨大成功。

（4）通过培训来激发员工的成就需要。麦克利兰在研究成就需要的高低与国民生产总值的关系时发现，成就激励信号的高低（他是从分析儿童与成人的读物中提取这一信息的）与国民生产总值是正相关的，不过成就激励信号的变化总是超前的。因此他指出，人的高成就需要是可以通过后天的培训得到的，而激发人的高成就需要在激励中也是相当重要的。如果某项工作要求高成就需要者，那么，管理者可以通过直接选拔的方式找到一名高成就需要者，或者通过训练的方式培养自己原有的下属。

第四节　过程型激励理论

内容型激励理论主要阐明了激励员工的因素或工作中的需要，给管理人员解决了"用什么激励员工的问题"，但并没有解释"激励措施会带来多大的激励效果"这样一个问题。事实上，对这一问题的答案并不是唯一的，这要看激励的过程及员工对激励措施的认知程度。

一、目标设置理论

美国心理学家洛克（E. A. Locke）于1967年最先提出"目标设置理论"。洛克通过研究发现，如果员工接受了一个具体的、艰巨的目标，他的工作会比没有接受目标的员工干得好。所谓"具体的"是指可以测定的，所谓"艰巨的"是指富有挑战性的，需要努力才能完成的。如果下属不知道干什么或干到什么程度，那么他的目标就是模糊的、没有激励作用的。在企业的管理实践中，由于职责分工不清，目标设置模糊，随机性的、不确定性的任务过多，往往会使员工无所适从，从而大大降低工作效率。

目标的设置可以有两种策略，一种是指示性的，一种是参与性的。有人认为参与性的方法较好，因为员工参与目标的制订，可以弥补自己专业知识的不足，同时有利于员工将组织的目标转化为自己的目标。但是参与性的方法也有明显的缺点：要花很多时间讨论，而且目标容易受下属主观因素的影响，并不能完全肯定所制订的目标就是合理的。如果管理人员是内行，最好采用指示性的方法，既简单、迅速，也让员工更倾向于接受内行管理人员所分配的目标。

二、期望理论

根据目标设置理论，如果员工能将组织目标转化为自己的内在目标，组织目标就会对员工产生激励作用。但是员工能否将组织目标转化为个人目标，目标的激励作用有多大，这要取决于员工对组织目标的期望。

期望理论是由美国心理学家弗罗姆在 1964 年出版的《工作与激励》一书中首先提出的。他认为，个人的行为是由个人因素和环境因素共同决定的，尽管组织环境对个人行为有很多限制，但每个人都有权决定是否继续为组织工作及准备付出多大的努力。由于员工的需要不同，对组织目标及目标实现后所获得结果的认知也不相同，目标对员工的激励作用也就不同。

期望理论模型可用以下公式表示：

$$F = E \times \sum VI$$

式中：F——目标的激励力量。

　　　E——期望值，即对实现组织目标的可能性。

　　　V——效价，即对实现目标后所获得结果的满意程度或重要性的评价。

　　　I——关联性，即工作绩效与结果之间的关系。

影响期望值 E 高低的因素包括三个方面：一是个人的技巧和能力。有些员工往往技巧和能力不具备，很难达到组织的目标，期望值也就不高，从而导致消极的工作情绪。对于这样的员工，可以采用培训或调换工作岗位，不能听之任之或简单地辞退。二是角色认识。每个员工都应该清楚地知道自己的工作内容及与其他人的关系，明白自己的努力方向。如果出现角色混淆，员工无所适从，期望值就会降低。三是自信心。自信心高的员工对期望值的认知就高。作为管理人员，绝不只是下达目标，还要让员工明白目标水平是适当的，帮助下属树立信心。

效价 V 与个人的需要层次有关，但也会受到群体价值观的影响。如员工对奖金抱无所谓的态度（可能是因为差距不大或金额太小），奖金对他的效价就不高。管理人员要了解激励作用的大小，往往要了解员工对激励措施的评价。

有些采用差别计件工资制度的企业，员工会尽可能地提高自己的产量，以期望得到一个较高的工价。与平均计件的工资制度相比，差别计件的关联性要大。作为管理人员，必须让员工知道工作绩效与结果之间是联系在一起的，只有付出较多的努力，才会得到较多的回报。

如果将期望值 E 与总效价 $\sum VI$ 分别划分为高、中、低三种水平，其不同的组合、工作表现将会有较大的差异，如表 7-1 所示。

表7-1　总效价与期望值不同组合的工作表现

E	$\sum VI$		
	高	中	低
高	轻松自如	顺其自然	怀才不遇
中	全心投入	随波逐流	心不在焉
低	力不从心	自暴自弃	玩世不恭

三、公平理论

公平理论是由美国心理学家亚当斯于1965年提出的。他认为，一个人付出劳动，必然期望某些结果，如金钱、地位、赏识、个人发展的机会等，按劳分配虽然是一种公平的分配原则，但在实际工作中，人们对所得是否感到满意与公平，却是一个复杂的心理过程，这一过程可用以下公式表示：

$$O_p/I_p = O_o/I_o$$

式中：O_p——一个人对自己所得的感觉。所得包括工资报酬、晋升、喜欢的工作、额外的福利、工作特权、好的工作环境、赏识等。

O_o——一个人对别人所得的感觉。

I_p——一个人对自己投入的感觉。投入包括个人资历、能力、努力程度、地位、知识与经验、年龄与性别、健康等。

I_o——一个人对别人工作投入的感觉。

如果公式保持平衡，人们就会产生公平感觉。

如果自己的比率小于他人的比率，就会导致不公平感，并会出现以下几种可能的结果：一是改变或重新评价自己的收支；二是改变或重新评价别人的收支，以取得平衡；三是改变比较的对象；四是离开组织。

如果自己的比率大于他人的比率，可能出现以下几种结果：一是产生感恩心理，拼命地工作，增加投入，消除内疚心理，长期的内疚会使他完全归属于组织；二是帮助别人，提高别人的工作效率，使别人的结果增加，从而消除内疚心理；三是心安理得，并重新高估自己的投入，从而觉得所得是理所当然的。一般情况下，内疚心理是难以形成的，但是在大家强烈要求公正或是导致个人在集体中的关系紧张时，会产生较强烈的内疚心理。

要消除员工的不公平感，首先要建立科学、透明的工作绩效评价体系，并将工作绩效与工作报酬联系起来，确定合理的工作报酬制度；其次要加强员工与管理人员之间的沟通，消除员工对奖励制度先入为主的偏见；再次要在员工中树立等级观念，让员工知道哪些是应该得到的，哪些是不应该得到的，在同一等级里进行比较；最后要培养员工的责任感，克服平均主义思想，消除主观偏见导致的不公平感。

第五节　激励的形式与运用

一、物质激励

在所有的激励措施中，金钱无疑是运用最广泛的激励形式，满足金钱的需要不能简单地看成是满足员工低层次的生理需要。事实上，许多较高层次需要的实现都离不开金钱，有时工资的高低也代表着地位、成就以及组织的评价。因此，金钱不仅具有经济价值，也附加有心理价值，这是金钱作为激励手段的基础。

1. 决定工资水平的因素

工资是物质激励的基本形式，但工资激励并不意味着工资水平越高，激励作用就越大，这是因为员工对工资的不满通常是在相互对比中形成的，而不是绝对数量的多少。决定工资水平的因素包括以下几个方面：

（1）个人因素：在市场经济条件下，人才与企业之间是双向选择的关系，企业根据工作岗位的需要，确定所需要的人才应具备的知识、技能及身体素质等选择条件，而个人则根据自己的条件选择与之要求相适应的企业。在现实社会中，由于人才与企业之间的信息并不能完全相互了解，双向选择并不能代表双方都能绝对满意，因此人才与企业之间的关系，还必须在今后的合作中进一步确认，但个人的知识、经历、技能等个人因素对工资水平的初步定位起着关键性的作用。

（2）企业因素：企业经营素质的高低对工资水平的影响也是十分明显的。经营素质较高的企业，其盈利能力较强，有能力用较高的工资水平吸引和稳定优秀的人才，确保企业运作的高效率。工作条件的好坏及公司的工资政策对工资水平的高低也有直接的影响。

（3）外界因素：由于工资水平的高低并不完全是由工资的绝对数量反映的，外界因素对工资水平的高低起到了一个参照作用。外界因素包括行业的发展情况及行业平均工资水平、地区经济发展情况及地区平均工资水平、人才市场的竞争情况及总体的工资水平、国民经济的发展情况及通货膨胀水平等，企业工资水平的确定通常都是在权衡这些因素之后确定的。由于企业与个人的利益是相互独立的，工资水平也就不可能完全脱离外界的这些客观条件，无论采用哪一种工资形式，最终的工资水平都会受到外界因素的制约。当然，有些实力较强的企业为了吸引和稳定优秀人才，鼓励员工的高士气，培养员工对企业的归属感，提高员工的责任心，往往会确定竞争力较强的工资水平。不同企业，工资水平都存在一定的差异，这是人才流动的客观原因，对企业及员工个人的发展都是有利的。

2. 物质激励的形式

无论人们对金钱的作用如何认识，企业总是期望给员工支付的报酬能够最大限度地提高生产效率，正因如此，许多企业将工资报酬方案的制订与改革作为企业的一项重大决策。

物质激励包括工资、红利、福利三种基本形式。工资通常是根据员工所支付的劳动按周或月支付的；红利是企业根据一定时期（通常是按季、半年、一年）的盈利水平，拿出部分利润让员工分享；福利通常是员工额外获得的具有一定附加条件的收益，福利项目的时间与内容往往是不确定的，如带薪假期、医疗人寿保险、退休金、自助餐、优先权、免费交通工具等。企业在制订物质激励方案时，可以根据企业的实际情况和管理者的经营理念，对以上三种物质激励的形式加以灵活应用。下面介绍的是物质激励的几种基本组合形式：

（1）固定工资：根据员工的工作岗位确定固定水平的工资，不考虑员工的实际工作量的大小，通常适用于工作任务不易确定或测量的工作。有些企业对科技人员及管理人员采用较高工资水平的固定工资，虽然他们的工资没有与其工作量的大小直接联系起来，但具有竞争力的固定工资，也能提高他们的工作士气与协作精神，促进他们对企业的忠诚。对于一些事务性的工作，可以根据当地的平均工资水平来确定固定工资。固定工资水平的调整，通常是根据工作年限、企业的经营情况、员工的工作业绩、通胀水平等按一定的比例增加。

（2）奖励工资：奖励工资的形式很多，可以是计件工资、计件工资加分红、计时工资、计时工资加红利、系数工资等。计件工资有平均计件和差别计件之分，也有个人计件和小组计件之分。系数工资有两种形式，一种是计算工资的标准不变，工资系数随着工作的数量与质量的变化而变化，计算工资的标准通常根据员工的职位或技术等级而定；另一种是工资系数不变，而计算工资的标准随着工作数量与质量的变化而变化，工资系数根据员工的职位或技术等级而定。

企业在制订奖励工资制度时，除了要进行科学合理的工时测定或工作量的测定之外，还必须考虑奖励工资对员工工作行为的影响。通常计件工资适合于工作量容易计量，管理人员能够对员工之间的协作进行较好的控制，同时计件工资又能促进员工提高产量的工作。对于差别计件，往往不适合协作要求高的工作。计时工资适合于工作量难以计量的工作，尽管计时工资没有与工作量直接联系起来，但计时工资有利于提高工作质量，培养团队精神。红利有助于员工将个人利益与企业的经营成果联系起来，提高员工的责任感，但与计件工资相比，对员工的激励并没有那么直接。

（3）固定工资加奖励工资：这种工资形式是为了保证员工最基本的工资，在此基础上，根据员工的表现给予奖励工资。

（4）结构工资：结构工资是将工资划分成许多项目，如基本工资、工资津贴（如加班、夜班、工种、岗位、交通、伙食等津贴形式）、工龄补贴、级差工资、奖金等。结构工资能让员工明白自己在哪些方面受到了工资激励，并为自己确定努力方向，但是由于结构工资的项目太多，往往不会引起员工的重视，从而失去了结构工资的激励作用。

（5）可选择的福利计划：这是企业根据员工需要的差异而实行的一种"弹性福利"计划，这种奖励方式，由于考虑了员工的需要差异，同时也会让员工更加关注企业的福利计划，往往能得到较好的激励效果。

3. 物质激励应注意的问题

企业在制订和实施物质激励的过程中，要注意下面几方面的工作：

（1）激励工资应根据员工工作水平的差距适当拉开档次，应能让员工感受到高水平的、超额完成工作的比较利益。如果激励工资的级差太小，其激励的价值就会降低。

（2）激励工资要与工作绩效联系起来，可以是线性的，也可以是非线性的，联系紧密程度，要考虑因工作绩效差异所形成的工资级差的大小对员工工作行为的影响大小。

（3）工作绩效的评价要公平，工资的平均水平要合理。

二、精神激励

精神激励主要是满足员工较高层次的需要，其形式多种多样，如表扬、评先进、晋升、学习机会、提案制度、调岗调职、弹性工作时间、工作丰富化、改善工作环境、上下级之间的沟通、特定的权力等。

精神激励是对员工工作成就的一种肯定，往往能收到以下几个方面的效果：

（1）来自组织的认可与评价能让员工获得工作满足感。

（2）能够提高员工的知名度及工作中的威信。

（3）有利于提高员工的工作责任感，克服员工单纯追求金钱所产生的一些负面影响。

精神激励也会有些障碍，如当某些员工获得了较高的荣誉时，其他员工就会对其另眼相看，对他的工作要求更高，从而会使他增加一些额外的精神压力。作为管理人员，应该善于保护这些先进的员工，为其创造更好的人际环境。

三、建立有效激励系统的原则

（1）要确定一套合理先进的工作标准，作为对员工工作评价的依据。

（2）加强原始数据的记录，对员工的工作要进行公平的测评。

（3）工作报酬与工作绩效能有效地联系起来，并能配合企业的人事管理目标。

（4）将工作绩效的评价及时反馈给员工，并能让员工从工资额的变动中感受到工作绩效的变化。

（5）工资激励的水平要适当，过高或过低都可能达不到预期的目标。

（6）激励措施应具有一定的层次性，对不同层次的员工，其奖励方式及报酬的高低应有所差别。企业的激励层次通常包括高级经理人员的激励、中层管理人员的激励及普通员工的激励，从物质激励方面来看，普通员工的激励通常只包括工资、常规的福利，高级经理人员的激励还包括一些短期激励、长期激励及特殊福利，而中层管理人员的激励介于两者之间。

思考题

1. 叙述激励的含义与作用。
2. 如何解释个体行为的一般模式？
3. 强化理论对激励有什么指导作用？
4. 简述各种内容型激励理论的内容。
5. 简述各种过程型激励理论的内容。
6. 物质激励与精神激励有哪些具体的形式？

案例分析

案例 A：安然公司成立于 1985 年，总部设在得克萨斯州的休斯敦，曾是世界最大的天然气交易商和美国最大的电力交易商，它还从事煤炭、纸浆、纸张、塑料和金属交易等，年收入过千亿美元，在《财富》杂志全球五百家大公司中排名第七，被《财富》杂志评为美国最有创新精神的公司，公司的股价最高达到每股90美元，市值约700亿美元，然而2001年的破产终结了安然的神话。人们在寻找其中原因的过程中，首先将矛头指向了针对高管的期权激励方案。安然共有四种固定的期权计划，在这些期权计划中，安然将普通股股份的期权授予管理人员、雇员和董事会中的非执行董事，这些期权包括激励性的股票期权或者非限制性股票期权，在这些计划中，安然可以授予最大期限为10年的期权。股权激励本身是没有什么可谴责的，但由于其董事会薪酬委员会基本已被高管人员所把持，其制订的业绩奖励方案就存在很大问题。按公司奖励方案，经理人员在完成一笔交易的时候，公司不是按照项目给公司带来的实际收入而是按预测的业绩来进行奖罚。按照这一制度，公司在签署一份长期合同时，就将预计给公司带来的所有收入，提前登录到账目上面去。日后如果经营业绩与预测的不符，再以亏损计算。这样一来，经理人员常常在项目计划上做手脚，让它们看上去有利可图，然后迅速敲定，拿到分红。而美国贸易业通行的会计制度，也助长了安然公司经理人员在签署项目时草率行事的歪风。在这种激励制度下，安然的高级管理层还通过股票期权赚取数百万美元。安然的董事长肯尼斯·莱在2000年通过执行股票期权实现了1.234亿美元的收入；在2001年12月2日申请破产保护前的一年时间里，公司向其144位高层管理人士发放了约7.44亿美元的现金和股票，正是这些主观和客观的因素将公司引入毁灭的深渊。

根据以上案例，围绕问题的答案选项开展讨论，给出讨论结果及理由。

1. 安然公司激励制度出了什么问题？
   A．内部人控制　　　　　　　　B．激励水平过高
   C．缺乏高管激励　　　　　　　D．绩效与报酬联系

2. 股权激励的目的是什么？
   A．将高管利益与企业利益结合　B．建立市场监督
   C．避免高管侵占公司利益　　　D．建立有效激励机制

案例B：某企业招聘了一批大学生，试用期半年，在试用期间，要求他们在3~5个部门实习，由培训部负责他们实习工作的安排与考评。起初，这些学生信心十足，然而不到一个星期，他们开始抱怨培训部给他们安排的实习工作。其原因有以下几个方面：

（1）他们认为自己的工作任务不明确，在实习部门找不到自己想做的工作。
（2）他们认为所在部门的主管对他们并不重视，有些工作不让他们参与。
（3）他们认为日常实习工作内容很不确定，有时很少、很简单，有时很多、难度大。
（4）他们认为没有带教指导，工作起来太盲目。

根据以上案例，围绕问题的答案选项开展讨论，给出讨论结果及理由。

1. 你认为轮岗实习存在什么问题？
   A．实习期太短　　　　　　　　B．缺乏带教
   C．学习不深入　　　　　　　　D．领导不重视
   E．任务不明确

2. 你认为大学生存在什么问题？

A. 缺乏内在目标 B. 缺乏工作能力
C. 缺乏沟通能力 D. 不能正确定位

案例 C：某企业因年终业绩有较大的提高，决定调整管理层的奖金水平。该企业管理层的奖金是以红包形式发放的，奖金水平由总经理提出，董事会审定。这次奖金的调整幅度较大，管理人员也很满意，大家都觉得为企业所付出的辛勤劳动是值得的。然而事过不久，管理层出了抱怨的声音，不满情绪很快蔓延，管理层的士气下降，影响了员工的士气，生产效率开始下降，这是总经理始料不及的。原来总经理在确定奖金水平时，有意拔高了几个年轻的、资历较浅的中层管理人员的奖金水平，但他没想到红包并不保密，也没想到其他管理人员对此反应会这么强烈。奖金水平提高了，总经理并没看到预期的奖励效果，接下来还要平服管理层的怨气及消除因此带来的一些不良影响。

根据以上案例，围绕问题的答案选项开展讨论，给出讨论结果及理由。

1. 红包有什么作用？

A. 避免同事间比较 B. 减少不公平
C. 定向激励 D. 比公开更有激励性

2. 如何理解公平？

A. 平均分配 B. 科学考核绩效
C. 绩效与工资合理联系 D. 客观评价个人与他人的付出与所得

第八章　沟通

> **本章内容：** 1. 沟通的目的、过程与手段
> 　　　　　　2. 沟通的形式
> 　　　　　　3. 沟通的技巧
>
> **教学时间：** 4 学时
>
> **学习目的：** 让学生了解沟通的概念及各种不同形式的沟通，学会分析沟通中的障碍及改善沟通的技巧。
>
> **教学要求：** 了解沟通的含义、沟通过程、沟通手段、沟通形式，了解会议沟通的类型与作用，掌握沟通原则及技巧。

沟通是管理人员最重要的工作之一，管理人员在做出正确的决策之前，他必须向他的上司、协作部门、下属及同事全面准确地了解有关的一些信息。根据对有关管理人员工作时间分布的研究表明，在管理人员一天的工作时间里，有大约80%的时间用于沟通。在沟通的过程中，有45%的时间在倾听，30%的时间在讲话，16%的时间在阅读文件，9%的时间在书写报告。因此对于管理人员来讲，沟通是一项重要的管理技能。要做好沟通工作，管理人员应能灵活运用各种沟通手段与沟通形式，克服沟通中的各种障碍，在管理实践中不断改进沟通技能。

第一节　沟通的目的、过程与手段

一、沟通的概念

1. 沟通定义

沟通一词，在《汉语大词典》中的解释是挖沟使两水相通，出自《左传·哀公九年》："秋，吴城邗，沟通江淮"。在现代管理实践中，沟通成为管理者的一项重要职能，是指管理人员利用个人的时间、精力、知识、技能等向他人传递信息的过程。显然，沟通的基本职能是传递信息。

信息是对客观世界各种事物的变化及特征的最新反映，包括表征事物以及事物发生的情报、指令、数据或信号等，信息通常具有可扩充性、可压缩性、可编译性、可传递性、可扩散性、可分享性六个方面的特征。

在沟通过程中，信息表达形式包括口头语言、书面语言以及具有反映个人习惯及方式、思想情感等特定含义的形体语言。为了提高沟通的效率，沟通过程会利用一些专门的技术，如通讯工具、网络技术、沟通渠道、沟通协议、信息载体等。

2. 沟通要素

信息沟通过程如图8-1所示，在这个沟通过程中，沟通要素包括：

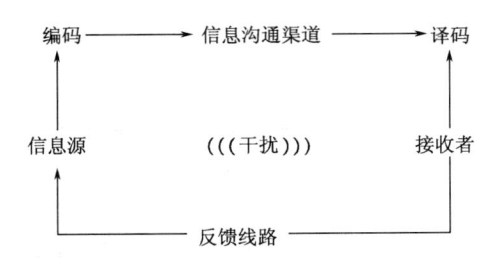

图8-1　信息沟通过程

（1）信息源。即信息发送者。

（2）信息及载体。通常信息发送者为达成一定的沟通目标，会收集整理相关信息，并以语言符号（如文字、图片、视频、音频）或非语言符号（如表情、手势、姿势、语调、外表等）呈现出来，这个过程又可称为编码。

（3）渠道。指信息传播所经过的路径，通常以沟通所使用的具体手段或工具呈现出来，如信件、备忘录、邮件（电子）、电话、面对面交谈、会议、微信、QQ以及媒体（如电视、广播、报刊）等。沟通渠道不同，传递信息的多少、有效性、时效性、影响性等都会有差异。越来越多的管理者知道，有效的沟通需要选择或设计有效的沟通渠道。随着信息网络技术的发展，很多传统的沟通渠道使用率越来越低，如邮件。

（4）接收者。即信息发送者传递信息所指向的个体。个体接收信息的过程中，需要解读信息内容，这个解读过程又可称为译码。

（5）反馈。反馈是检验信息沟通效果、修正信息沟通过程的必要环节，接收者所解读的信息与发送者的意愿是否相符，需要有一个反馈加以验证。一般来讲，一对一面对面沟通，可以获得最快、最全面的反馈，但对于一个报告厅的演讲者来讲，听众的反馈是有限的、表面的。在管理沟通实践中，信息反馈的方式很多，如接收者的工作行为、态度的变化、对信息的重新组织与解释、对信息所反映问题的意见等都可以作为信息反馈。

由于沟通时机、地点选择差异，沟通过程中会产生不同程度的噪声干扰，影响信息接收者对信息的理解和解读，从而产生沟通障碍。这些噪声包括外部噪声（如其他声音、环境的特定含义）、内部噪声（如偏见、信仰、并行任务）、语义噪声（如用词、语气）。

3. 沟通功能

沟通能将信息、思想和情感在个人或群体间传递并达成共识，因此沟通具有双重的价值：一是作为管理工具，通过收集、传递、解释信息，来发布工作指令，了解与解决工作中的问题。二是作为交往工具，通过信息沟通进行感情交流，从而与沟通对象建立一种和谐稳定的人际关系。对于一个企业来讲，沟通具有以下四方面功能：

（1）控制员工行为。组织中的员工必须遵守权力等级和内部制度，履行工作职责，这些都需要沟通才能实现。

（2）激励员工士气。组织中的员工只有完成工作目标，才能得到公司的最大激励，这需要管理者沟通，让员工以科学的方法，实现最高的生产效率。

（3）建设和谐关系。对于很多员工来讲，组织群体是一个主要的社交场所，员工在群体内的沟通能建立和谐的人际关系，满足员工社会需求。

（4）建立信息渠道。巴纳德认为，管理者的最基本功能是发展与维系一个畅通的沟通管道。决策是管理者的一项重要职能，正确的决策需要完整的信息，沟通可以建立畅通的信息渠道，为信息集成提供了保证。

二、沟通类型

根据沟通目的或价值不同，沟通类型可划分为以下四种：

（1）工作性沟通。是一种单纯的任务沟通，其沟通的目的是将任务准确及时地传递给任务的执行者，能让下属充分了解上级的意图，正确理解工作任务，从而保证下属能准确及时地完成工作任务。这种沟通在任务性团队或职能部门中比较普遍。如公司人员到外地出差，找到公司的驻地机构，要求提供支持性服务，就会产生工作性沟通。

（2）技术性沟通。是针对在执行任务过程中出现的技术问题所进行的沟通，其沟通目的就是了解下属的工作情况，发现生产技术问题并加以解决，一方面，能鼓励下属参与管理，形成一致意见，取得下属的配合与协作；另一方面，也能调动下属工作的主动性与积极性，减轻管理人员的工作负担。这种沟通通常是技术部门与生产部门之间跨部门的沟通。如服装尺寸出了问题，可能需要联合工程部门、生产部门、后整部门共同提供解决方案，就会产生技术性沟通。

（3）礼仪性沟通。是企业员工之间见面时一般性的礼节表示，这种礼节表示可以是对上级或年长者的尊重，也可以是对下级、年幼者或同事的关心和认可，礼仪性的沟通能反映出员工的教养及企业的团队精神。

（4）社会投入性沟通。是将前三种沟通形式有机地结合起来，在达成既定沟通目标过程中，实现人际交往价值，从而提升沟通成效。通过社会投入性的沟通，与下属、同事、协作部门、上级之间建立相互理解、信任、合作的关系，谋求思想上的共识，消除不满，创造良好的人际关系。

三、沟通手段

群体成员之间信息沟通有书面沟通、口头沟通、非语言沟通等三种基本手段，三种沟通手段具有各自的优劣性，管理人员应善于将这些沟通手段结合起来加以运用。

1. 书面沟通

书面沟通是指以纸张为载体，运用文字所进行的沟通。向上的书面沟通形式主要有建议书、申诉书、调查报告、工作请示、工作报告等，向下的书面沟通形式主要有记载企业各种方针、政策、制度、工作规范的文件、工作总结、布告、内部刊物、工作手册、工作指示、年度报告等，横向的书面沟通形式主要有工作联系单、必要的书面材料副本等，有些书面沟通形式可以在各个沟通层次上使用。

书面沟通的优点是：

（1）具有权威性、严肃性、规范性，容易接受。

（2）书面文件出错率较低。

（3）信息的接收者可以慢慢体会。

（4）信息沟通的费用不高。

（5）可以存档备查、分清责任。

书面沟通的缺点是：

（1）书面沟通一般都有既定的程式，因此传递速度会减慢。

（2）文字表达不能充分利用环境信息，比口头表达更复杂，容易导致语意理解上的错误。

（3）书面沟通属于单向沟通，沟通双方的空间距离大，不能进行直接的信息反馈和感情交流，对沟通成效难以控制。

（4）书面沟通过多，会造成文件泛滥，增加管理负担。

2. 口头沟通

口头沟通是指利用口头语言所进行的信息沟通，是管理者每天做得最多的工作。例如，向上级汇报工作、向下属分配工作、工作指导、生产会议、部门工作协调、工作研讨会、演讲会、电话会、谈判等，都属于口头沟通形式。面对面的交谈或座谈适合于工作指示、倾听下情及解决局部问题。电话与电脑网络沟通能进行快速及远距离的信息沟通。传话通常是出于方便的考虑，但必须运用反馈来检查传话的效果。

口头沟通的优点是：

（1）具有双向沟通的特点，有亲切感。

（2）沟通内容、方式灵活，信息传递速度快，不受时空限制。

（3）可以充分利用环境信息，既可简化沟通的内容，也有助于对方的理解。

口头沟通的缺点是：

（1）容易受对方言行的影响，从而影响沟通的质量。

（2）沟通的范围有限。

（3）缺少记录，不易分清责任。

3. 非语言沟通

非语言沟通是指利用肢体语言、空间以及沟通环境等，将语言沟通所没能表达出来的信息呈现出来。在沟通实践中，语言只表达了一部分信息内容，非语言对沟通信息提供了补充和解释框架，使沟通信息更为丰富和完整。

非语言沟通的优点是：

（1）选择适当的沟通地点可以让沟通内涵变得更为丰富。

（2）可以有效地控制沟通过程。

（3）可以及时反馈沟通效果。

非语言沟通缺点是：

（1）对方不一定能理解。

（2）可能导致误解。

（3）只能在口头沟通中使用，一般不能记录。

第二节 沟通的形式

一、沟通形式与组织结构之间的关系

沟通的形式与企业的组织结构有着密切的关系，一方面，组织结构的形式决定了信息流通渠道长度及速度，组织结构的层次性决定了信息沟通的层次性；另一方面，员工在组织结构中所处的位置决定了他们进行信息沟通的内容与范围，通常组织结构中的信息沟通并不是完全对称的，信息从下往上是完全开放的，而信息从上往下则是不完全开放的。此外，组织结构的变化会影响沟通渠道及沟通的效率，而沟通形式的改进也能提高组织的运作效率。因此，在对企业的信息沟通形式进行分析与诊断时，通常要对企业的组织结构进行分析。

二、沟通网络的类型

沟通网络与组织结构是两个不同的概念，组织结构反映的是企业的权责分配关系，而

沟通网络反映的是信息的传递线路。根据信息由发送者到接收者所经过的中间环节的不同，沟通网络可划分为树型、轮型、星型三种类型，如图 8-2 所示。

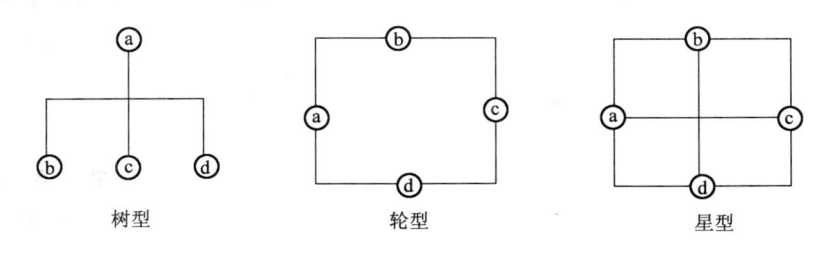

图 8-2 沟通网络的类型

1. 树型沟通

在树型沟通中，ⓐ是一个信息处理中心，ⓑ、ⓒ、ⓓ必须按照沟通协议将信息发送给ⓐ，而ⓐ为ⓑ、ⓒ、ⓓ提供信息服务。树型沟通有以下几个方面的特点：一是人际关系比较简单，信息传递的准确性较高；二是在信息传递过程中有一定的重复性，如果信息中心采用人工处理往往会影响信息的传递速度；三是在信息沟通网络中，只有信息处理中心能了解该过程的信息，其他成员之间不能进行信息沟通，从而降低了他们的满意程度。

2. 轮型沟通

在轮型沟通中，各个成员只能与相邻的成员进行信息沟通，成员之间通过相互交换信息，能了解全过程的信息。由于任何一个成员在所获得的信息中，都包含有部分信息是从其他成员那里加工过的二手信息，因此信息的出错率就会提高。此外，在轮型沟通中，人际关系变得较为复杂，在信息沟通过程中，需要各个成员之间具有相互协作的精神。如果成员之间能相互配合好，其信息传递速度会快于树型沟通。

3. 星型沟通

在星型沟通中，各个成员之间能从其他成员获得第一手信息，从而了解全过程的信息，准确性也较高，同时还可提高各个成员的满意程度。但是，在星型沟通中，人际关系最复杂，如果成员之间不能很好地协调与配合，信息传递的速度将会降低。

三、正式沟通与非正式沟通

1. 正式沟通

正式沟通是指沿着正式组织结构所建立的信息沟通渠道进行的一种沟通形式。如组织内部文件、指令的传递，上下级之间的信息交流等都属于正式的沟通形式。正式沟通具有权威性、严肃性，容易保密。组织的重要消息、文件、决策一般都采用这种方式。由于正式沟通渠道有正规的传递方式，沟通速度较慢。按照正式沟通的方向不同，正式沟通又划分为向下沟通、向上沟通、平行或斜向沟通三种形式。

（1）向下沟通：信息从上级流向下级的一种沟通方式。比较典型的形式有书面指示、口头指令、座谈、广播、公司内部刊物等，向下沟通的目的是指导与控制下属的工作。信息在逐级向下传递的过程中，由于人们总会对上级的信息进行解释或扩充，使信息的内容逐级膨胀而变形，从而影响信息沟通的效果。如董事会给各个经理下达任务之后，各个经理在给各个部门下达任务时，为了保险起见，会将任务略为放大，以此类推，最后到基层的任务就会变得繁重。

（2）向上沟通：信息从下级向上级传递的一种沟通方式。向上沟通，可以让上级获得反馈信息，了解下属的工作情况，同时也给下级提供了与上级打交道的机会。向上沟通时，信息一定要真实可靠，切忌虚假、失真，这样才能有利于上级做出正确决策。如果信息在向上逐级传递的过程中，不断地被选择、过滤或修改，最后上级只能看到或听到自己喜欢看的信息，如报喜不报忧就是向上沟通过程中信息变形的一个典型例子，这对企业是十分不利的。

（3）平行或斜向沟通：平行沟通发生在组织的同一层次中，是同级之间的沟通，它可以促进同级各部门之间的配合与协作。斜向沟通发生在非同一层次或非同一部门之间的沟通，法约尔称之为"跳板原理"，它可以减少沟通渠道，提高办事效率，但是，也会削弱部分领导对下属的控制权，从而引起部门之间的争端。

2. 非正式沟通

非正式沟通是指信息沟通过程不是在正式的沟通渠道中进行的一种沟通形式。非正式沟通的信息传递过程及内容不受正式组织的监督与约束，其真实性及后果没有人负责。如成员之间私下交换意见、朋友聚会、谣言、小道消息等都属于非正式沟通。非正式沟通最大的特点是传播速度快，并能提供最新的"内幕新闻"。由于许多信息不准确、失真、曲解，从而影响员工的稳定和组织的凝聚力。

非正式沟通虽然有许多缺点，对组织利益可能产生损害，但如果引导得当，对管理人员的工作仍有很大的帮助：一是从小道消息中可以了解下属的行为和下属对组织行为的评价；二是对于错误有害的谣言，应及时公布事实真相辟谣，同时还要采取相应的措施加以制止；三是利用非正式渠道传播一些不宜马上公开的信息或决策，试探员工的反映，并根据员工的反馈结果，决定是否正式公开信息或执行决策。

四、会议沟通

会议沟通是在一定群体范围内进行的一种群体性的沟通，沟通的内容具有广泛性、代表性、综合性，如生产工作会议、项目专题会议、员工座谈会议等。企业会议沟通的主题通常是管理、协调和技术等方面，有效的会议沟通不仅是企业组织机构正常运作的反映，也是会议参与者的身份、地位、权力及影响在组织中的体现。

1. 会议沟通的作用

（1）可以满足会议参与者的心理需要，形成一个团结的决策群体。

（2）可以集思广益，相互了解，形成共同的目标、共同的认识，提高彼此之间的协作效率。

（3）可以全面了解企业的运作情况，树立全局观念。

（4）通过会议讨论形成的决定，更容易被接受与执行。

（5）可以培养与激励员工。

2. 会议沟通的类型

（1）按照会议参与者的不同，企业的会议沟通可以分为销售会议沟通、经销商会议沟通、技术会议沟通、管理者会议沟通、董事会会议沟通、股东会议沟通等类型。

（2）按照会议沟通规模的不同，企业的会议沟通可以分为小型会议沟通（如班组会议）、中型会议沟通（如部门会议或部门扩大会议）、大型会议沟通（如全员参与的企业工作年会、表彰庆典会、股东年度大会、产品发布会等）。

（3）按照会议沟通内容及特点的不同，企业的会议沟通可分为商务型会议沟通、展销会议沟通、内部交流会议沟通、休闲度假会议沟通、项目专业会议沟通、培训会议沟通等。

（4）按照会议沟通性质的不同，企业的会议沟通可分为年会、项目专业会议、代表会议、企业论坛、讨论座谈会、专题讲座、专题培训、表彰会、茶话会、晚餐会等。

3. 会议安排

（1）准备会议日程表：通常由会议秘书根据领导安排，确定会议议程，并与各部门主管协调，对会议沟通的相关议题按重要程度排序，敲定会议的召开时间和结束时间，形成会议日程安排表。

（2）挑选与会者：根据会议沟通需要达成的目标，挑选需要参加会议沟通的人选。在选择与会者时，要坚持少而精，不要搞面面俱到的形式主义。与会者确定后，应将会议日程安排表提前交到与会者手中。

（3）会议室布置：根据会议的规格或级别，选择现场会议室。通常会议地点要求比较方便、舒适，会场布置（如桌椅排列、宣传条幅、多媒体设施、空调通风设备、闭路电视、姓名牌、记录纸、茶水、主席台、与会者座次、宴会等）与会议的规模相适应，会议费用与会议规格或级别对应。

会议安排是否妥当，可从以下几个方面进行核查：会议沟通目标是否明确？会议日程安排表是否清晰并及时通知到参会人员？参加会议人员安排是否全面或有代表性？会议需要发放的文件材料等实物是否准备齐全？

4. 会议流程

（1）准时开会：不准时召开会议，不仅浪费与会者的时间，也会加剧与会者的焦躁抵触情绪，怀疑组织者的工作效率和领导能力。

（2）向每个人表示欢迎：用洪亮的声音对与会者表示热烈的欢迎，并介绍与会者的主要成员或新成员。

（3）制订或者重温会议的基本规则：会议的基本规则是会议中行为的基本准则，是有效组织会议的保证。如规定会议讨论中"不允许跑题""关闭手机，不要讲小话""每人发言时间不能超过5分钟"等。

（4）分配记录员和计时员的职责：计时员负责记录时间并保证讨论持续进行，记录员则负责做会议记录，并形成会议纪要（有些重要的会议纪要还需要与会者签名）。

（5）与会者发言或讨论：参与会议的每个人都要考虑提出具有建设性的意见，并确定解决问题的最佳方法，切忌提一些连自己都不知如何解决但又影响士气或团结的不成熟意见，甚至借会议发泄个人不满。与会者应有备而来，敞开心胸，精确明白地表达自己的看法，避免争执，用事实来支持自己或同意他人观点。

（6）结束会议：在会议结束时通常需要重新回顾一下会议的目标、取得的成果、已经达成的共识以及今后需要执行的行动等。最后在一种积极的气氛中向与会者表示祝贺、赞赏、感谢，结束会议。

5. 会议过程控制技巧

会议主持人的任务是控制会议进程，阐明会议目标，鼓励大家各抒己见，保证与会者明白会后自己应承担的工作。会议进程中的主要动作包括宣布开会、控制个人发言、鼓励讨论、总结发言、作出决议、确认行动和责任、闭会等。主持人要有效组织会议，应学会以下会议过程控制技巧：

（1）用不同类型的问题控制会议进程：开放式的问题可鼓励与会者自由发表个人意见，如"小王，是什么因素影响了你目前的生产进度"；封闭式问题可快速征求与会者意见，如"小王，你同意这种观点吗"；棱镜型问题把别人向你提出的问题反问给所有与会者，如"对小王提出的问题，大家有什么好的解决办法"；环形问题向全体与会者提出问题并要求与会者轮流回答，如"大家先谈谈各自生产进度情况，小王，由你开始吧"；广播型或定向型问题向全体与会者提出一个问题并等待或指定一个人回答，如"目前生产进度已经严重落后，谁能够提出一个好的解决办法"。

（2）灵活应对会议中出现的各种困境：如直接点名提问，终止"一言堂"的局面；直截了当地向扰乱会议的参与者提出警告，保证会议正常进行；简短的小结、提高音调或沉默，向开小会或开小差的与会者提出警告；通过转向问题，将跑题者拉入会议的议题。

（3）避免在一个议题上纠缠不清：在一段时间里要集中讨论一个议题，在一个议题结束后再开始下一个。如果一个议题讨论过程中出现了不同意见，要注意总结争论各方的观点，分析造成分歧的因素，若分歧难以弥合，应暂时放下，求同存异，进入下一个议题。

第三节　沟通的技巧

一、有效沟通的原则

1. 目标性原则

要进行有效的沟通，首先要有一个明确的沟通目标，沟通目标是组织沟通过程的线索。在实际工作中沟通的目标很多，如工作任务分配、工作方法指导、了解工作中的问题、解决员工的问题、表扬、批评、鼓励、纠正不良行为、工作评价、介绍工作计划等。

2. 完整性原则

要达到沟通的目标，必须吃准沟通的内容，传递的信息要完整，不能断章取义，引起误解。

3. 理解性原则

在进行沟通之前，要对传递的信息重新进行组织，信息的表达一定要正确、简洁，保证信息的内容能够让对方明白。

4. 相关性原则

传递的信息应与沟通的目标有关，不要离题，尽量避免无用的信息或重复的信息。有时候为了打开话题或创造较和谐的沟通气氛，选择一些无关的沟通内容是必要的，但是要能及时切入主题。

5. 适当性原则

在沟通的过程中，要能根据沟通目标及沟通对象的特点，选择适当的媒体、渠道、时间、地点、环境，要充分考虑这些因素对沟通效果可能产生的影响，防患于未然。

6. 反馈性原则

反馈是信息沟通的重要环节，不可或缺。信息沟通结束后，应确定一个具体的反馈时间，根据反馈的结果来判断是否达到了沟通的目标。

二、沟通中的障碍

1. 语言障碍

语言是信息沟通的主要媒体，语言使用不当就会产生误解。语言障碍主要表现在以下几个方面：

（1）内容表达不清，逻辑性与层次性差，中心不明确，让人无法理解，只好猜测其中的含义。

（2）沟通内容中的关键词与对方的知识、技能、理解力及语言习惯不相适应，使对方不能理解或产生情绪。

（3）沟通语气与具体的环境不相适应而影响沟通效果。对下属的沟通，可以用委婉的方式，也可用命令的口吻让下属接受信息，具体运用何种形式，要因沟通内容及沟通情景而定。

2. 组织障碍

正式沟通的渠道是由组织机构决定的，如果组织机构过于庞大，就会增加信息的传递途径，使信息膨胀或压缩的可能性增加，信息的流量与流向难以控制，而且还会放慢信息的传递速度。

3. 个人知觉障碍

知觉障碍是指信息的接收者在接收信息时具有一定的选择性与过滤性，主要表现在以下几方面：

（1）先入为主：在没有接受一个完整的信息之前，就已经对信息作了过早的评价，从而只听到了希望听到的内容，他们往往缺乏比较与鉴别的能力。

（2）对方印象：在信息沟通的过程中，根据对信息发送者的平时印象或第一印象，决定是否认真接收对方传递的信息。他们往往会感情用事，主观与偏见会直接影响沟通效果。

（3）情绪激动：在沟通过程中，由于双方对信息沟通内容认识上的不一致，往往会产生激动的情绪，从而影响沟通过程。

4. 地位障碍

沟通双方都比较注重对方的地位而产生尊与卑的感觉，在这种意念的影响下，会使沟通的气氛沉闷，从而使双向沟通变成单向沟通，上司也无法真实了解下属对信息的反应与态度。

5. 互不信任

互不信任形成的原因可能是：

（1）向上反映的信息没有得到回音和重视，甚至遭到批评，久而久之，下属也就不会再"多此一举"了。

（2）向下传递的信息经常出尔反尔，言行不一，从而使下属对下行的信息持怀疑与观望的态度。

（3）对下属有偏见，因此在向下传递信息的过程中，根据自己的偏见，对向下沟通的内容进行了选择或过滤，结果下属不能全面了解应该掌握的组织信息。

6. 下级对上级的依赖

下级在组织内要取得进步，往往依赖于他的上级，这种关系决定了下级在向上沟通时，会根据上级的偏好，对沟通信息进行选择或过滤，结果上级所取得的信息往往是不真实的或不全面的。

7. 记忆损失

在信息传递的过程中，如果工作繁忙、信息太多或记忆力差，就会出现信息损失，导致滞留在大脑中的信息残缺不全。据研究，一个人同时最多只能处理七条信息，因此在使用口头形式进行沟通时，内容不能太多，否则宜采用书面形式。

三、沟通的改进

在沟通的过程中，为了克服沟通过程中的各种障碍，达到沟通的目的，可以从以下几个方面改进沟通的过程：

（1）组织好沟通的内容：沟通前，要将沟通的内容按照一定的层次或逻辑顺序进行组织，简明扼要，做到心中有数。为了减少选择性与过滤性的影响，在内容的安排上，可以将重要的内容放在最前或最后。

（2）利用各种机会，多向对方传送对其有益的或有价值的信息，培养他与你沟通的兴趣或习惯。

（3）沟通时要把握对方的心理和情绪的变化，通过语气的变化、谈话内容的变化等吸引对方的注意力。

（4）批评性的沟通要一视同仁，不要因为某些原因而对个别员工的错误视而不见，否则，你的上司及其他下属会对你产生不满和信任危机，从而影响其他方面的沟通效果。

（5）能以体谅的态度听别人的话，表现出倾听的诚意。在倾听的过程中，要善于从说话人的口中了解他的情绪，同时要对说话人做出一些鼓励性的反应，如简单地用不表示自己观点的"嗯"，跟着他的思路提出相应的问题以缓解对方的情绪，重述他的观点或事实等，这样做可以让说话人感觉受到重视，也可澄清疑点与检验自己的理解是否正确，更多地了解事实。

（6）在调解问题的过程中，能以恰当的方法表达自己的思想和感觉而不触犯和伤害对方。通常不要事先表达自己的观点，可以提一些建设性的或折中性的意见，也可借用别人的观点。时机成熟的时候要表达自己的观点，但要让对方感受到你的诚意及对他的好处，应尽量避免陷入无休止的争论或妨碍对方表达观点。

（7）如果遇到对方的批评或反驳，可以对其正确的成分表示同意，或者承认自己部分的疏漏，让其不具攻击性。也可采用质问的方法，让他进一步展开观点。

（8）跟踪沟通的结果，了解信息对下属行为与态度的影响，并分析沟通成功或失败的原因，以此提高自己的沟通技能。

四、人格特征与沟通方式的选择

伴随个人的成长，每个人都会先后出现以下三种不同的人格特征（或称三种自我状态）：儿童型人格特征、成人型人格特征、父母型人格特征。在人际交往或沟通过程中，这三种人格特征在每个人身上都可能表现出来，只是强弱程度或方向可能不同，而交往或沟通的效果就会产生差异。

1. 儿童型人格

在儿童及少年时期儿童型人格表现最为突出，以后这种人格将会逐渐减弱。在成年之后，儿童型人格并不会完全消失，而是因人而异，有的较强，有的较弱，这是由他们的生活环境及成长经历决定的。儿童型人格的特点是：对人或事的认识比较简单、天真，对环境容易产生信任与顺从，行为不稳定，容易感情用事，缺少主见。这类人在沟通的过程中，通常使用夸张或幼稚的语气，发表一些不成熟的意见，但不会引起他人的指责，有时还会活跃沟通的气氛。他们也容易接受他人的建议，不会人为制造矛盾或紧张的气氛，这是以儿童型人格进行沟通的一个优势。通常年轻人之间、年轻人和年长者之间及上级之间的沟通，采用这种方式的沟通，会拉近彼此的距离，有利于进行富有成效的沟通。

2. 成人型人格

成人型人格是在职业工作中或社会交往中逐渐形成的，具有较强的稳定性，在成年人身上表现最为普遍的一种人格特征。其特点是：对人或事的认识与评价客观、理智，不会感情用事。这类人在沟通的过程中表现沉着、冷静、民主、尊重对方，通常使用协商的口气，容易取得对方的合作，能够按照预期的目的完成整个沟通过程。

3. 父母型人格

父母型人格是在家庭环境中形成的一种人格特征。父母在教育子女的过程中，往往具有权威性，在子女心目中占有统治、支配的地位。在日常生活中，关心、指导、教训的行为较多。其特点是主观、独断、权威。这类人在沟通的过程中，通常采用强制命令的口气，不容许对方争辩，缺乏民主。如上级或资格较老的人使用父母型的沟通方式，一般不会引起太多的争议，但如果经常给人以居高临下的感觉，往往会使他人产生紧张或误会，导致沟通中断。

综上所述，在实际沟通中，每一种人格特征，都有独到之处和不足之处。要进行有效的沟通，往往需要根据沟通情景或对方在沟通过程中显示出的人格特征，适当选用或变换自己在沟通过程中的人格特征，这样才能收到预期的沟通效果。

思考题

1. 叙述沟通的含义与作用。
2. 比较书面沟通与口头沟通的优缺点。
3. 比较三种沟通网络的优缺点。
4. 正式沟通有哪几种形式？
5. 如何利用非正式沟通？
6. 简述会议沟通类型与作用。
7. 从哪些方面改进沟通？

案例分析

案例A：在班主任会上，老师给同学们布置了一份作业，要求每个同学将一个学期的学习写一份总结，作业上要写上班级、学号、姓名，三周后的星期五开班会时上交。下课后，有些同学询问写多少字，老师回答，要全面总结一个学期的学习情况，字数不限。有些同学问可不可以电脑打印，老师回答，要用手写。二周后，班长向老师汇报总结的进展情况，有些同学已经完成了，有些同学还没开始，老师要求班长督促同学们按时完成总结。三周后的星期五，同学们将总结交上来了。老师看着同学们交上来的作业，有些上交的是作业本，有些上交的是散页，纸张的大小也不一样，有些同学只写了名字，有些同学写了缩短的学号及姓名，有些同学是打印的，内容有的很简单，有的写的很长，显得有些无奈。

根据以上案例，围绕问题的答案选项开展讨论，给出讨论结果及理由。

1. 关于学习总结这件事，沟通的发起人是谁？
   A. 老师　　　　　　　　　　B. 学生
   C. 班长　　　　　　　　　　D. 询问的学生
2. 案例中沟通采用的是什么方式？
   A. 口头沟通　　　　　　　　B. 书面沟通
   C. 树型沟通　　　　　　　　D. 单向沟通
3. 案例中沟通采用的是什么沟通渠道？
   A. 正式沟通渠道　　　　　　B. 非正式沟通渠道
   C. 横向沟通渠道　　　　　　D. 纵向沟通渠道
4. 案例中沟通存在什么问题？
   A. 沟通目标不清晰　　　　　B. 沟通内容不具体
   C. 信息反馈不充分　　　　　D. 沟通渠道畅通
   E. 信息接收者理解力不够
5. 你对改进沟通有什么建议？
   A. 给学生一份参考的标准总结，并详细讲解具体要求
   B. 对可能出现的问题现场提问学生
   C. 多次强调以前学生出现的问题
   D. 要求班长收作业时检查是否按要求完成，拒收不合要求的作业

第九章 服装企业的管理控制

> **本章内容：** 1. 服装企业管理控制概述
> 　　　　　　 2. 服装企业目标管理与控制
> 　　　　　　 3. 工作绩效的评价与控制
> **教学时间：** 4 学时
> **学习目的：** 让学生了解管理控制的一般原理，理解目标管理及绩效评价在服装企业管理控制中的应用。
> **教学要求：** 了解管理控制的含义、管理控制的类型、管理控制的过程，理解目标管理的概念、实施过程、目标设置方法，理解工作绩效评价的概念、实施过程、评价方法。

管理控制是保证企业各项活动达到预期效果的一项管理职能，其目的是预防、发现及分析企业生产经营管理过程中的各种问题，制订相应的纠错防弊措施。因此，管理控制系统是服装企业生产经营管理系统不可缺少的部分。

第一节　服装企业管理控制概述

一、管理控制的含义

管理控制是指控制者根据所掌握的信息，按照预先制订的标准进行对比分析，找出受控对象的问题或偏差，并制订相应的防范或纠正措施。作为企业的管理者，其控制的对象一般有营运资金、员工行为及企业运作过程三个方面。

营运资金控制涉及企业的财政、财务及会计活动，如资金的筹集与使用控制、成本费用的控制、盈亏控制、投资控制等，对营运资金控制通常采用预算的方法。

员工行为控制是对员工的工作态度、工作过程、工作绩效等进行的控制。由于行为控制可能导致员工的抵制行为或不满情绪，因此员工行为控制的难度较大。对员工行为控制通常采用员工选聘与培训、组织等级与授权、组织奖励、团队建设、目标设置等方法。

企业运作过程控制是企业最普遍的一种管理控制，如对生产过程中产品质量、数量、进度、安全等进行的控制，对职能部门所提供的管理服务水平与质量的控制等。对企业运作过程控制通常采用现场控制的方法，直接到生产现场进行检查和指导，对下级的工作实施监督与控制。

通过有效的管理控制，可以产生以下几个方面的作用：

（1）确保企业的一切生产经营活动在受控的状态下运行，增强供应商、投资者及客户的信心，从而取得与企业经营活动紧密相关的社会公众的支持与合作。

（2）能够让管理者了解和掌握企业实际运作情况，有助于管理人员有针对性地进行工作指导、工作调度与工作协调，从而维持企业正常的生产力水平。

（3）通过控制系统的反馈机制，让下属明确他们的工作目标、工作结果及今后工作的努力方向，从而激发员工的工作热情，调动员工的工作积极性。

（4）管理控制通常可以对生产经营管理中的一些问题进行防范，减少生产经营管理过程中的失误，提高生产经营管理系统的可靠性。

尽管每个企业都需要进行管理控制，但由于企业规模的大小、控制对象的重要性、控制的程度、授权的程度等因素的差异，管理控制的类型也会有不同。

二、管理控制的类别

1. 根据管理控制信息的来源或控制机理不同划分

（1）闭环管理控制：指管理者预先规定标准，施加给受控对象，记录受控对象输出的结果，并与标准进行对比，根据偏差制订纠正措施，向受控对象发出管理控制信号，减少受控对象的偏差，其控制过程如图9-1所示。由于其控制信号来源于受控对象的输出结果，因此属于一种事后控制。如当品质控制人员根据客户的品质标准，检查车间的产品时，发现产品的尺寸有问题，要求车间加以解决，车间可能需要工程部门对生产纸样或工艺进行修改，这个品质控制过程就属于闭环管理控制。

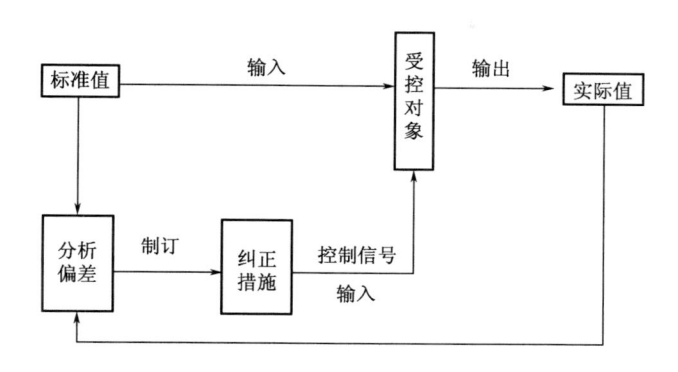

图9-1　闭环管理控制

（2）开环管理控制：指管理者预先分析影响受控对象的因素，规定标准，施加给受控对象，直接控制那些引起受控对象变动的因素水平，而不管受控对象的输出结果，从而达到防患于未然的控制效果，其控制过程如图9-2所示。由于其控制信号来源于引起受控对象变动的因素，因此属于一种事前控制。如为了预防生产过程因材料短缺而出现停工待料，企业通常预先确定一个最低的材料库存水平，平时库存水平的变化并不会影响生产进度，无须进行采购决策，一旦发现库存水平降到最低水平以下，就必须及时进行材料采购。这个材料采购决策控制过程就属于开环管理控制。

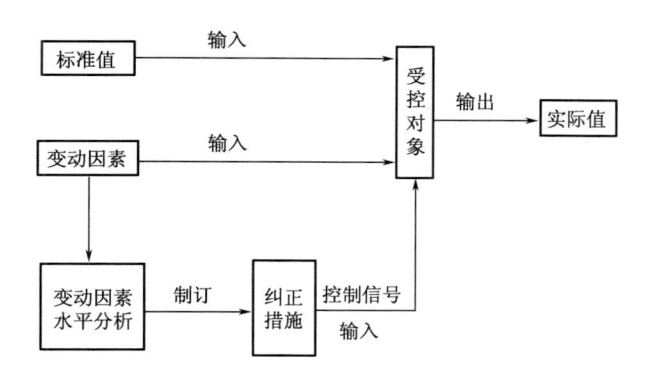

图9-2　开环管理控制

（3）防护性管理控制：指在受控对象内部设置约束机制，当受控对象偏离标准值时，会自动预警，并通过自动调节来预防或纠正差错发生的一种控制，通常企业内部制订的一些具有内部牵制作用的程序或制度都属于这种管理控制类型，其控制过程如图9-3所示。与前两种管理控制相比，主要区别有两个方面：一是防护性管理控制的控制过程与受控对象自成一体，具有自动控制的特征；二是防护性管理控制对任何程度的差错都必须防范与纠正，而前两种管理控制是对实际值与标准值偏差的控制，这种偏差是客观存在的，只能减少而不可避免。

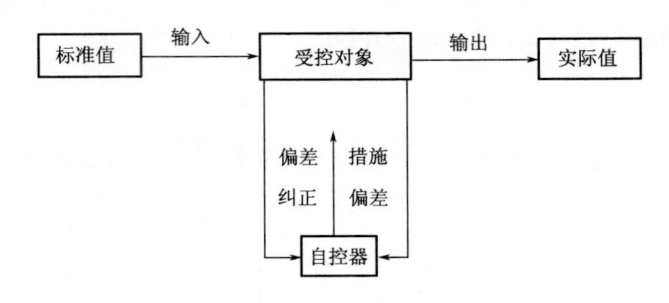

图 9-3　防护性管理控制

2. 根据管理控制的手段不同划分

（1）法律制度控制：指企业运用国家的方针、政策、法律制度等对企业的运作过程进行的控制。

（2）组织机构控制：指企业通过合理设置组织机构，明确分工、划分责、权、利，从而达到组织内部协调一致，组织运作效率提高的目的。

（3）人员素质控制：指企业通过招聘、考评、轮训、轮岗等形式对企业员工的思想素质及业务素质进行控制，从而提高企业整体战斗力和员工士气。

（4）职务分离控制：指企业将若干不相容的职务进行分离，从而形成内部牵制，达到防错纠弊的控制效果。不相容职务是指相互关联的若干职务，如果由一个人办理就容易产生错误或弊端的职务，如审批权与执行权是不相容的，两者应由组织授权给不同的人，达到内部牵制的效果。

（5）授权批准控制：指企业各级人员只有经过授权批准，才能执行有关经济业务或对有关经济业务进行控制。

（6）业务程序控制：指通过制订标准的业务工作程序和规范，对经营管理活动进行的控制，通常包括决策程序控制、执行程序控制、信息反馈程序控制等。

3. 根据控制的层次不同划分

（1）战略管理控制：指对企业最高层活动的控制，如企业经营目标的设置、资源配置、经营创新等。

（2）经营管理控制：指对企业部门管理活动的控制，如职能分工、工作制度及工作标准的制订等。

（3）作业管理控制：指对企业生产第一线督导管理者活动的控制，如职责的履行情况、生产任务的完成情况、工作表现等。

三、管理控制的一般过程

1. 制订管理控制标准

制订管理控制标准是管理控制的第一步。管理控制标准可以是数量指标，如销售额、成本费用、产量、工时等，也可以是质量指标，如产品等级、合格率、工作表现等。合理的控制标准应具有下列特征：一对下属公平；二经过努力可以达到；三对特殊情况可以进行例外处理；四针对实际情况可进行修订。

2. 测定实际工作结果

工作结果的测定是取得管理控制数据的基本方法，它是一个连续的过程。对工作结果的测量可采用观察法、记录法、统计分析法等。在测定工作结果时，要注意的问题是：一要尽量争取被测量者的合作；二要尽量确保测量结果符合客观实际，对一些主观测定项目的结果要慎重分析，如工作态度、忠诚度等，防止这类偏差影响总体测定结果的准确性；三要将测定的结果及时公开，增加工作结果测定的透明度。

3. 比较实际值和标准值

比较实际值和标准值通常采用差异分析法，对偏差进行分析，找出产生偏差的主要原因，并将这些控制信息传递给决策者。这些控制信息有可能产生控制决策行为，也可能不产生控制决策行为。

4. 纠正措施

纠正措施主要是由控制人员针对控制信息制订相应的纠正措施，减少偏差，如对员工进行技术指导、改变操作方式、重新分配任务、重新配置资源等。

第二节　服装企业目标管理与控制

目标管理是由美国管理专家彼得·杜拉克于1954年倡导的，现已成为许多企业推行科学管理的有效管理控制手段。实际上，目标管理也不是所有企业都适合的万能管理控制工具，因为它以人性假设中的Y理论为前提，同时对企业的基础管理工作要求较高。在推行目标管理的过程中，有些企业达不到预期的效果而成为一种形式管理，因此企业在运用目标管理方法时，必须认真研究目标管理对企业可能的作用、效果及适用性，仔细分析企业文化及员工构成情况，确定适当的目标体系，应用适当的目标设置方法，预计实施目标管理过程中可能出现的问题、难点，在此基础上制订与企业实际情况相适应的目标管理执行计划。

一、目标管理的概念及作用

1. 目标管理的概念

目标管理是指运用预先设定的目标对企业各个部门、小组、员工进行管理的一种管理控制手段。它一方面要求企业将组织的总目标自上而下层层展开，并落实到人，为各个部门、小组、个人设置子目标；另一方面又从下而上层层保证，横到边，纵到底，用目标对部门、小组、个人进行管理与考核，并在目标管理实施的过程中不断完善目标管理。目标管理的核心是确定合理的目标体系、选择适当的目标设置方法及对目标实施进行控制、监督与考评。有效的目标管理要具备以下三个条件：

（1）企业的工作流程或管理流程存在专业化分工，部门、小组、个人之间的协作成为管理工作的主要内容。专业化分工是现代企业的基本特征，但是企业内部协作并没有统一的规则，许多企业的内部协作往往是强制性的或自发的，相应的管理是一种"危机管理"，只有出现了问题才会去管理，是一种典型的事后管理。而目标管理则要求通过预先设定目标，各个部门、小组、个人在各自目标的引导与配合下，使企业的内部协作成为自愿或主动的行为，而相应的管理是一种事前管理，对管理过程中可能出现的问题具有预防性，企业的运作处于受控的状态。

（2）假设员工自愿接受了一个明确的工作目标，该目标可以是员工自己设定的，也可以是组织设定但愿意接受的，那么员工将会受到激励，工作效率会更高。反之，如果员工没有一个明确的工作目标，其工作效率就会较低。这是目标管理的基本人性假设前提。

（3）假设企业为员工设定目标之后，该员工就能获得与其目标相适应的授权。因为目标管理的实质是通过对目标的制订、实施、考核等环节的控制，间接地对员工的工作进行管理，而不是对员工的工作进行直接的监督，这样员工工作的自由度就大大提高了，在这种情况下，对已设定目标的员工进行适当授权就显得更为重要。有些企业在管理的过程中，由于缺乏明确的目标或授权，相应的管理是一种粗糙的、专权的、盯人式的管理，员工与管理人员之间很难建立信任，从而影响员工的工作主动性与积极性。

2. 目标管理的作用

目标管理的作用主要表现在以下几个方面：

（1）目标管理是一种现代管理的手段：一方面，通过设置目标明确责任，运用目标来引导或控制企业的运作，能使企业的管理从经验管理向科学管理转变；另一方面，目标管理所采用的目标分解法是一种很好的计划工具，将企业目标管理同计划管理结合起来，能够更有效地配置企业的资源。

（2）目标管理是一种有效的激励手段：一方面，通过设置目标，有利于寻求企业与员工共同认可的目标，同时员工明确了所在部门、小组及个人目标之后，也就明确了个人工作努力的方向及预期的工作结果，从而形成一种可预见的、短期的工作压力，与随机出现的工作压力相比，更容易转化成员工的工作动力而不是挫折。另一方面，通过目标考核、评价员工的工作业绩，并与个人报酬联系起来，能增加企业员工工作评价及工资报酬制订的透明度，接受员工监督，提高员工的公平感。此外，通过目标管理，员工可以进行自我评价，并与组织评价保持一致，使员工体验到工作成就感，取得自我激励的效果，从而维持较高的生产效率。

（3）目标管理是一种有效的联络方法：一方面，用目标进行管理，可以统一认识，便于沟通；另一方面，用目标贯穿于各个管理层次、部门、小组的工作，可以保证各个部门、小组、个人之间的沟通完全是基于组织目标而不是个人因素，从而减少工作沟通中人际因素的干扰，消除本位主义思想，真正做到在处理工作中的问题时对事不对人。

二、目标分类

企业要成功推行目标管理，首先要确定一套适合本企业的目标体系。企业的目标系统通常是由若干子目标构成的，各个子目标具有一定的层次性、多样性和关联性。对企业的目标进行分类，一方面，可以了解企业的目标构成情况，有利于企业对目标进行系统管理；

另一方面，可以了解各类子目标的特点、内容及适用对象，有利于企业为部门、小组、员工设置合理的目标。根据不同的分类标准，可将企业的目标划分成不同的类别。

1. **按目标适用的层次划分**

按适用层次可将企业的目标分解为高层目标、中层目标、低层目标三种。不同层次的目标，其特点不同。对于高层目标，往往是一些综合性的、整体性的、观念性的目标，如市场目标、发展目标、利润目标等。对于低层目标，往往是具体性的、局部性的、技术性的目标，如产量、质量、交货期等。中层目标则介于两者之间，有综合性的目标如成本、费用目标，也有具体性的目标如产量、质量、生产期等。区别目标的层次性，可以让员工了解目标的整体性和协调性，认识各个层次目标管理的差异，有利于员工对企业的目标形成统一的认识，更好地发挥目标管理的导向作用。

2. **按目标是否可以量化划分**

按量化可将企业的目标分解为定量目标与定性目标两种。定量目标是指可以直接用数据表达而又不受主观评价因素影响的目标；定性目标则是不能直接用数据表达或虽可以用数据描述但易受主观评价因素影响的目标。

在服装企业中，典型的定量目标有产量、质量、成本、交货期等。典型的定性目标有以下几种：

（1）5S目标：包括五个方面的内容：整理（Seiri），即要经常检查辖区内的物品，及时将不必要的物品加以处理；整顿（Seiton），即要经常将所有物品按照指定的位置摆放整齐并标示；清扫（Seiso），即要经常清扫辖区，尤其是辖区死角，保持环境干净；清洁（Seiketsu），即要对前三项工作经常检查，维护其成果；教养（Shitsuke），即经常性开展员工培训，帮助员工养成良好的语言、卫生、仪表等习惯，培养员工工作的主动性及团队精神；此外还有生产安全及节约等目标。

（2）个人工作表现目标：如员工士气、工作的积极性、工作的态度、遵守厂纪厂规情况等。

（3）企业的发展目标。

（4）资讯目标：如信息沟通、信息利用的情况等。

3. **按目标适用的员工划分**

按适用员工可将企业的目标分解为生产人员目标、管理人员目标、辅助生产人员目标三种。对于生产人员的目标，往往以量化的目标为主，但要兼顾一些定性的目标，如个人工作表现。对于辅助生产人员的目标，由于其工作的特点是为生产及职能部门提供服务，其目标往往难于量化，而定性的目标考核比较困难，在设定目标时，只能尽可能将考核目标量化。对于管理人员的目标，往往将量化的目标与定性的目标结合起来。

4. **按目标适用的部门划分**

按适用部门可将企业的目标分解为部门目标、小组目标、协作目标三种。通过设置部门目标与小组目标，配合部门与小组的激励措施，可以加强部门、小组的内部团结与协作，有利于培养团队精神；通过设置协作目标，对协作关系处理好的部门、小组给予奖励，可以减少部门、小组之间的冲突，有利于员工树立企业的全局观念，提高企业的整体效率。

三、目标管理的实施过程

目标管理的实施过程包括四个阶段：设置目标（Plan）、执行目标（Do）、检查与评价（Check）、采取调整措施（Action）。目标管理的实施过程实际上就是 PDCA 的循环过程，每经过一次循环，目标管理的方法就会得到进一步完善。

1. 设置目标

设置目标阶段的主要任务是确立一套适合企业的目标体系，并为各个子目标设置目标水平。

（1）设置目标的原则：为了设定合理的目标体系及目标水平，企业在设置各个子目标时应遵循以下原则：

①明确原则：要求每个部门、小组及个人都有与其职责相适应的目标，做到各司其职，尽量避免目标遗漏或子目标交叉、混淆、冲突而出现两不管或子目标难以执行的现象，确保子目标能从下到上层层保证。

②量化原则：设定子目标尽可能量化，用数据表达子目标水平，对于一些难于量化的定性因素，也要设定相应的标准。只有这样，设置的目标才具有可操作性，对目标的考核和评价才可能客观、公正，对员工才可能起到激励作用。

③可实现原则：设定子目标时，要充分考虑子目标的难度，确定合理的目标水平。合理的目标水平应是平均先进水平，即对于大多数员工，通过努力可以达到；对于少数员工，通过努力可以超额完成；对于少数技术水平或工作态度不良的员工，要达到目标是有困难的。只有难度适中的目标，员工才会接受，并会努力争取实现已定的目标。

④一致原则：目标管理的最终目标是实现企业的总目标，各个子目标是实现总目标的保证，因此，各个子目标必须与组织的目标一致。同时，为了让员工接受子目标，必须保证员工具有与子目标一致的利益，从而使组织目标与员工个人目标保持一致。

⑤时效原则：企业所设定的目标，应具有一定的时程期限，随着经营环境的变化，目标体系及子目标水平应做出相应的调整，以适应经营环境的变化。

⑥保证原则：在目标设定的过程中，应该充分考虑目标实施过程中所需要具备的基本工作条件、其他部门提供的协作内容及必要充分的授权，只有这样，目标执行人才可以充分发挥自己的能力完成已定目标。

（2）设置目标的方法：可以采用目标分解法，即将企业总目标分解为子目标；也可采用目标综合法，即将各个部门、小组及个人所设定的子目标综合而成为组织的总目标。

①目标分解法：又称指令性目标设定法或从上往下法。运用这种方法，首先成立由企业负责人领导的目标设置小组；其次是对企业的各个部门、小组及个人的工作情况进行调查分析，在此基础上，为各个部门、小组、个人设置子目标；其三是将各个子目标以工作指令的方式下达到各个部门、小组及个人。应用这种方法设置目标容易统一，但缺乏参与性，在目标实施的过程中，可能会有较大的阻力。

②目标综合法：又称参与性目标设定法。运用这种方法，首先成立由企业负责人领导的目标设置小组；其次，从下往上逐级设立个人、小组及部门目标；最后是由目标设置小组确认各个子目标，如果子目标能保证企业总目标的实现，那么子目标的设置便是可以接

受的，核准后的子目标即可付诸实施。但应用这种方法设置目标，各个部门、小组及个人如果存在本位主义思想，可能导致子目标水平偏低，难以与企业的总目标一致。而有利的一面是由于员工参与了目标的设置过程，目标体系及目标水平确定之后，在目标实施的过程中，容易取得各个部门、小组及个人的配合与支持，提高目标管理的实施效果。

企业在设置目标的过程中，可以将两种方法综合起来运用，这样设定的目标可能更切合实际，员工更容易接受，效果会更好。

（3）目标体系：企业在设置目标的过程中，还要充分考虑子目标的层次性、完备性及关联性，形成相互促进、系统的目标体系。图9-4反映了一个企业所设定的目标体系，企业总目标包括经济目标、质量目标、发展目标、员工福利目标四大目标，将这些目标分解到部门、车间、小组、个人，形成可具体操作的员工目标，通过员工目标的实现，达成小组、车间，部门目标，并最终实现企业总目标。

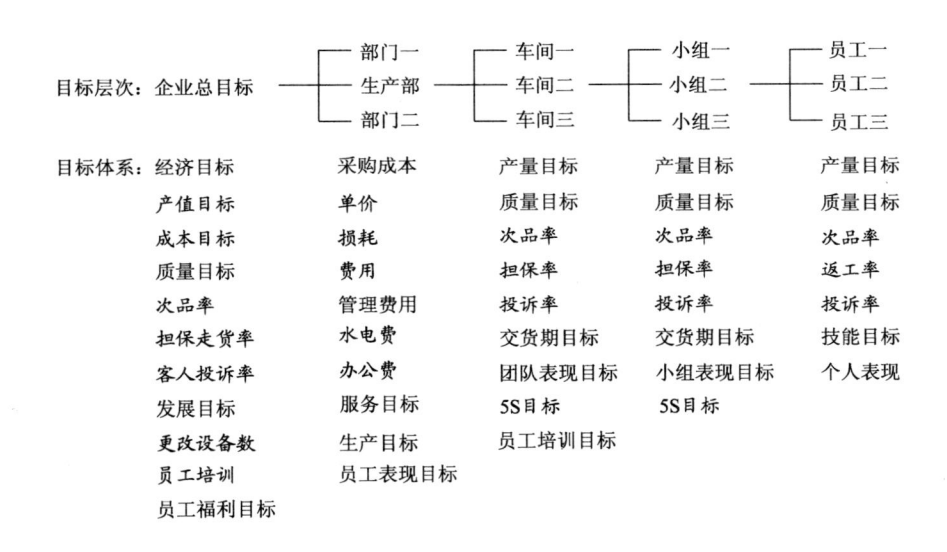

目标层次：企业总目标 ── 部门一、生产部、部门二 ── 车间一、车间二、车间三 ── 小组一、小组二、小组三 ── 员工一、员工二、员工三

目标体系：经济目标　采购成本　产量目标　产量目标　产量目标
　　　　　产值目标　单价　　质量目标　质量目标　质量目标
　　　　　成本目标　损耗　　次品率　　次品率　　次品率
　　　　　质量目标　费用　　担保率　　担保率　　返工率
　　　　　次品率　　管理费用　投诉率　　投诉率　　投诉率
　　　　　担保走货率　水电费　交货期目标　交货期目标　技能目标
　　　　　客人投诉率　办公费　团队表现目标　小组表现目标　个人表现
　　　　　发展目标　服务目标　5S目标　　5S目标
　　　　　更改设备数　生产目标　员工培训目标
　　　　　员工培训　员工表现目标
　　　　　员工福利目标

图9-4　目标体系

2. 执行目标

执行目标阶段的主要任务是将企业所制订的各个子目标传达下去，确保各个子目标能顺利实现。其主要的工作内容有以下几个方面：

（1）让各个部门、小组及个人接受为其设定的子目标。

（2）下级在执行子目标的过程中，如果遇到了问题，上级应及时对问题进行辅导，并给予资源上、权利上的支持。

（3）加强协作部门之间的疏导，提高部门之间的协作效率。

（4）在目标管理实施的过程中，要充分发挥管理人员的示范作用，提高员工对目标管理的认识，积极完成各自的目标。

3. 检查与评价

检查与评价阶段的主要任务是检查目标实施情况，将目标实施情况与预先设定的目标进行比较分析，发现目标实施过程中的问题，并对目标实施情况进行客观评价，在此基础上提出一些改进的建议和措施。为了提高检查与评价工作的效果，应该慎重选择目标管理的检查与评价人员，合理确定考核次数。

4. 采取调整措施

采取调整措施阶段的主要任务是根据检查与评价的结果，提出合理的建议，对原有的目标进行修订，对目标实施的保证措施加以完善与补充，对目标执行人进行工作指导，从而提高目标管理的水平。

四、目标设置技术

现代企业为了加强内部管理与控制，提高经济效益，普遍推行了企业内部经营责任制度。其基本思想是以责任为基础，将企业划分成若干层次不同的经济责任单位即责任中心，每个责任中心都有一个执行人，该执行人对责任中心的经营成果负责，并运用与之相适应的目标体系进行考核。不同的责任中心，其目标层次不同，目标体系也有差异。根据责任中心来设置目标体系，不仅可以使目标体系具有系统性、全面性及可操作性，也有利于目标体系的归口管理与控制，充分发挥目标管理的激励作用。服装企业常见的责任中心及目标体系考核有下列几种类型。

1. 投资中心

投资中心是最高层次的责任中心。投资中心的执行人对其所管辖的全部投资及资产的运营效果负责，其对应的目标体系也是最高层次的目标体系。

投资中心可以是相对独立的分公司、事业部、分厂，也可以是一个独立的子公司。投资中心的执行人即是投资中心的总裁，拥有充分的经营权、决策权和投资权，公司最高管理当局对投资中心也较少干预。

考核投资中心的主要目标是投资收益额、投资收益率及资产保值增值率，此外也可设置投资中心的形象、投资中心的发展速度、组织管理创新、人才培养等辅助性目标。为了实现投资中心的目标，投资中心的执行人必须将总目标分解成部门、小组、个人目标，根据目标分解的情况，对投资中心的人、财、物资源进行合理配置，降低成本、增加销售、提高资产的营运效率。

2. 利润中心

利润中心与投资中心相比，利润中心的范围要小一些，但也属于较高层次的责任中心。利润中心的执行人对其管辖范围所发生的成本、收入、利润负责，利润中心对应的目标体系属于较高层次的目标体系。

利润中心通常设置在相对独立的分公司、分厂，对基础管理工作水平较高的企业，也可将利润中心设置在车间或部门，但需要相应完善企业内部组织结构、管理控制制度、会计制度等，如建立厂内银行，制订内部转移价格，对每个利润中心可以进行二级核算。利润中心的执行人拥有一定范围的经营管理权，但无投资决策权，公司最高管理当局对利润中心进行必要的指导、监督、约束，确保公司的整体利益及公司总目标的实现。

考核利润中心的主要目标是营业成本、营业收入、营业利润，此外也可根据公司正在推行的经营战略，设置相应的辅助性指标，如企业形象塑造、员工技能培训、企业文化等，以配合公司整体的经营活动。为了实现利润中心的目标，利润中心的执行人必须将总目标进行分解，根据子目标制订目标实施方案，并落实执行目标的各种保证措施。

3. 成本或费用中心

成本或费用中心是指执行人只需对其管辖范围内所发生的成本或费用负责的责任中心，这种成本或费用是执行人的职责权限可以控制的成本或费用，即责任成本或费用，它与生产成本或产品成本不是同一个概念。如缝制车间的主管只需要对本车间发生的可以控制的成本或费用负责，而对本车间发生的不可控制的成本及费用（它们是本车间生产成本的组成部分）或其他车间、部门发生的成本或费用（它们是产品成本的组成部分）不必负责。与利润中心相比，它只对责任中心的投入可控成本及费用负责，并不对其产出负责、责任范围要小。

成本中心可设置在分公司、分厂、车间或部门，费用中心通常设置在以提供服务为主的职能部门。成本或费用中心是一个以执行为主的局部责任中心，它接受利润中心或投资中心的指导与控制。

考核成本或费用中心的主要目标是本中心发生的可控成本或费用。为了实现成本或费用中心的目标，一方面要加强成本或费用的定额管理，另一方面要厉行节约，减少浪费。

4. 生产中心

生产中心是较低层次的责任中心，生产中心的执行人只需对其管辖范围内的生产数量、质量、交货期负责，生产中心对应的目标体系属于较低层次的目标体系。

生产中心通常设置在分厂、车间，它是一个以执行为主的局部中心，它接受利润中心或投资中心的指导与控制。

考核生产中心的主要目标是生产数量、质量、交货期，此外也可针对生产现场或配合企业的整体经营战略，设置一些辅助性的考核目标，如企业文化、员工技能培训、人际关系、员工表现、清洁卫生等。为了实现生产中心的目标，一方面要提高管理人员的管理水平及员工的生产技术水平，提高生产质量与效率；另一方面要加强员工激励，培养员工团队精神，提高员工的工作积极性和责任感。

5. 销售中心

销售中心与生产中心相似，销售中心的执行人只需对其管辖范围内的销售数量、销售金额负责。销售中心通常设置在企业内部的销售机构、自设的销售店或连锁店。考核销售中心的主要目标是销售数量及销售额。此外，也可对销售店的服务水平设置一些辅助性的考核目标，如销售店的布置、卫生、店员的服务态度等。为了实现销售中心的目标，一方面要加强宣传与促销工作，另一方面要提高员工的服务水平，激发员工的工作积极性。

五、实施目标管理的难点

目标管理只是一种科学的管理手段，并不是具体的管理过程，仅有目标管理的形式，并不一定能给企业管理带来效益。在目标管理实施过程中，许多企业并没有考虑企业的实际情况，也不考虑是否具备目标管理的条件，盲目推行目标管理，结果达不到预期的目的。如果企业想应用目标管理，应对以下难点进行充分的分析，在此基础上制订目标管理实施计划。

1. 目标设置

对于服装企业而言，由于市场环境的多变，未来的经营目标具有不确定性，致使企业的生产经营并不十分稳定。在这种情况下，企业高层目标只能根据历史数据进行分析预测，依此制订的各个子目标也具有不稳定性，在目标实施的过程中，经常出现很多不确定性的问题。当然，如果企业对市场变化能做出快速反应，并对既定目标进行适应性的修订，就会克服目标不确定性的问题，但这就需要企业具备对市场信息做出快速反应的信息系统与决策系统。

此外，对于一些难以量化的目标，目标的设置与考核都比较困难，在这种情况下，就会出现三种问题：要么是不设置这些目标，但由于其他目标的导向作用，没有设置目标的工作往往会被忽视，从而对整个目标管理过程产生不良影响；要么是设置目标，但对这些目标不考核、突击考核或是凭主观感受进行评价，这样就会出现形式主义或不公平，对整个目标管理过程也会产生负面影响；要么是进行全面考核，但费时费力，效益不高。要克服这种问题，只能从提高员工的素质入手，通过教育与培训，将一些定性的目标内化成为员工个人的行为规范，而不受其他目标的影响，并将其作为员工晋升考核的参考项目。

2. 目标之间的负面影响

在设置目标的过程中，既要突出重点目标，又要兼顾目标体系的全面性，因此必然会产生点与面的矛盾。于是在实施目标管理的过程中，会出现顾此失彼的现象，一个方面得到了加强，而另一个方面则受到了较大的影响。如在服装连锁店，用个人销售业绩来考核营业员的工作，就会出现营业员争顾客的情况，而店铺的其他工作因没人理会受到影响，同时还会影响营业员的团队精神和店铺的整体形象。

此外有些目标之间本身就是相互制约的，如生产数量目标与生产质量目标，有些企业由于生产质量管理、考核与控制技术跟不上，为员工设置的目标往往只有生产数量，导致员工对生产质量问题抱有侥幸心理，不利于生产质量的提高。又如生产部门目标与产品设计部门目标也会相互制约，生产部门目标的重点放在生产效率上，而产品设计部门目标的重点放在产品开发上。设计部门希望生产计划能多安排新产品的生产，而生产部门为了提高生产效率，希望生产计划中不要安排过多的新品种。对于第一种问题，主要是管理水平跟不上，要从提高管理水平与运用先进的管理手段入手。对于第二种问题，是部门利益冲突问题，由于各个部门之间有相对独立的利益，可以采用建立内部责任中心的方法，协调各个部门的目标与利益。

3. 绩效评估

绩效评估是目标管理的反馈控制系统，如果缺乏绩效评估过程或绩效评估的结果不客观、不公正，都会使目标管理的效果大打折扣，甚至会出现负效应。许多企业在实施目标管理的过程中，对绩效评估并不重视。由于没有员工工作的评估记录，在评选先进及员工晋级时，只好采取投票的方法，结果浪费了激励资源，也收不到激励的作用，甚至对工作表现好的员工产生了副作用。

为了克服这种问题，企业领导首先要重视员工工作绩效的评估，成立具有威信的绩效评估小组。其次要确定合理的评估时间及次数，有些企业害怕评估会影响企业的整体生产计划及员工的工作积极性，结果总是尽量减少评估次数及时间，这种想法是不正确的。事实上，员工都希望企业对自己工作的结果能及时评价并反馈，以便明确今后的努力方向。最后要严格按照既定的目标体系及目标水平对员工进行考核，不要因人而异，因时而异，要取信于民。如果要修订目标体系及目标水平，要征求员工意见，取得员工的理解与支持，尽量避免使用强迫的方法。

4. 基础管理工作

实施目标管理的基本条件是要求企业基础管理工作水平较高，其主要表现在以下几个方面：

（1）能够针对具体的工作制订科学合理的工作定额：目标水平设置是否合理取决于所制订的工作定额是否合理，对于技术性的工作定额，要具备科学的测试手段，掌握科学的测算方法，对于成本、费用定额，要能根据企业以往的数据及同行业水平进行科学测算。如毛衣厂对针织横机台时产量的测定，通常由技术部门在制作生产样板时，运用测时的方法进行测算，但这一数据还必须根据车间员工实际的技术表现进行适当调整，否则所制订的工作定额员工不会接受。

（2）能够完整记录员工工作过程中所产生的各种原始信息：原始记录不完整，就会影响目标评估的客观性及公正性。在许多服装企业，由于管理手段跟不上，对员工的生产质量信息难以全面记录，因此很难对员工质量进行考评，这是影响服装厂产品质量的一个重要问题。又如对一些成本与费用项目，由于缺乏原始记录，难以分清责任，因此企业通常不对这类成本费用设置目标，导致这类成本与费用不断膨胀，影响企业效益。

（3）能够针对企业生产经营过程中出现的问题进行员工培训：培训是提高员工工作技能、工作适应能力、职业道德素质及培植企业文化的基本手段，培训工作跟不上，对企业的目标管理难以达成共识，往往会影响员工的工作表现、工作中的协作及生产效率。

总之，服装企业在推行目标管理的过程中，如果不能充分认识目标管理过程中的难点，并采取相应的措施加以克服，就会使目标管理流于形式，浪费企业资源，也达不到应有的效果。

第三节 工作绩效的评价与控制

工作绩效评价是对员工的工作成绩或效果进行数量与质量的分析评估，是衡量员工工作好坏的重要依据。将员工工作绩效评价结果反馈给员工，可以改善员工的工作态度，提高员工的工作水平。可见，工作绩效的评价既可作为企业对员工行为进行科学管理的一种管理控制手段，也可作为企业激励员工的重要措施。

一、工作绩效评价的作用

（1）帮助员工认识自己的潜力，确定员工的努力方向，改进员工的工作效果。如车间的督导人员可以从加工速度、产品质量、操作规范等方面对员工进行工作评价，并告诉他在这些方面与其他员工之间的差距，帮助他分析产生差距的原因，提出改进意见，这样员工的工作素质会在工作中不断提高。

（2）有利于发现组织中存在的问题，确定今后人力资源规划的重点。员工工作绩效评价的信息是企业人力资源规划的重要依据，将这些信息与历史水平或同类企业进行对比，可以帮助员工寻找优势与差距，确定今后员工培训与发展的目标。

（3）为人事部门提供决策信息，如提拔优秀员工、解聘不称职员工、员工培训计划的制订等。

（4）激励员工：对员工的工作绩效进行客观、公正的评价，一方面可以保证企业激励制度的实施有据可循，避免不公平激励产生的负面影响；另一方面绩效评价所提供的信息，可以让员工进行横纵对比，培养员工的竞争意识及进取精神，激发员工的成就意识。

二、工作绩效的评价过程

1. 制订工作绩效评价的标准

员工的工作绩效是从多方面体现出来的，如工作数量、工作质量、工作表现等，因此在评价员工的工作绩效时，往往要设置多个评价项目及相应的评价标准。对不同层次的员工，评价项目也会有所差异。对生产线上的员工，偏重其生产技能的评价，如操作的熟练程度、生产的数量与品质等；对管理人员，偏重管理技能的评价，如工作协调能力、工作改进、管理方法的创新及员工的发展与培训等。

2. 选择适当的评价方法

对工作绩效的考评，最好是采用定量化的模型，避免主观因素的影响，但是对有些项目或工作岗位，不一定都能使用量化的方法进行测评。此外，在工作绩效评价的过程中，要注意工作绩效周期性地变化对测评结果带来的影响。

3. 制订评价的重点

确定工作绩效评价的时间、周期及评价人员的构成，并根据工作评价的目的选择评价的重点。如果人事部门想考核某个员工是否能得到提升，不仅要评价他在工作岗位上的成绩，还要考评他在工作中的群众关系；如果考评结果只是作为对员工进行奖励时的依据，后一项内容就不是太重要了；如果考评员工任职期间的称职情况，则要对员工的工作态度、工作中的具体表现、工作技能、工作成绩等同时进行评价。

4. 全面、准确分析评价结果

比较分析工作绩效的评价结果，并将结果上报领导，下告个人。一方面作为组织对员工实行奖惩的依据；另一方面让员工总结分析自己的成绩与存在的问题，确定今后的努力方向。

三、工作绩效的评价标准

工作绩效的评价标准是指对员工工作绩效进行评价的准则或尺度，评价标准有定量与定性之分、主观与客观之分、绝对与相对之分。建立工作绩效的评价标准是对员工工作绩效进行客观公正评价的前提条件，工作绩效的评价标准越具体，对员工的工作绩效的评价也就越准确。所有工作的工作绩效都包含数量与质量两个方面，只不过不同的工作，它们所占的比重有所不同。虽然量化的指标在工作绩效的考评中用起来更方便，然而对管理人员的考评却不能完全使用量化的指标，因为管理人员的工作绩效除了其日常工作之外，主要是通过其下属的工作成绩表现出来的。工作绩效的评价标准通常是由多个评价项目组成的，每个项目设立多个水平。

评价项目是根据各个工作岗位的工作说明书及工作规范制订的，对管理人员来讲，其评价项目通常包括：日常管理工作及职责的履行情况、所辖工作范围员工数量、所辖工作范围员工工作量的完成情况及工作效率、工作资历、领导能力、发展潜力等，重点考核管理人员的督导技能。对一般员工来讲，其评价项目包括：生产数量、产品质量、生产效率、工作中的表现、团队精神等，重点考核他们的任务完成情况，为了加强团队建设，可适当增加团队建设有关的考评项目。

每个项目的水平根据实际情况而定，常见的有三级制（优秀、称职、不称职）和五级制（优、良、中、一般、差），各个等级可以量化成相应的积分。由于评价的目的不同，各个项目的重要性也就不同，在进行总评时，通常要根据各个项目的重要程度，赋予相应的权值，将各个项目的评分转化为标准分，然后汇总成为总评积分。

四、工作绩效的评价方法

1. 等级评价法

等级评价法通常是将工作绩效分解成若干个评价项目，每个评价项目对应着相应的权值及若干个等级，然后根据员工的实际表现对每个项目进行评定，最后得到一个总评成绩，如表 9-1 所示为某员工的等级评价表。等级评价法在实际工作中运用比较广泛。

表 9-1　等级评价

员工：×××　　　　　　　　　　　　　　　　　　　　　　　日期：××××
部门：××××　　　　　　　　　　　　　　　　　　　　　　考评人：×××

评价项目	不合格 0	最低要求 60	基本要求 70	较高要求 80	优秀水平 90	权值 1	总评 100
产品产量				80		0.6	
产品质量					90	0.2	
工作能力				80		0.05	82
出勤率				80		0.1	
工作表现				80		0.05	

2. 对比评价法

对比评价法采用强制区分的方法，针对某一评价项目，将每个参与评价的员工进行一对一的比较，并分出优劣。如表 9-2 所示，从表中的结果可以看出，戊的工作质量是最好的。

表 9−2　对比评价法对员工工作质量的评价

对比人	参与评价的员工				
	甲	乙	丙	丁	戊
甲		−	+	−	+
乙	+		+	+	+
丙	−	−		−	+
丁	+	−	+		+
戊	−	−	−	−	

注　"+"表示参评人优于对比人，"−"表示参评人差于对比人。

3. 强制分布法

强制分布法是人为地使整个评价结果呈预期的分布形式，如不合格者占总数的10%、合格者占总数的20%、中等者占总数的40%、良好者占总数的20%、优秀者占总数的10%。这种方法可避免评价结果出现过分宽松、过分严厉、过分聚中的现象，但是要在员工中挑出不合格者与优秀者就相对比较困难。

4. 末位淘汰制

是指通过对员工的工作绩效排序，对末位员工进行淘汰的一种绩效考核方法。这是一种强势的员工绩效考评方法，能在员工中形成优胜劣汰的竞争意识，从而克服企业内部人浮于事的现象，达到精简组织机构、提高工作效益、调动员工积极性的目的。但这种考评方法比较注重短期效益，对员工施加的压力较大。适用于管理较为混乱、相关规章制度不健全、员工竞争机制没有形成、人员过剩、机构臃肿的企业。对于制度完善、人员和机构设置相当稳定和科学的企业来讲，硬性推行末位淘汰容易造成同事关系紧张，团队精神差，不利于员工的长远发展和潜力发挥。

5. 目标管理法

目标管理法最早是管理学大师德鲁克提出的，现在广泛运用于企业管理实践当中，是一种常见的绩效考核方法。它主要通过设定员工的绩效目标，并通过比较实际绩效和绩效目标之间的差距来评价员工的绩效。其优点是目标管理法对员工绩效考核的公开性比较好，不足之处是目标的设定可能存在本位主义，容易忽视长期目标。

6. 360°考评方法

该方法产生于20世纪40年代，被英军用于评价部队战斗力以及选拔士兵，后来被广泛应用到工商企业，成为跨国公司人力资源管理与开发的重要工具之一。360°考评方法又称全视角考评方法，它通过被考评者的上级、同事、下级、客户、被考评者本人等多个考评主体从多个角度对被考评者进行全方位评价，再通过反馈程序，达到改变行为、提高绩效的考评目标。其主要优点是采集的评价信息周全，既有工作产出评价，也有胜任能力评价，能充分尊重组织成员意见，加强了管理者与员工之间的双向交流，有助于强化企业的核心价值观，增加团队意识，建立和谐工作关系，促进员工个人发展，防止片面追求某项业务指标等问题。其主要缺点是定性比重较大，定量少，各种渠道信息并非总一致，给员工的整体评价带来困扰，如处理不当，会造成内部气氛紧张，影响员工积极性。

7. 关键绩效指标法 KPI（Key Performance Indicator）

该方法是麦肯锡公司为了解决战略实施问题所设计出来的一种战略分解与控制方法。其核心思想是根据80/20原则找到公司战略实施成功的关键因素，并依此确定考核战略实施过程的关键绩效指标。KPI法早期应用主要考虑公司财务指标的分解，通常以资本回报率 ROIC（Renturn On Invested Capital）作为公司经营管理效率的核心指标，通过价值树分解，逐步分解到公司经营部门以至个人，建立分层级的绩效指标体系。近年来 KPI 体系吸收平衡计分卡等其他绩效管理工具的优点，逐步形成效益类（投资资本回报率）、运营类（存货周转率）、组织类（员工满意度）三大类指标，分解到部门或个人时，强调 KPI 指标数量不能过多（一般不超过7个），按照重要、可控、可量化的原则选择考核指标。

8. 平衡计分法 BSC（Balance Score Card）

该方法是1992年由哈佛大学商学院著名教授罗伯特·卡普兰创立的，其核心思想是在制订业绩考核目标时，将企业内部目标与外部市场目标、财务性目标与非财务性目标、企业短期目标与长期目标有机结合起来，形成企业绩效考评的综合平衡计分指标体系。平衡计分卡的考核目标包括财务目标、客户目标、内部运营目标、创新与学习等四个战略目标，企业各职能部门或责任部门以此为依据制订部门的平衡计分卡，对各个职能部门的工作业绩进行考评。平衡记分卡方法集中了KPI方法与目标管理方法的主要优点，强调考评指标的体系化并追求目标设置的均衡性。

9. 关键事件法 CIM（Critical Incident Method）

该方法是由美国学者福莱·诺格和伯恩斯在1954年共同创立的，其核心思想是观察并及时记录员工有关工作成败的"关键性"事实（指一个员工在考评期内，做了哪些特别好的事情或特别不好的事情）。在预定的时间，通常是半年或一年之后，利用积累的历史记录，由主管对员工进行考评打分。记录关键事件包括情境（Situation）、目标（Target）、行动（Action）、结果（Result）四个要点，简称星星法（STAR法）。由于关键事件法只记录了部分事实，因此关键事件考评方法一般不会单独使用。关键事件法的优点是评分所依据的事实，如时间、地点、人物全都有记录，考评有理有据，而且对员工考评及时，有利于及时促进员工提高工作绩效。

五、工作绩效评价人的选择

工作绩效的评价是否客观公正，与评价人的选择有较大的关系，无论谁作为工作绩效的评价人，他必须有充分的时间了解和观察被评人员的工作情况，这是对评价人的最基本的要求。在实际工作中，有些企业不重视工作绩效评价人的选择，由于评价人对被评价人及其工作并不了解，无论评价结果如何，都会导致员工的不满，达不到工作绩效评价的作用。

工作绩效评价人可以从以下几个方面的人员中选择：

（1）上级：上级作为评价人是理所当然的，因为他更有条件了解他的下属及下属对组织的贡献，而且他的评价更具有权威性，更令人信服。

（2）同事：同事的评价往往能弥补上级评价的不足，但也有一定的局限性，同时还要求同事之间是相互信任的，彼此之间没有利益竞争。

（3）下级职员：从下级职员那里可以了解被评价人的沟通能力、领导风格、计划组织能力等，但从下级职员那里很难了解到被评价人工作中的问题。

（4）员工本人：在工作绩效评价的过程中，往往有一个员工自评的过程，通过员工的自评，可以了解员工对工作绩效评价的态度，有利于减少员工对工作绩效评价的不满。由于员工的自评往往偏高，因此自评结果只能作为参考。

（5）客户：对那些直接为客户提供服务的员工，客户对他们的工作评价是对员工工作绩效评价的重要补充。

在实际工作中，员工宁愿接受直接上司或专家内行的评价而不愿接受与自己工作无关的人或外行的评价，而主管比较看重同事或下级的评价。为了保证工作绩效评价能被多数员工接受，工作绩效评价人应由具有代表性的、多方面的人员组成。

六、工作绩效评价注意事项

工作绩效评价的最终目的是帮助管理人员识别哪些员工的工作绩效优良应得到奖励，哪些员工的工作绩效需要提高，哪些员工需要进行技能培训，哪些员工的表现太差需要相应的处罚，但是如果由于评价内容及方式选择不当、评价人员带有偏见等因素引起评价结果出现偏差，那么工作绩效的评价不仅达不到以上目的，而且会降低员工工作的积极性。

在工作绩效评价的过程中，经常会出现以下几个方面的问题：

（1）晕轮效应：当工作绩效的评价人或主管只看重某些评价项目时，对员工工作绩效的评价就容易以偏概全，优秀员工十全十美，而落后员工则一无是处，这种评价结果不利于优秀员工进一步提高工作水平，也不利于鼓励落后员工树立自信心，改善工作态度及提高工作水平。

（2）中间倾向：表现在评价结果不分彼此，拉不开档次。产生这种现象的原因是评价过程不科学，有平均主义思想、官僚主义思想或担心员工的不良情绪，但结果往往是企业难以形成竞争气氛、优良工作作风，造成优秀员工流失。

（3）整体不佳：工作绩效的评价往往是在企业内部进行评价与比较的，如果企业员工整体的工作绩效不高，那么优秀员工的工作绩效也就不会太出色。

（4）过于宽大：一些主管为了取得下属的信任、尊敬，树立自己的威信，往往会尽力争取下属的好感，对其下属的评价会过于宽大，从而使评价结果与实际有偏差。

为了避免以上这些问题的发生，首先要制订客观、全面、具体的工作绩效评价标准，并让员工了解这些评价标准及评价过程，保证工作绩效评价的全面性与透明度，接受员工的监督；其次要求参加评价的人员熟悉所要评价的工作，并尽量了解被评员工工作表现的事实，减少评价人的主观偏见；最后对员工反应比较强烈的评价结果要进行复评，如果确实有偏差，应对评价结果进行修正。

思考题

1. 叙述管理控制的含义与作用。
2. 管理控制有哪些类别？
3. 描述管理控制的一般过程。

4. 什么是目标管理？如何对企业的目标体系进行分类？
5. PDCA 循环是什么意思？
6. 责任中心是什么意思？
7. 工作绩效评价的作用有哪些？
8. 简述工作绩效评价的方法。

案例分析

案例 A：某服装公司推行新的考评制度，公司对普通员工的考评分为自我考评、上级考评和人事部门考评，各自的权重分别为自评占 30%，人事部门评分占 10%，部门经理评分占 60%；对部门的考评分为自我考评、上级考评、人事部门考评和下级考评，各自的权重分别为自评占 30%，上级评分占 40%，下级评分占 20%，人事部门评分占 10%。考评结果应用于薪酬、晋升、培训等各方面。每月初部门经理将考评表发给员工，考评表列出了当月的工作要求及工作态度、工作品质、纪律性、协调能力、团队精神等具体的考评项目与评分标准。月末员工填写考评表为自己打分，交部门经理。部门经理在同一张考评表上为员工打分，交给人事部门。人事部门对员工进行最终的考评和分数汇总，并向员工通报当月的考评成绩。员工对考评结果有疑问，可直接向人力资源部反映。

根据以上案例，围绕问题的答案选项开展讨论，给出讨论结果及理由。

1. 企业对员工评价采用的是哪种方法？

A. 等级评价法

B. 对比评价法

C. 强制分布法

D. 末位淘汰制

E. 目标管理法

F. 360°考评方法

G. 关键绩效指标法

H. 平衡计分法

I. 关键事件法

2. 哪些人参与了员工绩效评价？

A. 上级

B. 同事

C. 下级职员

D. 员工本人

E. 客户

3. 员工绩效评价中可能存在哪些问题？

A. 晕轮效应

B. 中间倾向

C. 整体不佳

D. 过于宽大

第十章　员工思想管理

> **本章内容：** 1. 态度与管理
> 　　　　　　2. 挫折与管理
> 　　　　　　3. 企业成长与管理者适应性
> **教学时间：** 4 学时
> **学习目的：** 让学生树立积极的工作态度，正确认识与面对工作中的挫折，学会适应企业成长。
> **教学要求：** 了解态度的概念及其对工作行为的影响，理解工作中的基本态度及转变工作态度的方法；了解挫折的概念及其反应，理解问题员工的管理方法与员工满意度管理；了解企业管理者如何适应企业成长。

员工思想管理是企业管理工作的一个重要组成部分，是培育企业文化与企业精神、创造和谐的工作气氛、形成企业凝聚力的基础性工作。在市场经济条件下，企业员工思想管理工作出现了一些新的特点与变化，主要表现在员工思想管理工作的主体、内容、形式、目的等方面，但也存在一些共性的工作内容与方法，如思想管理工作必须围绕经济工作展开，必须遵循社会规范、道德伦理、心理学规律，必须尊重员工个性，允许员工自由发展等。本章针对员工思想管理工作中出现的以下几个共性的问题，介绍了员工思想管理的方法。

1. 如何培养员工的基本工作态度？
2. 如何让员工战胜工作中的挫折？
3. 管理者如何适应企业成长？

第一节 态度与管理

员工的工作态度是员工在特定的工作环境与工作经历中形成的，工作态度将直接影响员工对社会、对企业、对工作中人际关系的知觉能力，从而影响人们的工作、生活、组织的士气及工作效率。因此，管理人员不仅要经常性地反省自己的工作态度，也要善于审视员工的工作态度，提高对员工工作态度变化的敏感性，帮助员工树立积极向上的工作态度。

一、态度的定义及三要素

1. 态度的定义

态度是个人对态度对象（包括人、事或物）较为稳定的立场、看法，是人们评价态度对象所运用的概念系统，态度反映了人们对态度对象的内在心理倾向，如喜欢与厌恶、羡慕或嫉妒、亲近或疏远、接纳或排斥等，不同态度对其行为具有不同的导向性与动力倾向性。员工的工作态度往往是通过态度的方向（指正确或错误）、强度（指坚定程度）、明显程度（指通过行为表现的明显程度）、自觉程度（指内心自觉自愿地接受程度）四个方面表现出来的。

2. 态度的三要素

态度由认知、情感及行为倾向三个要素构成。认知是指个人对态度对象的认识、了解、看法及评价，是形成态度的客观基础。个人只有在对态度对象认知的基础上，才能产生情感反应及行为倾向。情感是指个人在与态度对象接触或交往过程中所产生的一种内心体验，是构成态度的主观成分，是建立态度倾向的重要环节。行为倾向是指个人对态度对象一种可预期的反应。如甲对乙十分讨厌，可以预期甲对乙不会做出正面的或肯定的评价。实际上并不是所有的态度都具备三要素，而且三个要素之间的关系可能是一致的，也可能是不一致的。如两人只有一面之交，两人之间的态度只有认知成分。

二、态度对个人行为的影响

态度对个人的思想观念、心理活动及工作行为有着重要的导向作用，主要表现在以下几个方面。

1. 过滤作用

态度作为对人、事、物的一种预置评价系统，通常会对态度对象产生过滤作用，所谓"情人眼里出西施"，在企业管理中也会遇到类似的问题。如员工对自己的工作满意时，会保持一种愉快的心态，很少发牢骚，而对工作不满意的员工往往会吹毛求疵，作为督导人员要能客观分析员工的投诉与牢骚。

2. 促进作用

对于态度是否会影响生产效率，研究的结果并没给出肯定的答复。在多数情况下，如果员工的工作态度是积极的，其工作效率比较高，但工作效率高并不代表员工的工作态度是积极的。如有些员工为了多赚钱而拼命地工作，但他不一定满意目前的工作，如果可能的话，他会另谋出路。

3. 评价与判断作用

态度形成之后，就成为一种比较稳定的评价判断工具，会使个人对态度对象做出迅速的反应，但是当态度评价系统存在缺陷时，这种快速惰性的反应就会干扰和妨碍正确判断的形成。

4. 凝聚士气的作用

在工作和交往中，每个人都会形成对自己、对组织、对同事、对工作的态度，当组织成员的态度保持一致时，组织成员之间就会相互容忍，关系融洽，形成凝聚力；反之，就会导致组织成员之间人际关系紧张，团体士气低落。"物以类聚，人以群分"讲的就是这个道理。

5. 激励作用

管理人员如果能改善对员工的态度，身体力行，帮助员工改善工作态度，就能充分调动员工工作的自觉性、创造性，起到激励员工的作用。

6. 偏见的负面作用

偏见是一种情绪化的、非理性化的、否定化的态度，是对态度对象的一种表层的认识或评价。工作中产生偏见的原因有以下几个方面：一是通过相互学习或模仿，形成对态度对象的偏见；二是组织中领导者的权威个性导致组织内部形成偏见；三是相互之间存在利益冲突，从而形成偏见；四是宗教、信仰、习俗等差异形成偏见。消除偏见的基本方法是创造协作机会，使组织成员在共同协作解决问题或应付共同危机的过程中，逐渐改变以往的看法，建立新的信任与合作的关系。

三、工作态度的形成

员工的工作态度是在员工受聘于企业之后，在企业规章制度的约束、工作环境及企业文化的影响下逐渐建立起来的。员工的工作态度形成之后，具有相对的稳定性，但是当外界环境、条件及刺激对象发生变化时，员工的态度就会在方向或强度方面产生转变。凯尔曼将态度的形成划分为以下三个阶段。

1. 服从

服从是指个人为了获得预期的报酬，避免处罚或孤立而被动接受企业或群体行为规范的行为。通常，新聘员工容易服从企业或群体的行为规范，接受工作指令，模仿同事工作态度等，从而形成组织预期的工作态度。由于服从源于环境、权力或群体的压力，并非口服心服，因此工作态度并不稳定，通常需要监督。

2. 同化

同化是指个人自觉自愿地接受企业或群体的行为规范，并使自己的工作态度与企业的要求或群体的工作态度保持一致的过程。同化是员工自觉自愿地将自己归属于企业或群体的过程，是员工在长期的工作过程中，与企业及同事之间情感交流并达到认同的结果，是巩固工作态度的重要环节。

3. 内化

内化是指个人将工作态度定型为个人态度系统有机组成部分的过程，内化是态度彻底形成的阶段，具有稳定性、持久性、可移植性。如对一个成熟的员工，无论是工作岗位调换，还是另谋职位，都将其良好的工作态度带到新的工作岗位上。

工作态度的形成过程是员工与企业行为规范、企业文化、工作环境、工作内容的磨合过程，影响工作态度的形成因素主要有员工的需要层次和愿望水平、接受的知识与信息、环境因素、个性与价值观、个人经历等。

四、基本的工作态度

1. 认真

凡事怕认真，有了认真的工作态度，就能克服工作中的各种困难，做好本职工作，认真的工作态度从几个方面体现出来：（1）勿以善小而不为，勿以恶小而为之，小中见大；（2）工作精益求精，不是交差了事；（3）工作善始善终，不是拖拖拉拉；（4）工作客观实际，不是官僚主义；（5）工作严格要求，没有侥幸心理。

2. 勤奋

一勤天下无难事，勤奋是创业之本，勤奋的工作态度表现在：（1）持之以恒，不竣不休；（2）全心投入，尽力而为；（3）不怕吃亏，任劳任怨。

3. 主动

主动是工作的灵魂，是协作的基础，主动的工作态度表现在：（1）多观察，及时发现问题；（2）多思考，及时解决问题；（3）多检讨，及时总结经验；（4）多沟通，及时通报问题；（5）多补位，及时弥补遗漏。

4. 进取

进取是工作的动力，是向上的阶梯，进取的工作态度表现在：（1）更高的工作目标；（2）更好的工作方法；（3）更多的工作技能；（4）更和谐的人际关系；（5）更新的管理意识。

五、转变工作态度的方法

在管理实践中，督导管理人员要善于发现员工中不良的工作态度，并根据不良态度形成的特点，采用以下几种方法加以引导与纠正。

1. 预防法

由于错误态度形成的时间越长，态度就越稳定，没有强烈的刺激很难改变。因此，企业要预防不良工作态度的形成，当发现不良态度的苗头时，要及时制止，以免形成稳定的态度。对于新员工，由于容易服从，要预先灌输正确的工作态度，严格要求，形成企业预期的工作态度。

2. 分步法

通常错误态度表现得越强烈，其转变也越难。在这种情况下，可以采用分步法，逐步纠正错误态度。具体的做法是：先对错误态度进行有限的批评与限制，随着错误态度的强度减弱，采取更严厉的措施消除错误态度。

3. 消除法

错误态度往往建立在一些错误的事实或依据上，如果消除了错误的事实或依据，错误的态度就会自动更正。在这种情况下，督导管理人员不仅要正确分析错误工作态度的根源，采取相应的措施，而且要督导管理人员能以身作则，言传身教。

4. 宣传教育法

通过对先进工作者的宣传、正确工作态度的培训等工作来改变员工的工作态度。宣传教育的效果往往取决于宣传者的权威、人际关系、宣传的形式、宣传内容的客观性、宣传的场合等因素。

5. 参与接触法

让员工参与相关活动，在接触中相互了解，在协作中消除偏见，从而达成一致的态度。

6. 认知强调法

认知强调法的基本思想是：当个体认知结构（指个体的知识、观点、信仰等）中相互关联的认知因素发生矛盾或失调时，就会产生不愉快或压抑感，为了消除或减轻这种不协调的关系，个体或改变某种认知因素，或强调某种认知因素的重要性，或增加新的认知因素，从而改变个体原有的态度结构。如某员工品质意识较差，为了改进他对生产品质的认识，将其吸收到 QC 小组，负责品质管理的宣传工作。该员工在组织品质管理宣传的过程中，会逐渐加强品质意识。

7. 态度一致法

态度一致法的基本思想是：在个体的认知系统中存在着使态度趋向一致的压力，当两个人对第三者产生一致或不一致的态度时，在两个人之间就形成了一种平衡状态或不平衡的状态。当两个人之间出现不平衡的状态时，为了减轻或消除不一致的压力，使一方或双方改变态度，达到协调一致的结果。

第二节　挫折与管理

在现实生活中，企业不可能满足所有员工的各种需要，对工作的满意与不满总是存在的，那么当员工的需要得不到满足时会产生什么样的行为和心理呢？作为管理人员应该采取什么样的应对措施呢？

一、挫折的含义

挫折是指个体在从事有目的的活动过程中，遇到障碍和干扰，致使个人的动机不能实现，个人需要不能满足时的心理状态。产生挫折的条件包括：行为动机强烈；实现目标的期望值过高；工作中遇到了障碍。

引起挫折的因素包括个人因素和外界因素两个方面。个人因素属于内在因素，如个人生理缺陷限制了个人的某些正常需要，从而导致心理缺陷与需要危机，又如个人同时面临几个相互排斥的动机需要做出选择时，会暂时丧失决策能力而显得无所适从，导致紧张与不安的心理。外界因素则是个人所不能控制的因素，如天灾人祸、社会习俗等。通常由于外界因素所引起的挫折比个人因素所引起的挫折反应更为强烈。

在工作中产生挫折的原因包括：

（1）工作性质：如专业不对口，工作能力与工作任务不相适应；工作不起眼，地位低，没有发展机会；工作的时间、方法、进度控制太强，缺乏工作自由等。

（2）组织因素：如不能适应组织变革和管理制度变革；与领导的人际关系紧张；工作中的问题与生活中的苦衷无处申诉或不能及时解决；个人目标与组织目标发生冲突等。

（3）工作环境：如照明、设备、安全及卫生保健条件太差，对员工的身心健康产生了不良的影响，导致职业性的生理及心理疾病。

二、挫折的反应与管理

当员工在工作中受到挫折后，会通过以下行为表现出来。

1. 攻击

攻击是对挫折的强烈反应，攻击的对象可能是导致挫折的人或物，也可能转向攻击，迁怒于与之相关的人或物。如员工对管理人员的惩罚感到不满时，可能对发出惩罚信号的管理人员进行攻击，也可能对同事或别人的工作进行诋毁，为自己的错误寻找谅解的理由。

2. 倒退

当一个人受到挫折时，表现出与其年龄、身份、个性不相称的言行。如受到上司批评之后，对其下属大发无名火，容易相信谣言，喜欢吹毛求疵，失去自我判断能力和自我控制能力等。

3. 固执

由于自尊或逆反心理，对无效的工作行为继续重复。

4. 逆向

与固执相反，不能正确面对挫折，从一个极端走向另一个极端。

5. 不安或冷漠

这种人面对挫折不会伤害他人，但个人的工作情绪会陷入低谷，如果管理人员没有注意或重视，挫折行为往往会持续较长的时间。

6. 妥协

妥协行为通常能将挫折给个人带来的不利影响降到最低，如将个人所受的挫折合理化，推诿责任，改变自己的目标，将别人的挫折行为与自己的挫折行为进行比较，从而减轻挫折所带来的心理影响等。

7. 压抑

当一个人受到挫折之后，能忍受挫折的后果，用意志力压抑愤怒、紧张、焦虑等挫折心理，表现与平常一样。这种人的心理素质强，能临危不惧，并能将挫折转化为动力。

面对挫折，素质高的员工，可能通过重新设置目标来绕开挫折，也可能从挫折中吸取教训，积累经验，提高工作能力，从而将挫折升华为进取的动力。但是更多的员工在遇到挫折时，需要管理人员从他们的挫折行为中识别挫折，帮助他们战胜挫折，这种源于组织的引导，往往会比自己、他人的效果更好。管理人员可以通过以下几个方面来引导受挫折的员工：

（1）给予安慰和鼓励，帮助他们分析产生挫折的原因，提出一些建设性的意见，并提供必要的支持。

（2）通过调岗、换岗，改变工作内容或人际环境，让员工在新的工作环境中摆脱挫折的阴影。

（3）对受挫折员工的各种消极挫折行为给予一定程度的容忍与发泄，设身处地为员工着想，并以帮助者的身份，让其走出心理低谷，以免事态在无理智中人为扩大。

三、问题员工的管理

问题员工是指与管理人员及其他员工难以合作，对本部门工作及其他员工工作情绪产生消极影响的员工。问题员工的产生可能是在工作或生活中受到了挫折，也可能是员工的素质问题。问题员工通常表现为缺勤率高、不信任别人、精神不集中、忧心忡忡、容易发怒、不易合作、工作马虎、经常出错，并将错误归咎于他人等。

在实际工作中，管理人员面对问题员工，有三种不同的处理方式：

（1）视而不见：这类管理人员可能比较软弱，不敢去管理员工中出现的问题，也可能是缺乏自信心，担心处理不好会使问题扩大化。这类管理人员往往缺乏人际敏感性，不善于利用员工问题来树立自己的工作威信。

（2）采用威胁解雇或增加工作压力的方法：这类管理人员属于权力主义者，他们相信手中的权力是解决员工问题最有效的手段。但实际上，给问题员工施压，只能使问题员工更加紧张或不安，从而问题越来越多，威胁则会使管理者与员工之间的关系更为紧张，不利于创造和谐的工作气氛。

（3）正确地指导问题员工：这类管理人员有较强的人际敏感性，能及时识别问题员工，不失时机地对其加以指导。实际上，多数问题员工都希望得到管理人员的关注与指导，管理人员应该善于利用这些机会，在帮助他们走出困境的过程中，逐渐树立自己的威信，创造和谐的工作环境，取得较高的工作效率。管理人员可以根据下面几个步骤指导问题员工：

①要树立帮助问题员工走出困境的自信心，对他们进行多方面的了解，找出问题的

根源。

②与问题员工进行谈话，建立相互信任，恢复他们解决问题的自信心。

③对问题员工要循序渐进地进行指导。

员工的心理改变往往需要有一个准备与过渡的过程，管理人员要有耐心，不要急于求成，同时对他们的改变与进步要进行及时的鼓励与反馈，强化他们的信心。

四、员工满意度管理

在一个人流、物流、信息流高速流动的社会，企业员工的地缘关系、学缘关系、族缘关系变得更加多元化，生活阅历、学识技能、性别年龄、文化习俗差异在工作中不断撞击，员工的思想行为管理变得更加复杂化。加强员工工作满意度的调研与分析，随时把握企业人力资源的脉搏和健康状况，将是未来员工思想管理工作的核心。

1. 员工满意度的含义

员工满意度是指员工接受企业的实际感受与其期望值比较的程度，即员工满意度 = 实际感受/期望值，与工作卷入程度、组织承诺和工作动机等密切相关。员工满意度直接影响员工的士气及生产效率，因此员工满意度又称为企业的幸福指数，是企业管理的"晴雨表"，是团队精神的一种参考。最早研究工作满意度（Job Satisfaction）的是 Hoppock（1935），他通过瑟斯顿态度量表测量工作满意度，提出影响工作满意度的因素包括疲劳、工作丰富化程度、工作条件、领导方式等，并认为员工对工作情况的知觉态度比工作的客观现实条件更为重要。Vroom（1964）认为员工工作满意度取决于个体期望与实际取得的期望相吻合的程度，期望未能实现便产生了不满意感，只有工作中的实际期望大于他的预期期望时，才会产生工作满意感。Smith（1969）认为工作满意度由工作本身、升迁、主管、薪水及工作伙伴五个方面构成。Locke（1976）认为工作满意度是个人对工作或工作经验评价所带来的愉悦或正面情绪。

2. 明尼苏达满意度量表

明尼苏达满意度量表 MSQ（Minnesota Satisfaction Questionnaire）由 Weiss、Dawis、England&Lofquist 编制而成，由长式量表（21 个分量表）和短式量表（3 个分量表）组成（表 10-1）。MSQ 短式量表分为外在满意度、内在满意度和一般满意度三个量表，主要测量能力使用、成就、活动、提升、权威、公司政策和实施、报酬、同事、创造性、独立性、道德价值、赏识、责任、稳定性、社会服务、社会地位、管理员工关系、管理技巧、多样化、工作条件 20 个方面的满意度。由于长式量表设计的调查问题太多，过于烦琐，在工作满意度调查实践中，通常采用短式量表。简化的明尼苏达工作满意度调查量表以 20 测量项目作为调查问题，由员工直接填写每项的满意等级，总的满意度可以通过加权 20 项全部得分而获得。在员工满意度调查研究中发现，总体满意度与角色冲突、角色模糊之间负相关，总体满意度与离职倾向之间负相关，总体满意度与生活满意度、非工作满意度、工作卷入、绩效期望等之间成正比关系。

表 10 – 1　简式明尼苏达工作满意度调查量

请针对以下工作中的 20 个问题，按照 5 点评分法（5 = 极度满意　4 = 很满意　3 = 满意　2 = 有点满意　1 = 不满意），对其满意度进行评价。

调查项目	5	4	3	2	1
1. 能够一直保持忙碌的状态					
2. 独立工作的机会					
3. 时不时地有做一些不同事情的机会					
4. 在团体中成为重要角色的机会					
5. 我的老板对待其下属的方式					
6. 我的上司做决策的能力					
7. 能够做一些不违背良心的事情					
8. 我的工作的稳定性					
9. 能够为其他人做些事情的机会					
10. 告诉他人该做些什么的机会					
11. 能够充分发挥我能力的机会					
12. 公司政策实施的方式					
13. 我的收入与我的工作量					
14. 职位晋升的机会					
15. 能自己做出判断的自由					
16. 自主决定如何完成工作的机会					
17. 工作条件					
18. 同事之间相处的方式					
19. 工作表现出色时，所获得的奖励					
20. 我能够从工作中获得的成就感					

3. 工作满意度的构成要素

（1）工作本身：主要包括员工对工作本身的兴趣、工作的挑战性及丰富性、学习机会、成功机会等。

（2）报酬：主要包括员工的报酬水平、公平性、合理性等，是衡量员工业绩大小的重要指标。

（3）晋升机会：主要包括员工的成长机会、承担责任机会、社会地位等。

（4）工作条件：主要包括工作时间的长短、机器设备、工作环境舒适性等。

（5）领导：主要包括领导者的气质、领导类型等。

（6）人际关系：主要包括员工与同事、领导、家人等方面的人际关系。

（7）企业的发展状况：主要包括企业的经营状况、管理机制、发展前景等。

工作满意度是比较个性化、主观的问题，如果对工作满意度的评定只是简单地将工作满意度构成要素加权汇总，得出的满意度可能会不准确、不可靠。因为员工的需要是不同的，他们对满意度各个构成要素的偏爱是有差异的，如有的员工更看重工作本身的挑战性与学习的机会，而另外一些员工更看重人际关系；基层员工更注重报酬水平及其公平性，而高层管理者更重视个人发展的机会。因此，企业在进行满意度的评价时，要充分了解员工的真实需要，并进行分类分析，才能更加有效地了解员工满意度水平，制订提高员工工作满意度的有效措施。

第三节　企业成长与管理者适应性

　　服装企业，无论是做生产加工的，或是做品牌经营的，或是做贸易的，或是做批发零售的，门槛都不高，可以大做，也可以小做，可以公司做，也可以个人做，市场很大，机会很多。正因如此，很多中小资本，抱着开创一番事业的理想加入到服装行业。激烈的行业竞争，让一些企业成长了，也让一些企业倒掉了。倒掉的服装企业成为更多后来者的一面镜子，成长起来的服装企业并不代表在市场中能常胜，毕竟中国还没有世界级的服装品牌，需要总结与学习东西的还很多。在企业成长过程中，中高层管理人员需要加强自身管理，不断审视经营理念与管理意识，建设底蕴深厚的企业文化，在组织学习与组织变革中实现个人业务素质与管理素质的蜕变，成为推动企业成长的发动机。

一、服装企业的成长模式

1. 服装企业类型

（1）代工生产型服装企业。

①小规模服装生产企业：规模在100人以下的服装生产个体户，采用作坊式生产或1~2条生产线的生产方式，从事服装加工、低价服装的生产与批发、服装零售，对市场反应快，容易实现快速增长，但抵御风险能力低。

②中规模服装生产企业：规模100~1000人的中型服装生产企业，一般采用4~10条生产线的生产方式，从事服装加工、服装产品开发、服装批发等，具有较强的市场适应能力，容易实现平稳增长，抵御风险能力较强。

（2）品牌经营型服装企业。

①加盟型：规模在100人以下，具有品牌及产品开发能力，拥有必要的服装生产加工伙伴，拥有100个以下的加盟商。

②自营型：通常采用批发与自营相结合，开发销售渠道。

（3）贸易型服装企业。

①外资公司在国内开设的公司：开发国外订单、开发国内生产商、拥有一定的产品开发能力、生产过程的监控能力。

②内资外贸公司，属于国外进口商与国内生产商的中介或代理商。

以上各类服装企业在实际发展过程中，各有分工与特色，经营的业务在一个特定的范围。但每类企业都应该清楚自己在市场中的位置，分析自身的优势与劣势，明确未来转型发展的方向。

2. 各类服装企业的比较

（1）企业规模与业务类型决定了管理分工的程度。公司经过若干年发展后，原来的组织结构一定会因为规模及业务的变化而做出适应性调整，如增加一些职能部门，当然这些职能部门对推动公司的成长可能发挥各级的作用。也可能对原有的职能部门进一步细分，形成新的职能部门，如将原来的营运部门细分为设计部与销售部两个部门。根据管理分工程度不同，企业的管理模式有以下两种形式：

①粗放管理：管理分工少，权力集中较高。适应中小型服装企业发展初期，经营业务不太稳定，经营计划性不高，需要较高的灵活性。

②精益管理：管理分工细，权力下放较多。规模与业务不断增长后，经营相对稳定，经营行为的可预期性较强，计划性增强，需要用制度与规划进行管理。

（2）个人力量与团队力量的分化程度决定了管理风格。中小服装企业在创业初期，通常依赖于创业者的决断，个人力量在企业发展过程中起到了决定性作用。但是随着企业规模扩大，专业分工变细，个人力量在企业发展过程中的作用将会减小。根据个人力量与团队力量分化程度不同，中小型服装企业的管理风格有以下两种类型：

①业务型管理：以个人业务能力为核心的、单打独斗式的个人英雄主义。

②资源型管理：以整合团队能力为核心的、集体作战式的团队合作主义。

从业务型管理向资源型管理转型，团队力量变得更为强大，必将提升企业管理水平与效率。但是这个转型需要管理者个人在不断学习中提升自己的业务素质与管理素质。

（3）个人发展与公司发展的分化程度决定了企业的社会化程度。公司起步阶段，主要依赖创业者个人的创业魅力来吸纳社会资源的参与，公司要进入发展的快车道，必须融入更多的社会资源，从而形成从个人发展到公司发展的方向转型。根据个人发展与公司发展的分化程度，可将公司类型分为以下两类：

①老板型公司：以个人或家庭的责任经营公司，公司的成长与发展就是老板个人的成长与发展。这是家族企业起步与发展中最普遍的形式。

②社会型公司：以全体员工或社区的责任经营公司，公司的成长与发展不只是老板的事情，而是关系到一群人、一个社区成长与发展。家族企业进入鼎盛时期，企业的兴衰不再是个人的兴衰，社会责任越来越大，稳健经营成为核心的经营理念。

3. 服装企业成长的模式

美国哈佛大学教授拉瑞·格雷纳（L. E. Greiner）五阶段成长论是20世纪70年代分析企业成长阶段的代表性理论，其将企业的发展划分为以下五个阶段：

①创业阶段。企业起步时的规模一般较小，创业者凭借其旺盛的精力和创新精神推动企业成长，其理想与领导作风构成了企业全部的管理文化。这个阶段最大的优势是：对客户的反应及时，富有创造性及创业精神，市场反应及时；最大的问题是管理危机：公司的一切以"人治"为主，公司内部的运行机制尚未形成，公司经营行为可预期性差，超时工作，精力透支严重。权变策略：猎寻专业经理人改造内部流程。

②成长阶段。企业管理得到加强，专业化的管理指导企业成长。这个阶段最大优势是：制度控制严格，工作效率提高，成本管理趋向合理，预算控制逐步建立起来。最大的问题是管理障碍与授权危机：过于理想化的条条框框缺乏灵活性，束缚了员工的创造力，不利

于人才的培养与成长，同时，经理强势领导减少了员工的自主空间，人才外流，企业将面临自主权危机。权变策略：企业对各级进行适当授权，适当引进具有较高专业造诣的、能力很强的专业型经理。

③成长反复阶段。通过授权与激励，员工积极性得以调动并推动企业进一步发展。这一发展阶段最大的优势是：建立了利润中心管理，管理人员受到高激励。最大的问题是授权危机：过度授权与部门激励，导致诸侯割据、众多的利益团体、创业高层不满、管理层失控，引发权力回收与管理层不信任感危机。权变策略：通过组织变革，重构内部协调机制。

④规范经营阶段。通过对成长阶段的总结与调整，上下关系和部门关系得到协调，企业各种资源得到较好的整合。这一阶段最大的优势是：形成了正式规划流程，能更有效的分配公司资源。最大的问题是管理人员及部门的官僚主义：程序化的计划运营模式可能使官僚作风泛滥。权变策略：加强过程监控与反馈，建立有效的通信系统。

⑤稳健经营阶段。企业进入平稳发展阶段，为配合企业增长，组织创新成为关键，构建学习型组织成为企业保持活力的重要措施。

根据中国民营企业成长的特点，有人将中国民营企业成长阶段划分为三阶段：一是老头子阶段：通常企业很多计划能得到较好的执行，也不会遇到太多的内部协调问题；二是兄弟合伙阶段：企业计划的执行效果往往会被打个折扣，越来越多的问题难以解决，企业运作过程中的协调越来越难，管理成本迅速上升；三是堂兄弟合伙阶段：执行力下降，企业掌门人大多会意识到，企业要生存，要进一步发展，就必须进行变革。

4. 中高层管理者企业成长意识

（1）错误的意识。

①企业成长是老板的事情，我只要做好本职工作。

②企业成长就是业务量的增长，利润的增长。

③认识到企业成长，但缺乏个人发展规划与工作发展规划。

④对企业成长认识不足，产生悲观情绪。

（2）正确的观念。

①企业成长包含两个方面的含义：一是业务与利润的增长，二是企业整体经营智能与学习能力的增长。

②企业智能是建立在个人智能基础上的企业文化表现，是企业的无形财富，企业智能增长是企业全体员工智能增长的结果。

③企业成长给个人发展提供了平台。

④企业成长给自己工作能力提出了更大的挑战。

⑤企业进入快速成长阶段，增长模式需要从依靠个人能力的增长方式向依靠团体能力的增长方式转变。

⑥在工作中逐渐调整工作思路与方法，实现从小规模游击战到大规模军团战的指导思想转变。

⑦配合企业成长的需要，推进组织与管理变革，推动企业管理的规范化、程序化、高效化。

⑧企业成长每个员工都会受益，因此在企业的成长中，即使做不了将军，也要做一个好士兵。

企业成长是必然的，对于每个中高层管理者，需要做的是不断加强学习和提升，为企业成长贡献自己的能力。

二、服装企业文化建设

企业文化，又称组织文化，是企业成长过程中形成的被员工接受的价值观念、行为准则等意识形态与物质形态的总称。狭义的文化是指以企业价值观为核心的企业意识形态，广义的文化是指企业物质文化、行为文化、制度文化和精神文化的总和，由其文化观念、价值观念、企业精神、道德规范、行为准则、历史传统、企业制度、文化环境、企业产品以及公司内部特定的仪式、符号、处事方式等组成。企业文化是企业的灵魂，是推动企业成长的内生动力。

1. 企业文化的功能

（1）彰显企业的核心价值观念：在长期经营中所形成的有别于竞争对手的特色或标识。如公司的名称在长期经营过程中，就会与公司的一些经营特征捆绑在一起，会让企业的员工、顾客及外部公众产生有利于企业形象的联想，这就是企业文化给人们带来的思维线索。

（2）提升员工价值：在一个高度社会化的社会，员工的价值是在企业的经营与成长中得以体现与提升的，企业给予员工的不仅是工资，还有更重要的身份与地位，因此企业文化让全体员工受益。如从行业顶尖公司中出来的管理者，其个人的工作经历因带有公司的光环而更具有价值，很容易被同类企业看中。

（3）形成信任、共识与对公司认同的基础。企业文化是员工对公司认同高于对个人的认同。一个好的制度文化，会被员工自觉执行，从而具有较高的执行力，但缺乏制度文化的企业，在制度执行过程中，就会利用一些特权，绕过规章制度的约束，形成对企业制度文化的伤害。

（4）约束员工行为，提高公司经营的稳定性：可以预期的企业文化使员工在相互协作与交流中避免了逆向选择（消极主义）与道德风险（机会主义），共同的价值观念更容易形成稳定的团队，缺乏核心价值观的企业文化最容易搞垮一个企业。如员工日常的工作中所表现出来：①开心地/难受地工作；②积极地/消极地工作；③规范地/随意地工作；④认真地/马虎地工作；⑤创新地/保守地工作；⑥竞争地/协作地工作等不同态度，就能显示出企业文化正能量的大小。

2. 企业文化的表现

企业经营管理中存在着以物质层面或操作层面为主体的务实管理和精神层面或组织层面为主体的务虚管理。公司投入大量资金提升设备与管理水平，就是务实的行为，这种行为可以提升公司的硬实力，硬实力通过资金投入可以实现，很容易被竞争对手超越。而公司花费大量的人力、物力建设企业文化以提升员工的业务与思想素质，就是务虚的行为，这种行为可以提升公司的软实力，软实力是通过企业文化及员工整体素质提升来实现的，需要在企业成长过程中厚积薄发，一旦形成，不容易被竞争对手超越。

（1）企业文化的内涵。企业文化一般包括以下三个方面：一是精神文化：核心价值观、企业精神、企业哲学、企业伦理与道德等。二是制度文化：规章制度以及这些规章制度所遵循的理念。三是物质文化：厂容、企业标识、厂歌、文化传播网络。

（2）企业文化在员工工作中的表现。在一个企业中，需要精益求精的工作态度，但有些员工对工作抱有无所谓的态度，这是在两种不同工作文化中形成的。通过简单思维的原则让很多人错误地认为精益求精的工作成本高，实际不然。精益求精的工作不仅能探索高效的工作方法，稳定的工作程式，良好的工作结果，亦能在精神上取得成就感而获得更高的满足。在一个企业中需要全局意识，但有些部门管理者本位主义思想重。对本位主义视而不见会导致部门分裂或冲突，最终导致全局受损，这就需要对工作中的本位主义因势利导，疏而不堵，形成全局意识的企业文化。在一个企业中，需要员工富有挑战性而推动企业成长，但有些员工保守主义重，缺乏强烈的危机意识，抱死一棵树的思想，不愿意变革，不仅扼杀个人的创造性，也会阻碍公司成长。很多时候不是做错了，也不是做得不好，而是缺乏自我否定与扬弃的勇气与精神，去更好地适应已经变化的市场与竞争环境。

3. 企业文化的评价

无论是公司层面的企业文化还是部门层面的企业文化，其价值都是通过以下员工的工作行为表达出来的。

（1）员工对公司的认同程度。
（2）公司目标与个人期望之间的相关程度。
（3）在公司工作的自豪感与成就感。
（4）公司规章制度多少与执行。
（5）部门之间的支持与协作。
（6）经理对下属的支持与培养。
（7）员工表达不同意见或批判的积极程度。
（8）员工向更高一级投诉的积极程度。
（9）员工工作的自由度。
（10）员工冒险与犯错工作容忍程度。

三、学习型服装企业建设

1. 五项修炼

"五项修炼"理论的创立者美国管理学家彼德·圣吉认为，学习型企业就是全体员工通过不断的共同学习，突破自己的能力上限，创造真心向上的工作氛围，培养创新、前瞻、开阔的思考方式，全力实现组织和个人的共同愿景。五项修炼包括：自我超越、改善心智模式、建立共同愿景、团队学习和系统思考。

（1）自我超越的修炼是学习型组织的精神条件，就是通过学习不断提高认识和从心理上战胜自我，突破个人愿景，建立组织愿景。

（2）心智是一种思想定势，通过修炼来改变原有的思维定势，使人们看得更高，看到原来看不到的问题。

（3）共同愿景是共同的理想、愿望，它由目标、价值观和使命三大要素构成。

（4）团队学习的关键是克服个人的心理障碍，畅所欲言，真正做到一起学习、一起思考、共同提高。

（5）系统思考是其他修炼的核心，不是就事论事，要透过现象看本质，并常反思事件背后的深层原因。

建立学习型企业，共同愿景是目标，系统思考是核心，团队学习是基础，自我超越是条件，改善心智是关键。管理者要不断思考以下两个问题：一是值得自己欣慰的改善是什么？二是改进最大的一项工作是什么？

2. 工作岗位上的学习与顿悟

（1）工作中思考是提升个人业务素质的法宝。

①每天都有新的工作内容。

②每天都会面临新的问题。

③每天都在提出解决问题的措施。

④每天都需要思考的一些问题：我的工作方法可以改进吗？我能将自己的工作做一个归类与总结吗？我的工作结果对自己、对上司、对协作部门有帮助吗？我的工作能够帮助别人改善工作从而提高整体的工作效率吗？

（2）沟通是团队合作精神的基础材料。

①三人行，必有我师。

②沟通中人际关系的学习。

③沟通中提高对协作部门所开展工作的理解与支持。

④沟通中认识到本部门提供的服务或开展的工作不足。

（3）上级给予的工作指导与学习机会。

①直接的工作指导。

②给予新的工作机会。

③提供解决问题的资源或建议。

④培养与维护你在下属中的威信。

（4）在专题培训中学习与领悟：重要的企业文化需要经常强化。

①企业运行规则的培训学习：规章制度的变革与学习。

②工作方法与技能培训学习：员工培训的主要内容。

③管理意识与能力的培训学习：针对企业发展需要制定管理层培训计划。

④企业文化的培训学习：企业的使命与理念、企业的核心价值观念、企业的愿景，要成为口头禅。

3. 企业学习的内容

（1）战略型学习：针对市场环境的变化，调整企业的核心业务。

（2）市场型学习：针对客户构成的变化及客户需要的变化，改进营销工作及服务水平。

（3）组织型学习：针对企业规划与业务变化，调整组织结构，以适应企业发展需要。

（4）管理型学习：管理思想、管理方法、管理技能的学习与提高。

（5）生产型学习：生产方法、生产技能、生产控制等的学习与提高。

不同的学习内容存在于不同的部门中，但各个部门的学习内容应该相互共享以形成共识与协作的基础。如市场部开发了一个大的客户，该客户对品质要求很高，但是公司目前的品质控制能力不能很好地满足客户需要。显然，新的客户业务对过去的生产管理模式产生了冲击。公司面临几个问题：

①是否接受这一客户的订单？
②如果接受这一客户订单，对目前客户的产能产生什么影响？
③品质控制能力是长期形成的，品质提升需要一个过程，并且需要增加相应的资源与品质成本，目前公司资源能否支持？
④员工会抵触这一行动吗？如何说服员工支持这一行动？
⑤如何评估该大客户的潜在价值？
⑥对公司今后的经营产生什么影响？

一旦公司决定满足客户的需要，就需要不断地进行工作改进，从而提升客户结构的档次，并推动企业经营管理水平的提升。

4. 学习型企业的观测与评价

（1）主要观测点。
①能够适应外界的变化。
②有鼓励批评，冲突，竞争，创新的企业文化。
③有冒险奖励机制。
④重视对员工的培训。
⑤高度的分权自治。

（2）评价项目。
①新产品的比重。
②员工年培训小时数。
③高素质员工的比重。
④本企业员工在其他企业就业时职位的变化。
⑤财务指标增长情况。

四、服装企业的变革

"不要到迫不得已时才变革""你必须站在变革的前锋，你根本没办法维护现状。总有人从另一个国家拿出新产品，要么顾客的品位在不断地变化，要么成本结构在发生变化，再就是技术也会出现新突破。如果反应不快或适应性不强，你随时会受到攻击"——杰克·威尔奇

1. 变革的重要性

（1）组织变革的三个层次。
①革命：彻底打破旧的组织结构，一切从头来。
②改革：改掉不合理的组织结构。
③变化：做得不错，但环境变了，需要修补。

（2）企业面临的三类效率低下的问题。
①企业公共资源过度利用的问题：当企业的某些公共资源不需要支付成本就可以利用的时候，使用者会不计成本与效率，过度利用这一资源，导致这一资源浪费、效率低下、

部门冲突。

②企业经营计划能力低下的问题：完成一份订单中间需要的环节越多，对计划性与规范性要求越强，但在实际管理中片面强调灵活性，忽视计划性与规范性，经营过程中的控制信息缺乏与滞后，在面对大规模生产时，必然导致各个环节脱钩，秩序混乱，质量低下。

③1＋1＜2的问题：企业生产能力与生产效率并不取决于效率最高的员工或部门能否发挥作用，而是取决于效率最低的员工或部门能否发挥最高的水平。

以上的三类问题，在企业成长过程中的各个阶段都可能出现，没有根除的方法，面对问题，只有不断革新。

（3）组织环境的变化。

①过去的环境：市场供不应求，生产是第一位的，效率最重要，外部变化速度慢。

②现在的环境：供大于求，满足顾客是第一目标，效益最重要，外部变化速度快。

2. 组织变革可能存在的问题

（1）变革可能导致情感维系的管理架构出现信任危机。

（2）压力过大可能导致高层管理人员动荡。

（3）老板对经营中存在的问题认识不足，而员工不敢讲实话。

（4）权力和利益的再分配可能导致老人与新人之间的冲突。

（5）工作惯性、制度惯性问题。

（6）流于会议、书面制定形式，缺乏实际行动。

3. 组织变革的阻力

为了提升公司的管理效率，公司需要开发信息管理系统，这一工作会直接影响到各个部门目标的运作模式，最大的变化就是按照系统的要求，规范业务数据，统一业务数据表格及数据流程，提高业务数据的共享。这种变化的初期，可能因为对统一的业务数据表格不熟悉，数据流程缺乏灵活性而影响工作效率，但是系统将会增大数据的查询能力与信息提供的及时性，增加部门之间的协调。但在实际推行过程中，管理者可能抵制，其原因是：

（1）过高估计组织变革给自己工作产生的压力或影响，主观上不支持变革。管理者必须相信，任何变革成功的前提是减轻负担，提高效率。当然要改变到令自己成功的工作方式需要决心与勇气。

（2）过高估计组织变革风险，担心失去既得利益，期望维持现状。管理者必须清楚，一个真正的统帅不可能只安于现有的版图，墨守成规就可能被淘汰出局。

（3）个人能力局限，难以进一步提升，期望维持现状。作为创业功臣，更应该尽力支持创业者做大企业的理想。

4. 克服变革阻力的方法

（1）教育和沟通。

"如果没有成千上万的人愿意做出短期牺牲，就不可能有变革。如果不相信进行有益的变革是可能的，即使对现状不满，员工也不会做出牺牲的。除了多多进行令人信服的交流，根本没有办法抓住军心"——约翰·科特

（2）参与。

（3）促进与支持。

（4）强制。

（5）创造良好改革氛围。

①赋予改革倡议者在组织中的足够权力。

②建立员工对公司高层管理人员的信赖。

③通过宣传让公司内上、中、下三级员工都认识到改革的紧迫感。

④对利益受到影响的员工以适当形式的补偿。

⑤建立鼓励创新和冒险意识的政策和回报系统。

⑥提高组织的机构的灵活，相对比较扁平。

⑦保证向上和向下沟通的渠道畅通。

5. 改革方案的选择

（1）渐进式与一步到位。

①渐进式：软着陆，步伐比较慢，成功概率比较高，适用于阻力较大，体质较弱的企业。

②一步到位：硬着陆，步伐比较快，失败概率高，适用于阻力较小，体质较强的企业。

（2）从上到下与从下到上。

①从上到下：领导干部接受了新思想，或受到什么大的触动，开始进行改革，阻力较大，观念转变应该走在前列。

②从下到上：阻力比较小，一般比较难起步（领导有既得利益），一旦起步，成功概率比较高。

（3）标杆法与创新标杆法。

①标杆法：向榜样学习。通过移植成功模式比直接创新更容易，失败概率小；有说服力，容易得到认可。

②创新：难度大，可保持领先优势。

6. 防治企业衰败

（1）必须有一个有效地补充和开发人才的计划。

（2）必须为个人提供预期的工作环境与发展机会。

（3）必须有固定的检讨程序。

（4）内部机构应有一定的灵活性。

（5）必须有适当的内部激活体制。

（6）组织必须能有效地避免员工受制于自己制定的程序。

（7）能够不断更新组织，以不断消除新滋生的既得利益团体。

（8）应该对自己的将来而不是自己的历史感兴趣。

（9）应该有持续的运动，以维持、激发员工的士气。

思考题

1. 态度对个人行为有哪些影响？

2. 态度是如何形成的？如何转变员工的工作态度？

3. 什么是挫折？员工受到挫折时有哪些反应？

4. 如何引导问题员工？

5. 什么是员工满意度？构成员工满意度的因素有哪些？

6. 简述服装企业类型与成长模式。

7. 简述企业文化的含义与内容。

8. 企业学习的内容有哪些？

案例分析

案例 A：下面是某服装企业员工满意度调查中的部分调查结果，请根据这些调查结果，给出一些提升员工工作满意度的意见。

在对工作情绪、压力及产生的影响调查时，41%员工的工作情绪有周期性变化，69%的员工能以转移注意、放松自己的方法面对，而28%的员工感受到工作压力；在对工作前景的判断时，35.5%的员工感到工作压力，下班之后，53%的员工会思考工作中的问题，65.6%的员工继续学习。

在对工作潜力调查时，50%的员工认为通过专业化分工、工作培训或激励等手段可提高管理效能，另有30%的员工认为改进计算机管理系统、加强部门合作可提高管理效能。62.5%的员工认为目前的员工编制能满足经营的需要，65.6%的员工认为个人潜能还可进一步提高。而对个人能力发挥影响较大的因素包括：个人发展与晋升、工资、工作分配、与上级关系，分别占43.3%、33.3%、30%、26.7%。

面对问题员工，90.6%的员工能够在日常工作中通过利益与分工协调，形成有效的合作团队。当员工遇到问题时，87.5%的员工都会给问题员工支持。

在员工考绩方面，61%的员工认为优秀员工最重要的是素质，77%的员工将业务工作量作为考绩标准，47%的员工认为考绩具有激励作用，有近40%员工认为考绩应作为调薪、晋升、培训的重要依据，此外，74.2%的员工认为工作责任感的考核很重要。

面对公司裁员问题，64.5%的员工认为企业裁员是市场应变的一种手段，35.5%的员工认为有必要向员工提供培训或就业指导，对于轮岗的做法，员工没什么意见，但有30%员工需要适应。

在组织管理方面，64.3%的员工认为公司没有明确的晋升制度，62%的员工认为企业的福利制度是合理的，75%的员工认为自己的职责明确，43.8%的员工认为工作能取得上级支持。

在下属评价领导方面，65.6%的员工认为领导会支持自己的工作，40.6%的员工认为领导能容纳下属意见，34.4%的员工认为领导能主动承担下属责任，对于不喜欢的工作安排，员工能主动与领导沟通，并尽力而为。

根据以上案例，围绕问题的答案选项开展讨论，给出讨论结果及理由。

1. 作为组织成员，你认为哪一项最重要？

A. 晋升制度　　　　　　　　　B. 福利制度

C. 职责分工明确　　　　　　　D. 上级支持

2. 作为下属，你最看重领导的哪种行为？
A. 支持自己的工作　　　　　　　B. 听取下属意见
C. 协调利益　　　　　　　　　　D. 培训下属
3. 你认为影响个人工作能力发挥的最重要因素是什么？
A. 个人发展　　　B. 工资　　　C. 领导关系　　　D. 工作分配
4. 面对工作压力，你会做出什么反应？
A. 识别工作压力　　　　　　　　B. 缓解工作压力
C. 工作动力下降　　　　　　　　D. 加强学习
5. 下面哪一个因素最能让你感受到工作满意度提升？
A. 满意的工作岗位　　　　　　　B. 工作培训
C. 工资提升　　　　　　　　　　D. 领导支持
E. 和谐团队

参考文献

[1] 刘宁杰,杨海光. 企业管理[M]. 北京:高等教育出版社,2016.
[2] 杨增雄. 国际企业管理[M]. 北京:科学出版社,2017.
[3] 谢和书,陈君. 现代企业管理:理论·案例·技能[M]. 2版. 北京:北京理工大学出版社,2015.
[4] 库珀,欣德勒. 企业管理研究方法[M]. 孙健敏,李原,等译. 北京:中国人民大学出版社,2013.
[5] 朱林,周雅琴. 管理原理与实训教程[M]. 2版. 北京:北京邮电大学出版社,2013.
[6] 泰勒. 科学管理原理[M]. 赵涛,陈瑞侠,郭珊珊,译. 北京:电子工业出版社,2013.
[7] 王利平,管理学原理[M]. 4版. 北京:中国人民大学出版社,2017.
[8] 克瑞尼. 管理学原理·英文版[M]. 北京:清华大学出版社,2010.
[9] 周三多,陈传明,等. 管理学原理[M]. 南京:南京大学出版社,2006.
[10] 张岩松,王艳洁. 组织行为学:理论·案例·实训[M]. 北京:清华大学出版社,2016.
[11] 关培兰. 组织行为学[M]. 2版. 北京:中国人民大学出版社,2008.
[12] 张德. 组织行为学[M]. 2版. 北京:清华大学出版社,2011.
[13] 孙健. 领导科学[M]. 天津:南开大学出版社,2008.
[14] 丁杰. 领导科学[M]. 武汉:华中科技大学出版社,2003.
[15] 赵曙明. 人力资源战略与规划[M]. 4版. 北京:中国人民大学出版社,2017.
[16] 贝尔宾. 团队角色[M]. 李和庆,蔺红云,译. 北京:机械工业出版社,2017.
[17] 刘平青,等. 会议沟通巧技能[M]. 北京:电子工业出版社,2017.
[18] 彭新武,等. 西方管理思想史[M]. 北京:机械工业出版社,2018.
[19] 罗珉. 德鲁克管理思想解读[M]. 北京:北京燕山出版社,2018.

案例分析参考答案

第一章 绪论
案例分析
案例 A
1. C
2. B
3. D
4. A
5. A、B、C、D、E、F、G
6. A、B、C、D、E、F、G

第二章 服装企业管理基础
案例分析
案例 A
1. A、B、C、D、E
2. A、B、C

案例 B
1. A
2. A、B、C、D

第三章 管理思想与管理理论
案例分析
案例 A
1. A、C
2. A、C、E
3. B、C
4. A、B、C、D、E

案例 B
1. A、C、E
2. A、B、C、E
3. A、B、C
4. C

第四章　服装企业的组织

案例分析

案例 A

1. A、B
2. A、B、C、D
3. A、C

案例 B

1. B
2. A
3. A、B
4. A、B、C、E、F

案例 C

1. A、B、C、D
2. A
3. C、D、E
4. A、B、E

第五章　员工的招聘与培训

案例分析

案例 A

1. B、C、D、E、F
2. B、C、E、F
3. C、F
4. C、E、F、G

第六章　领导

案例分析

案例 A

1. A、B、E
2. A
3. A
4. A、B、C

第七章　激励

案例分析

案例 A
1. A
2. A

案例 B
1. A、B、C、D
2. A

案例 C
1. A
2. B、C、D

第八章 沟通
案例分析
案例 A
1. A
2. A
3. A
4. C
5. B、D

第九章 服装企业的管理控制
案例分析
案例 A
1. F
2. A、D
3. A、B、C、D

第十章 员工思想管理
案例分析
案例 A
1. A
2. A
3. C
4. A
5. E